MONTRAVERS

AUTREFOIS ET AUJOURD'HUI

PAR

M. l'abbé Jules GABILLY

CURÉ DE MONTRAVERS

PARIS

SOCIÉTÉ FRANÇAISE D'IMPRIMERIE ET DE LIBRAIRIE

ANCIENNE LIBRAIRIE LECÈNE, OUDIN ET Cie

15, RUE DE CLUNY, 15

—

1910

A MES PAROISSIENS

Mes chers amis,

C'est pour vous principalement qu'a été composé le livre que vous allez lire. Il a pour but de vous faire mieux aimer Montravers, en vous le faisant mieux connaître. Vous y trouverez quantité de renseignements et de faits qui vous montreront que le lieu de votre naissance ou de votre résidence n'est pas à dédaigner. Un grand nombre de familles y apprendront à connaître leurs ancêtres jusqu'à une époque relativement éloignée.

Toutes les familles voudront avoir ce livre. Au reste, il a été imprimé sur papier fort et pourra être conservé très longtemps. Les tables qui se trouvent à la fin permettront de trouver promptement les détails dont on aura besoin dans un cas particulier.

Après un aperçu général, viennent deux sections d'inégale longueur. La première traite des châteaux, villages et habitations de Montravers qui ont eu leur histoire, et la seconde fait connaître tous les curés dont le nom a été conservé, avec les faits principaux d'ordre religieux auxquels ils ont été mêlés.

Cet ouvrage m'a coûté bien des recherches, comme vous pourrez vous en rendre compte par la liste des sources auxquelles j'ai puisé. Je puis vous assurer que tous les documents utilisés pour sa composition ont été examinés et étudiés avec le plus grand soin. J'espère donc avoir fait une œuvre non point parfaite, mais capable de vous procurer plaisir et utilité.

Jules Gabilly,
Curé de Montravers.

MONTRAVERS

AUTREFOIS ET AUJOURD'HUI

PAR

M. l'abbé Jules GABILLY

CURÉ DE MONTRAVERS

Ruines du vieux château

SE VEND CHEZ L'AUTEUR :

A MONTRAVERS, PAR CERIZAY (Deux-Sèvres)

et à la Librairie OUDIN, à Poitiers

MONTRAVERS

AUTREFOIS ET AUJOURD'HUI

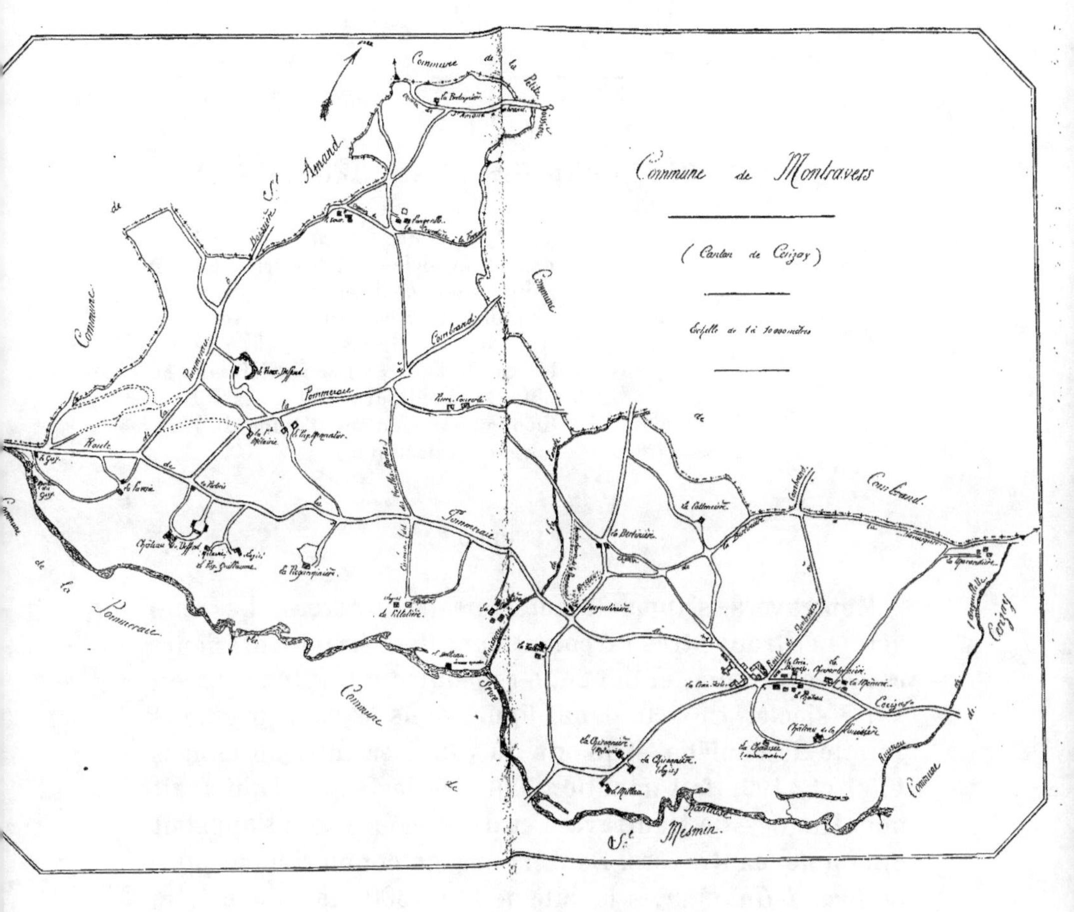

Commune de Montravers
(Canton de Cerizay)
Echelle de 1 à 10 000 mètres
St Amand
Commune de la Petite Boissière
Combrand
Cerizay
St Mesmin
la Pommeraie
Commune de la Pommeraie

MONTRAVERS

AUTREFOIS ET AUJOURD'HUI

APERÇU TOPOGRAPHIQUE ET ARCHÉOLOGIQUE

Ne quid falsi audeat, ne quid veri non audeat historia. « L'historien ne doit point oser énoncer une erreur ni craindre de découvrir une vérité. » (Cicéron, *de Oratore*, xv, 15, cité par N. S. P. le Pape Léon XIII dans sa lettre au cardinal préfet de la Bibliothèque vaticane sur l'étude de l'histoire ecclésiastique.)

I. — AUTREFOIS.

Montravers s'appelait autrefois Mautravers. Le nom actuel se trouve très rarement dans les écrits antérieurs à la Révolution, et on ne le rencontre que dans ceux du xviiie siècle. Un acte [1] qui figure dans le cartulaire de la Trinité de Mauléon, et qu'on a dû y insérer entre les années 1189 et 1199, fait mention d'un ecclésiastique qui avait nom Hugues de Mautravers et d'un laïque qui s'appelait Simon de Mautravers. Dans l'ouvrage connu sous le nom de *Grand-Gauthier*, à la date de l'an 1300, on trouve cette précieuse indication : *Decanatûs Berchorii Ecclesiæ S^{ti} Johannis de Malo Traverso patronatum habet abbas de*

---

1. L'acte dont il s'agit avait pour objet l'abandon par Eble de Mauléon, fils de Raoul de Mauléon, de la prétention qu'il avait eue jusquelà d'imposer sa volonté pour la nomination du chapelain de Saint-Pierre de Mauléon. Parmi les témoins laïques figurait Simon de Mautravers : c'était sans doute un notable, peut-être le principal seigneur du lieu.

Salmuro : « L'église Saint-Jean de Mautravers, au doyenné de Bressuire, a pour patron l'abbé de Saumur [1]. » Il s'agissait de l'abbaye bénédictine de Saint-Florent-lez-Saumur, comme le prouvent en particulier trois actes relatifs à Mautravers et à ladite abbaye, qu'a bien voulu nous signaler M. Saché, archiviste du Maine-et-Loire. Deux de ces actes sont des procurations pour la résignation du bénéfice curial, et portent les dates de 1495 et 1569, et l'autre, qui porte la date de 1571, est une approbation, par le chapitre de Saint-Florent, d'un échange de terrain intervenu entre le curé de Mautravers et noble homme Claude Audebault, seigneur de Mautravers.

Il est à croire que la paroisse de Mautravers a fait partie du doyenné de Bressuire depuis la fondation de celui-ci jusqu'à la Révolution. Mais ce n'est qu'en 1208 que le doyenné de Bressuire fut distrait de celui de Thouars, et dès la fin du xiie siècle Mautravers avait déjà une certaine autonomie au point de vue religieux, comme il est facile de s'en convaincre par le document de cette époque qui donne à un ecclésiastique des environs de Mauléon le nom de Hugues de Mautravers. Il a donc auparavant été quelque temps une dépendance du doyenné de Thouars. En tout cas, dans le cours de l'année 1703, la paroisse de Mautravers s'étant trouvée sans curé pendant un certain temps, ce fut le doyen de Bressuire, M. Callory, qui fut chargé d'en assurer le service spirituel, et il y vint lui-même trois fois pour accomplir, à titre de « servant de la cure », des actes de droit curial (deux baptêmes et une sépulture). Or, étant donnés la distance (18 kilomètres) et le mauvais état des routes, il fallait bien y être obligé pour entreprendre fréquemment ce voyage à une époque où l'on ne pouvait voyager qu'à pied ou à cheval.

Avant le Concordat de 1801, Mautravers faisait partie

---

1. On appelait *Grand-Gauthier* le cartulaire des évêques de Poitiers. Cet ouvrage n'est redevable que de son commencement au B. Gauthier de Bruges (qui gouverna comme évêque l'église de Poitiers de 1278 à 1305). Il n'y en a peut-être pas plus de vingt feuillets qui sont de son temps. Ce sont les autres évêques de Poitiers, ses successeurs, qui l'ont continué. (Cf. dom Fonteneau, t. III, p. 311.)

du diocèse de la Rochelle. Il ne reste, à notre connaissance, que deux documents authentiques établissant ce point d'histoire, mais ils sont absolument incontestables. Ces documents sont une dispense de parenté pour un mariage, qui fut délivrée en 1682 par Henri de Laval, évêque de la Rochelle, en faveur d'un habitant de Mautravers, et un procès-verbal de visite de la paroisse de Mautravers par l'évêque de la Rochelle en 1707.

D'après le Pouillé du diocèse de Poitiers, en 1648 la cure de Mautravers avait 400 livres de revenu. Un siècle plus tard, quand Mgr de Menou, évêque de la Rochelle, fit la visite de Mautravers, le revenu de la cure n'était que de 350 livres [1]. Dans l'intervalle (1707), une autre visite canonique avait été faite par l'évêque de la Rochelle, et elle donnait seulement 300 livres comme revenu de la mense curiale de Mautravers. Ce revenu a donc subi des fluctuations même avant la Révolution. La métairie de la cure, la Croix-Verte, qui faisait le principal de ce revenu, comprenait de 12 à 13 hectares de bonnes terres en partie labourables, en partie à l'état de prairies.

La population de Montravers était un peu moindre avant la Révolution qu'elle n'est aujourd'hui. La liste des communiants de Mautravers en 1655 contient 263 noms, ce qui suppose au plus une population totale de 400 habitants. L'état de la paroisse dressé en 1709 en vue de l'assistance des victimes de la famine donnait le chiffre de 343 comme étant celui des habitants. Le procès-verbal de la visite faite par Mgr de Menou, évêque de la Rochelle dans la seconde moitié du XVIIIe siècle, attribue à la paroisse de Mautravers 250 communiants. D'après les documents que possèdent là-dessus les archives de l'évêché de Poitiers, la population de Montravers aurait été, en 1803, de 286 habitants [2]. Quand on parla de rebâtir l'église, vers 1865, la population de Mon-

---

1. A l'époque où Mgr de Menou visita Mautravers, il y avait dans l'église de cette paroisse une chapellenie qui était à la présentation de l'évêque de la Rochelle. La charge du chapelain était de dire une messe par semaine, et le revenu afférent était de 30 livres par an.

2. D'après le recueil intitulé *Etat du Poitou sous Louis XIV*, il y avait à Mautravers 75 feux en 1698. Aujourd'hui il y en a 100.

travers était de 398 habitants. Aujourd'hui, elle est de
530, d'après le recensement de 1906.

Il est à croire que la religion prétendue réformée (la religion protestante) ne domina jamais à Mautravers, et
même qu'elle n'y fit jamais beaucoup d'adeptes, si toutefois elle en fit. Les seigneurs du château de Mautravers
n'ont pas dû se faire protestants. N'a-t-on pas remarqué
plus haut que l'un d'eux, en 1571, traitait avec son curé
pour un échange de terrain ? Il n'est guère croyable que
cet accord eût pu intervenir, à cette époque de lutte
acharnée entre catholiques et protestants, si le château
de Mautravers eût été habité par un seigneur huguenot.
D'ailleurs, dès le commencement du xviie siècle (1619), une
fille du seigneur de Mautravers, Esther Audebault, était
marraine d'un enfant baptisé dans l'église de Mautravers.

Donnons ici la liste des curés et vicaires connus de
Montravers :

_CURÉS.	VICAIRES [1].
1) Hugues de Mautravers (entre 1189 et 1199).	
2) Pierre Gendron (1495).	
3) Gilles de Montournois (1495).	
4) André Raimbault (1550-1569).	
5) Jehan Fouchereau (1570).	
6) Pierre Guilloteau (1571).	
7) Jean Thuaudière (1617-1618).	Jacques Rochereau (1618-1621).
8) Mathurin Boissinot (1621-1622).	
9) Maurice Guérin (1622-1650).	Noël Boësson (1632-1635).
	Jean Couppard (1637-1639).
	André Brossard (1640-1644).
	Toussaint Courault (1648-1650).
10) Toussaint Courault (1650-1667).	Jacques Bisson (1650-1652).
	Nicolas le Bascle 1653-1656.
	Jean Guilbault (1667-1668).
11) Jean Guilbault (1668-1703).	M. Marmond (1702-1703).
	J. Roucher (1703-1704).
12) Pierre Morin (1704-1714).	
13) Nicolas Jaguet (1714-1743).	
	Morand (1743).

1. Voici la liste des sacristains de Montravers dont les noms sont
connus, avec l'époque où ils ont vécu : Michel Etancheau (1700-1734);
Chevalier (1743); Heullier (1791); René Menanteau (1791); François
Ménard (1811); Henri Hay (1820); Simon — ; Fortain — ; François
Bourreau (1840-1846); Marie Bourreau (1846—).

14) Denys Ryan (1743-1763). . . . .
15) X. Jottreau (1763-1771). . . . .
 . . . . Charles Violleau (1771-1772).
16) Charles Violleau (1772-1829). . . . .
17) Pierre Brémaud (1830-1857). . . . .
18) Ferjus Niort (1857-1897). . . . .
19) Jules Gabilly (1897—) . . . .

Le territoire de Montravers n'a pas subi de modifications au point de vue de l'étendue depuis plusieurs
siècles. Mais le nombre et la dénomination des villages
ont quelque peu changé. Deux anciens villages ont disp-
paru : le *Moulin de Dollebeau*, que la tradition place près
de la Dorbelière et dont les anciens registres ne font mention que deux ou trois fois (première moitié du xvıı^e
siècle). et le *Moulin de la Chaussée* [1], situé à l'extrémité
nord de la chaussée de l'ancien étang de Montravers. Ce
dernier a été ruiné au temps de la Révolution : il en
subsistait encore quelques masures en 1812, et c'est ce
qui explique comment il est mentionné au cadastre com-
munal. La *Courollière*, qui est maintenant tout entière de
Saint-Amand, appartenait à Montravers, au moins en
partie, au xvıı^e siècle.

Une nouvelle habitation a été créée en 1850, le château
de la *Louisière* ; une autre habitation, la métairie de la
Charantonnière, a été transportée à 100 mètres plus au
nord en 1888 ; une nouvelle borderie, distraite des terres
de Longeville, a été fondée, avec des bâtiments entièrement neufs, il y a une cinquantaine d'années : c'est la
Bretonnière.

Quelques noms ont varié avec le temps. Ainsi le château
du Deffend a pris le nom de *Vieux-Deffend*, depuis qu'un
autre château du même nom a été construit, de 1865 à
1869, sur le territoire de Montravers. On disait autrefois
la *Morandière*, au lieu de la Marandière ; la *Mornerie*, au
lieu de la Mônerie ; la *Coutancière*, au lieu de la Cottencière ; le *Puy-Guillaume*, au lieu du Peuillâme. Peut-être

---

1. En 1640 un enfant né au village de la Chaussée fut baptisé dans
l'église de Mautravers, et il eut pour parrain et marraine le fils et la
fille du seigneur du lieu, Jean et Esther Audebault. — Le cadastre
mentionne la Chaussée sous cette formule: *Ruines du moulin de
l'Etang* ou de la Chaussée.

a-t-on dit aussi, pendant un certain temps, le *Puy-Benoi-tier*, au lieu du Puy-Menantier, et le *Gué*, au lieu du Guy.

Au xviiie et même au xviie siècle, on cultivait sûrement à Mautravers le seigle, l'avoine et le lin, puisque les actes publics de ce temps-là font mention de ces trois sortes de culture. Le froment y était inconnu, ou à peu près. La prairie a bien été modifiée un peu depuis cette époque, mais l'accroissement qu'elle a subi n'est pas considérable [1].

Les voies de communication de Montravers jusqu'au milieu du xixe siècle ont été en très mauvais état. Il était impossible d'y voyager en voiture. Il ne faut donc pas s'étonner que le nom de Mautravers, ou lieu difficile à traverser, ait été donné à ce coin retiré du Bas-Poitou. C'était pourtant un lieu de passage. Il était traversé dans toute sa longueur par la route de la Pommeraye à Bressuire, route qui est maintenant en partie confondue avec celle de Pierre-Couverte à Montravers, en partie transformée en terres de culture et en pâturages, et en partie demeurée à l'état de chemin d'exploitation. D'autre part, la présence de deux châteaux ayant le droit de rendre la justice devait attirer souvent des étrangers à Mautravers. En outre, à des époques qu'il est difficile de fixer, il a dû y avoir plusieurs combats à Mautravers. Qui pourrait en douter, bien qu'aucune pièce écrite ne soit là pour l'assurer ? Il y a sur la ferme de la Croix-Blanche un champ qui s'appelle le *Bouchaux* et dans lequel on a trouvé trois haches [2] en bronze et beaucoup d'autres menus objets en

---

1. Il n'y a jamais eu, à notre connaissance, d'établissement industriel à Montravers. Il est vrai que, d'après les registres confectionnés il y a deux siècles et d'après l'inspection de certains coins du territoire, on doit conclure qu'il s'y est trouvé autrefois une *tuilerie*. Mais rien ne porte à croire que ce fût là un établissement considérable. Il y avait aussi à Montravers, avant la Révolution, plusieurs tisserands, un forgeron, sinon plusieurs, un tailleur d'habits, un charron, un maître maçon. A ce point de vue, Montravers est à peu près aujourd'hui ce qu'il était autrefois. La seule différence est qu'on n'y trouve plus de tuiliers et qu'on y trouve, en revanche, un sabotier et un cordonnier. Quant au tailleur d'habits, il est remplacé par un assez grand nombre de couturières, qui travaillent et pour hommes et pour femmes.

2. L'une de ces haches fut donnée par les fermiers de la Croix-Blanche à M. Parenteau, le neveu du propriétaire de la ferme. Elle figure maintenant au musée Dobrée, à Nantes, sous le numéro 85 de

métal. Sur la ferme de la Cottencière se trouve un champ appelé le *Massacre*. Non loin de ce champ, on a trouvé deux haches en pierre (diorite) qui sont aujourd'hui conservées avec soin, l'une par M. Guinebertière, docteur médecin à Cerizay, et l'autre par M. l'abbé Gabilly, curé actuel de Montravers.

A l'extrémité nord-ouest de Montravers s'étend un assez vaste terrain faisant partie de la ferme de la Godrandière et qu'on dit avoir été l'emplacement d'un camp romain, d'aucuns disent d'un camp celtique, remontant en tout cas à une époque très ancienne, et à une époque où les tribus armoricaines venaient porter la guerre, avec toutes ses horreurs, jusque dans les cantons reculés du Bas-Poitou.

Avant la Révolution, Montravers fit partie, au point de vue judiciaire et administratif, d'abord de l'élection de Thouars, puis de celle de Châtillon. Les appels en justice se faisaient, quand il y avait lieu, au présidial de Poitiers : il en reste plusieurs preuves écrites à Montravers. Les registres paroissiaux, qui se rattachaient un peu du reste à l'administration de la justice, furent pendant longtemps expédiés du chef-lieu de l'élection. Ils arrivaient parfois un mois, et même davantage, après que l'année était commencée, et il fallait les payer un prix relativement élevé. Toutefois, en 1789, c'est de Poitiers qu'on les fit venir, et c'est là aussi qu'il fallait, à cette époque, renvoyer le double des actes paroissiaux.

En ce temps, Montravers était desservi, pour la correspondance postale, par le bureau de Châtillon, et le port des lettres était dû, parfois au moins, par le destinataire. Le courrier de Poitiers à Châtillon faisait deux tournées par semaine, et passait, à l'aller et au retour, par Assais, Airvault, Bressuire, etc.

Il y avait à Montravers, avant la Révolution et depuis plusieurs siècles déjà, deux châteaux d'une importance assez considérable et une dizaine de gentilhommières.

la collection Parenteau. Une autre passa aux mains de M. Berthier, qui est mort maire de Saint-Mesmin-le-Vieux. La troisième est entre les mains de M. l'abbé Caillaud, un enfant de Montravers, qui est actuellement curé de Saint-Germier (Deux-Sèvres).

De presque toutes ces anciennes habitations il reste des bâtiments assez bien conservés pour servir de logement à des paysans, et les environs de la plupart d'entre elles se reconnaissent par la présence, dans les haies, d'une espèce de buis, qu'on appelait autrefois et que d'aucuns appellent encore dans cette contrée de l'*ouzenic*. Ce mot n'est autre, que la corruption du mot *hosanne*, lequel vient lui-même du mot hébreu *hosanna*.

II. — Aujourd'hui.

Faisons un instant abstraction du passé, pour dire ce qu'est actuellement Montravers. C'est une étendue de terre qui fait un peu plus de six kilomètres de longueur, et dont la plus grande largeur ne dépasse guère deux kilomètres. Montravers est borné au nord par la commune de Combrand et un tout petit coin de celle de la Petite-Boissière ; à l'est, par celle de Cerizay ; au sud, par celle de Saint-Mesmin, dont il est séparé d'ailleurs par la Sèvre Nantaise ; à l'ouest, par celle de la Pommeraye-sur-Sèvre, dont il est séparé également par la Sèvre Nantaise, et par celle de Saint-Amand-sur-Sèvre. La superficie est de 994 hectares, qui se décomposent de la manière suivante : Terres labourables : 590 hectares ; prairies : 175 hectares ; pâturages : 80 hectares ; cultures diverses : 89 hectares ; bois taillis : 60 hectares. Les principales productions, en 1902, ont été les suivantes : blé : 3 608 hectolitres ; avoine : 1.772 hectolitres ; pommes de terre : 150 hectolitres ; foin : 5.250 quintaux métriques ; châtaignes : 25 quintaux métriques.

En 1909, le total des impôts directs payés par la commune de Montravers s'est élevé à la somme de 6.116 fr. 24, ainsi répartis : propriétés bâties : 511 fr. 44 ; propriétés non bâties : 4.109 fr. 40 ; impôt personnel et mobilier : 758 fr. 49 ; portes et fenêtres : 592 fr. 05 ; patentes : 148 fr. 86. Sur cette somme, l'État a prélevé 2.885 fr. 15 ; le département, 1.742 fr. 26, et la commune, 1.486 fr. 46.

On trouve à Montravers trois espèces principales de terrain, et autant d'espèces principales de pierre : le terrain granitique, qui repose sur du granit ou sur une espèce de sable jaune appelé scientifiquement arène et vulgairement *chaple*, lequel du reste n'est que du granit en décomposition ; le terrain argileux, au milieu duquel on rencontre fréquemment, soit à l'état fixe, soit à l'état erratique, le schiste, pierre noirâtre et fissile, qui n'est guère bonne qu'à paver les routes ; enfin le limon des plateaux, espèce de terre rouge dans laquelle on trouve en assez grande quantité le quartz, pierre qui n'est utilisée dans la contrée que par le service de la voirie. C'est le terrain granitique qui occupe la plus grande partie du sol de Montravers. La seule pierre qui y soit usitée à présent pour la construction est le granit. Autrefois, on employait aussi, mais en petite quantité, le schiste, ainsi que l'attestent quelques restes des murailles de l'ancien château du bourg de Montravers. Tout porte à croire que cette pierre avait été tirée de la carrière à demi comblée qui se trouve sur la route de la Cottencière, à main droite pour ceux qui viennent de Montravers. Les chênes qui croissent dans cette carrière donnent lieu de penser qu'elle n'a pas été exploitée depuis deux siècles. Quant à l'arène ou chaple, on s'en sert pour faire du mortier : mêlée à de bonne chaux, dans la proportion de deux sur trois, elle fait un mortier qui vaut presque la chaux à sable. La Sèvre, aux environs du moulin de Villerit, présente toujours une quantité considérable de très bon sable, qu'on exporte dans toute la contrée environnante pour les constructions, pour les crépissages et pour les enduits.

Les terres de Montravers, au moins celles qui se trouvent sur le bord de la route de Cerizay à la Pommeraye, sont celles qui produisent le meilleur froment de la région.

Montravers n'a rien qui le distingue des communes voisines pour sa flore ni pour sa faune. La vérité oblige à dire toutefois qu'il s'y rencontre une belle et riche variété de plantes, dont plusieurs sont très rares. Beaucoup ont une vertu curative. Les poissons sont à peu près les mêmes que ceux qu'on trouve dans les autres parties de la Sèvre. Les oiseaux, en raison des parcs et des bois, sont plus nombreux, et surtout les espèces en sont plus variées que dans plusieurs communes des environs. On a remarqué parfois à Montravers des blaireaux, des renards et des chevreuils ; mais ces animaux, sauf les derniers, ne se croient pas assez en sûreté à Montravers pour y élire domicile : le séjour qu'ils y font maintenant est de courte durée. Il y a au moins cinquante ans qu'on n'y a pas vu de loups. Les derniers se tenaient habituellement entre le moulin de la Lande et le village de Pierre-Couverte.

Montravers est une commune du canton de Cerizay et de l'arrondissement[1] de Bressuire (Deux-Sèvres). Au point de vue religieux, il fait partie du diocèse de Poitiers et de la province ecclésiastique de Bordeaux. Au point de vue judiciaire, il est du ressort de la justice de paix de Cerizay, du tribunal de 1re instance de Bressuire et de la cour d'appel de Poitiers. Au point de vue de l'enseignement, il est soumis à la surveillance de l'inspecteur primaire de Bressuire, à la direction de l'inspecteur d'académie de Niort, et à la haute influence du recteur de l'académie de Poitiers. Au point de vue militaire, il dépend du bureau de recrutement de Parthenay et fait partie, actuellement, du neuvième corps d'armée, dont le siège principal est à Tours. Les actes publics concernant la commune de Montravers doivent être contrôlés par le bureau de l'enregistrement de Bressuire. Le bureau de poste desservant Montravers est celui de Cerizay. Les gares les plus rapprochées sont celles de Cerizay et de Saint-Mesmin (5 kil.).

Il n'y a à Montravers ni foire, ni marché, ni assemblée, ce qui n'empêche pas la situation des particuliers d'être relativement très prospère[2]. A peu près tout le monde est occupé aux travaux agricoles.

---

1. En 1792, Montravers se trouvait compris dans le district ou arrondissement de Châtillon ; presque aussitôt après, il fut attribué à l'arrondissement de Thouars ; mais depuis 1806 il a toujours fait partie de l'arrondissement de Bressuire. (Cf. archives communales et paroissiales de Montravers.)

2. Les salaires de certains corps de métiers ont plus que décuplé à Montravers depuis 200 ans. En 1708, les maçons ne gagnaient que *sept sous* par jour, et maintenant ils demandent jusqu'à *3 fr. 75.* —

La population est actuellement de cinq cent trente habitants. La moyenne des naissances est bien le double du chiffre des décès. Néanmoins la population n'augmente presque pas, en raison de l'émigration. Dans la deuxième moitié du XIXᵉ siècle, le nombre des naissances a dépassé de trois cent trente le nombre des décès. Supposé que, durant cette période, il ne fût pas parti plus de monde de Montravers qu'il n'en est venu d'ailleurs pour s'y établir, la population aurait dû augmenter de 330, et elle n'a guère augmenté de plus de 130. Des familles de sept ou huit enfants, c'est à peine s'il y en a un ou deux qui sont destinés à passer toute leur vie à Montravers. Les jeunes gens qui doivent se placer comme domestiques dans les fermes ou dans les maisons bourgeoises sont attirés ailleurs, sans doute par l'appât d'un salaire plus élevé, mais aussi par l'impossibilité de trouver un emploi à Montravers. Au reste, il n'y a pas de maisons vacantes, et force est bien à ceux qui ont l'intention de fonder une famille de jeter les yeux sur une autre localité. Ce qui est à remarquer encore, c'est que ceux qui partent, au moins ceux qui s'établissent ailleurs à l'occasion de leur mariage, ne reviennent pas.

La population de Montravers est très disséminée : elle est formée de vingt-six groupes d'habitants, qui occupent chacun un village[1] ayant un nom distinct. Voici la liste des villages qui composent la commune de Montravers :

Le bourg de Montravers (4 fermes et 15 maisons).

La Louisière (château).

La Tallerie (4 borderies et 13 maisons).

La Dorbelière (1 ferme).

Les revenus des propriétaires ont quadruplé dans les soixante dernières années. Il est vrai que les dépenses à faire ont augmenté aussi en de grandes proportions, sauf les dépenses cultuelles, dont le tarif a été dressé en 1829, et n'a pas été modifié depuis ce temps-là. En 1709, année de famine, où le prix des denrées devait être le double du prix ordinaire, le seigle, qui était la seule céréale dont on se servait pour faire du pain, valait onze sous le boisseau. Aujourd'hui, quand le froment vaut quatre francs le boisseau, on ne songe pas à se plaindre.

1. A Montravers, comme dans le reste du Bocage vendéen, on donne le nom de village à tout lieu habité, ne comptât-il qu'une maison. Par contre, le village où se trouve l'église et où se font ordinairement les réunions d'intérêt local se nomme le bourg, si peu nombreuses qu'en soient les habitations.

Le Deffend (château).
La Fillolière (logis et ferme).
La Chironnière (villa et 2 fermes).
Le Vieux-Deffend (ancien château et ferme).
La Charantonnière (1 ferme).
La Mônerie (4 fermes).
La Marandière (3 borderies et 1 maison d'habitation).
Le Millau (1 borderie).
La Cottencière (2 fermes).
La Bertinière (1 ferme et 1 maison).
La Jaquelinière (1 ferme).

La Piqueminière (4 borderies et 7 maisons).
Le Puy-Guillaume (1 ferme et 4 maisons).
Pierre-Couverte (5 fermes et 2 maisons).
Longeville (2 fermes).
Le Tour (1 ferme).
La Bretonnière (1 borderie).
Le Puy-Menantier (1 ferme).
La Petite-Métairie (1 ferme).
La Porterie (du Deffend) 1 maison).
La Faverie (1 ferme et 1 maison).
Le Guy (1 moulin).

Les monuments communaux de Montravers sont : l'église, le presbytère, la maison d'école des garçons. Il n'y a pas de mairie : c'est une maison particulière qui en tient lieu. Il n'y a pas d'école de filles à la charge de la commune : toutes les filles qui sont en âge d'aller en classe fréquentent l'école libre qu'a fait bâtir sur son propre terrain Mlle Berthe de Beauregard au printemps de 1903. La maison qui comprend à la fois l'école des garçons et le local de l'instituteur n'a pas cinquante ans d'existence, et cependant il est question de la reconstruire : il est vrai qu'elle n'a pas été bâtie solidement. Le presbytère est une maison dont le bâtiment principal a au moins deux cents ans d'existence. Une pièce de bois qui se voit encore au-dessus d'une porte, dans la grange à bois, indique que le presbytère a subi les ravages du feu. Comme de mémoire d'homme il n'y a jamais eu d'incendie au presbytère, c'est au temps de la Révolution qu'il faut faire remonter la cause qui a en partie carbonisé cette pièce de bois. Au reste, voici ce que nous apprennent au sujet du presbytère de Montravers les archives des Deux-Sèvres, série Q. 36 :

« Procès-verbal d'estimation de la maison curiale de Montravers, composée de trois chambres basses, dont une est brûlée ; deux hautes, dont une sert de grenier ; d'une écurie totalement incendiée ; d'un fournil au bout duquel était un ancien toit à vaches brûlé ; d'une grange sur piliers incendiée ; d'une cave voûtée, en ruines, et d'une cour en avant ; le tout contenant une boisselée, confrontant d'un bout au chemin qui conduit à la Chironnière ; de deux autres, au jardin de ladite cure, et de l'autre bout, à la maison du citoyen Brillaud. Ladite maison curiale est estimée à 12 francs de revenu annuel.

« Le jardin et une petite ouche séparée par une haie, contenant une boisselée, est estimé 6 francs de revenu annuel [1]. » (25 vendémiaire an IX.)

Dans les archives particulières du Deffend se trouve une petite note qui nous apprend que le presbytère de Montravers avait été affermé au citoyen Berthelot pour une durée de neuf ans, à dater du 31 janvier 1793.

Une partie des servitudes restèrent à l'état de ruines jusqu'en 1845. Le 5 octobre de cette année, en séance ordinaire, M. Brémaud, alors curé de la paroisse, demanda au conseil de fabrique « un hangar pour serrer son bois et un grenier pour serrer son blé et autres provisions ». La réponse du conseil fut la décision prise aussitôt de construire le bâtiment qu'on désigna plus tard sous le nom de *Prieuré* [2]. Ce bâtiment a-t-il jamais servi de hangar à chauffage et de grenier à blé ou autres provisions de bouche ? Toujours est-il que peu de temps après sa construction il devint la maison d'école mixte de Montravers. Il ne garda pas longtemps d'ailleurs cette affectation, puisque M. Brémaud, retiré du ministère, en fit son habitation, dès 1858. Depuis nombre d'années, on se sert

1. Le jardin, y compris les bâtiments du presbytère et la cour, contient une boisselée de terre, et l'ouche de la cure en contient autant. Dans le jardin on remarque une curiosité unique dans la région : c'est la charmille Elle est formée de quatre ifs, taillés en forme de dais. Les plus anciens de Montravers ont toujours vu cette charmille dans le même état. Elle était donc il y a cent ans ce qu'elle est aujourd'hui. Et qui pourrait dire combien elle a mis d'années pour atteindre le degré de croissance où elle est parvenue ? On peut donc sans crainte d'erreur affirmer qu'elle est aussi ancienne que le presbytère, qu'elle a bien deux cents ans d'existence.

2. On aurait tort d'attribuer à ce nom un sens canonique et d'en conclure, comme cela s'est fait parfois, que la cure de Montravers était autrefois un prieuré. Quand M. Brémaud se fut retiré dans la maison en question, on demanda à son successeur, M. Niort, quel titre il faudrait lui donner, et M. Niort de répondre : « Vous l'appellerez M. le Prieur, c'est-à-dire celui qui prie. » La définition n'est sûrement pas tirée du dictionnaire de l'Académie, mais elle est historique. L'auteur de ce modeste ouvrage l'a entendu rapporter par M. Niort lui-même.

d'une bonne partie de cette maison pour loger le chantre de l'église.

En 1889, la fabrique de Montravers, avec l'appui du conseil municipal, fit réparer une partie du logement curial. Une somme de 3.000 francs fut affectée à cette restauration. On peut dire qu'il n'en a pas été tiré suffisamment parti, car la restauration entreprise est incomplète et d'un goût plus que douteux, et elle a laissé l'habitation du curé en des conditions précaires de solidité. Il semble qu'on aurait pu faire mieux, pour la même somme, à la condition de faire autrement.

L'église actuelle de Montravers fut commencée en 1874, et achevée en 1876 ; elle fut bénite et livrée au culte le 19 mars 1876. Les plans avaient été tracés par M. Chevillard, architecte départemental. L'exécution des travaux fut confiée à M. Thomazeau, entrepreneur à Saint-Amand-sur-Sèvre. Elle coûta la vie à un ouvrier, le maçon Moreau, de Châtillon-sur-Sèvre, qui tomba de son échafaudage et mourut un mois après.

L'église Saint-Jean-l'Évangéliste de Montravers (car saint Jean l'Évangéliste est à la fois le patron de la paroisse et le titulaire de l'église) est en forme de croix latine. Le style est le pur XIIIe. Le clocher est sur le milieu de la façade. Le beffroi est partie en pierres de taille et partie en moellons. La flèche est en bois recouvert d'ardoises. Il y a quatre cloches, dont trois seulement sont accordées. La plus petite, qu'on a apportée de l'ancienne église, a été bénite en 1811, et les trois autres sont dans le clocher depuis 1885.

Les petites fenêtres sont des fenêtres à lancettes. Celles des bras de croix ont un meneau, surmonté d'un œil-de-bœuf. Les voûtes, faites en briques, sont des voûtes d'arêtes avec nervures. Les arcades reposent sur des chapiteaux [1] en pierre blanche, qui font suite à des demi-colonnes en granit. Il y a trois travées en dehors du

---

1. Les chapiteaux sont très bien fouillés ; ils représentent des pommes et des feuilles de choux. Ce qu'on pourrait regretter, c'est qu'ils reproduisent tous le même motif. Les chapiteaux des colonnettes de la chaire sont une imitation aussi parfaite que possible des chapiteaux qui surmontent les colonnes demi-engagées dans les murailles de l'église.

transept. L'abside du chœur est à pans coupés. Le chemin de la croix est en fonte polychromée. Il est fait pour que la 1re station soit placée du côté de l'épître, et celle-ci est placée du côté de l'Évangile, suivant l'usage plus communément adopté. La chaire est en bois de chêne. Œuvre de M. l'abbé Brisacier, de Tours, elle est sculptée avec goût. La cuve présente cinq panneaux : sur celui du milieu on voit Jésus enseignant et sur les autres les quatre évangélistes. Elle n'a point d'abat-voix : il serait d'ailleurs assez difficile d'en mettre un.

Autour de l'église, on aperçoit huit statues en plâtre. Elles sont toutes peintes, et elles le sont richement presque toutes. Il y a la statue du Sacré-Cœur de Jésus, celle de la sainte Vierge, celle de saint Joseph et celles de sainte Radegonde, de saint Antoine de Padoue, de sainte Anne, de la bienheureuse Jeanne d'Arc et de sainte Philomène. Les vitraux sont tous coloriés. Ceux de la nef et celui du clocher n'ont que des dessins fantaisistes à exhiber. Ceux de l'abside représentent Notre-Seigneur couronné d'épines, saint Jean l'Évangéliste sous les traits d'un vieillard et saint Henri, patron du principal bienfaiteur de l'église. Les vitraux du bras de croix de gauche représentent saint Charles Borromée et saint Louis roi de France, et ceux du bras de croix de droite, sainte Adélaïde et sainte Berthe. Le vitrail de la chapelle des fonts baptismaux reproduit, comme de juste, la scène du baptême de Notre-Seigneur par saint Jean-Baptiste.

Il y a trois autels dans l'église. Tous les trois sont sortis des ateliers Charron et Beausoleil, de Poitiers. Le maître-autel est orné d'un retable, et le tabernacle est surmonté, malheureusement, d'une exposition fixe qui, outre l'inconvénient qu'elle présente d'être en désaccord avec les règles de la liturgie, a le fâcheux désavantage de cacher le beau vitrail du milieu de l'abside. Le tombeau est orné selon le style de l'église, et les panneaux de la façade encadrent un bas-relief représentant Notre-Seigneur et saint Jean qui repose sa tête sur la poitrine du divin Maître, avec cette inscription évangélique : *Beati mundo corde* : «Bienheureux ceux qui ont le cœur pur » (S. Matth , v, 8), ainsi que quatre statues en pierre : celles de saint Pierre, de saint Paul, de saint Louis et de saint Henri. Les reliques enfermées dans la table du maître-autel sont celles des saints martyrs Diodore et Humilié.

Dans un des bras de croix est l'autel de la sainte Vierge, et dans l'autre, celui de saint Joseph. Tous les deux sont construits sur le même modèle. Ils présentent un tombeau recouvert d'une pierre, en saillie sur trois côtés, un gradin pour les chandeliers, et un retable adossé au mur. Les statues demandées par chacun de ces deux autels sont placées au-dessus du tabernacle, et sont surmontées d'un baldaquin en pierre habilement sculpté, et de très bon effet. Le devant du tombeau présente trois panneaux, encadrant des sujets sculptés. Celui du milieu, à l'autel de la sainte Vierge, représente Notre-Seigneur apparaissant à la bienheureuse Marguerite-Marie Alacoque et lui montrant son cœur, et les deux autres représentent saint Hilaire avec un rouleau de parchemin à demi déployé, et sainte Anne, à côté d'un lis, surmonté d'un enfant [1]. A l'autel de saint Joseph, le panneau du milieu représente la mort de saint Joseph en présence de Jésus et de Marie ; celui de droite, sainte Philomène, avec l'instrument de son supplice, et celui de gauche, sainte Emmérantienne. sœur de lait de sainte Agnès, qui fut martyrisée pour la foi n'étant encore que catéchumène. Sainte Emmérantienne, qu'on nommait plus communément, à Montravers, sainte Emmérance, avait sa statue dans l'ancienne église, et elle y était particulièrement vénérée.

Les trois autels sont en pierre blanche fournie par les carrières du Poitou.

L'église est couverte en ardoises soutenues par des crochets de fer dans la plus grande partie de la couverture. Il est à regretter que la charpente ne soit pas plus élancée Considérée de près, l'église présente, extérieurement, un aspect assez riche, mais sévère. La pierre de taille des Châtelliers n'y a pas été épargnée ; mais elle

---

1. On devine sans peine que la tige du lis représente la B. V. Marie, la fille immaculée de sainte Anne, et la fleur qui s'épanouit en un bel enfant le divin Jésus, le Fils de Dieu fait homme.

est seulement taillée et ornée en certains endroits de quelques moulures. Les seules sculptures qui se voient à l'extérieur de l'église sont celles du tympan de la porte, et elles sont faites sur pierre blanche : elles représentent les trois vertus théologales. Elles sont l'œuvre du sculpteur Saint-Hubert, comme les parties surajoutées des trois autels de l'église [1].

Le premier compte des *dépenses* faites pour la construction de l'église s'élevait à la somme de 58.759 fr. 35. Cette somme avait été répartie de la manière suivante :

Fouilles	157 58
Maçonnerie pour fondations et élévation.	9.392 75
Pierres de taille (granit).	16.673 66
Pierres de Poitiers (y compris sculptures et moulures).	1.925 68
Enduit intérieur.	368 27
Crépissage extérieur.	691 08
Cendre de chaux pour semer sous les bancs.	164 28
Carrelage.	418 76
Marches.	359 00
Dallage (granit)	421 78
Matériaux divers.	640 50
Voûtes.	8.422 71
Charpente	5.569 46
Couverture en ardoises.	2 348 89
Zinguerie.	920 43
Menuiserie	350 75
Serrurerie	1.052 08
Vitrerie	15 06
Omission.	192 00
Une porte à la sacristie.	22 02
Une échelle.	12 00
Rainures des persiennes.	176 00
Autres frais.	128 10
Ardoises (persiennes).	95 40
Grille de communion.	950 00
Croix du clocher et coq.	220 00
Payé à Bontemps, serrurier, pour travaux et fournitures	250 00
Balustrade de la tribune.	200 00
Honoraires de l'architecte.	2.600 00
Payé à Série (peintre).	330 00
Vitraux fournis par Mauret et Moine (de Nantes).	3.500 00
	58.508 24
Dépenses oubliées.	251 11
Total.	58.759 35

1. Saint-Hubert a fait le retable des deux petits autels, et, pour le

Voici maintenant la provenance des ressources qui ont contribué à parfaire cette somme :

Legs de Mme Brunet.	10.000 fr.
Allocation de l'Etat.	5 000
— du département	2.755
Vente de l'ancienne église.	2 300
Contribution de la commune.	1.000
Offrande de M. de la Guépière.	1.000
Vente d'une rente de seigle.	273
Offrande de M. et de Mme de Beauregard.	36.431
	58.759

Mais le chiffre de 58.759 fr. 35 ne comprenait pas toutes les dépenses faites pour l'église ; il ne comprenait pas le prix des trois autels : 3.235 francs ; celui de la chaire : 1.228 fr. 50 ; celui des bancs [1] : 2.575 francs ; celui du nouveau chemin de croix : 800 francs, ni plusieurs autres dépenses formant avec les quatre qui viennent d'être indiquées un total de 9.172 fr. 31. Cette dette fut acquittée en partie par une souscription faite parmi les propriétaires de second ordre et les fermiers de la paroisse, laquelle produisit 2.733 francs. Le reliquat fut soldé par des ressources de provenance inconnue à présent [2].

Statistique.

Il y a à Montravers plusieurs confréries et associations pieuses : la confrérie du Très-Saint-Rosaire, établie en 1858 ; celle du Très-Saint-Sacrement, dont la naissance remonte à l'année 1877 ; celle des Mères chrétiennes, fondée en 1901 ; le groupe Saint-Jean-l'Évangéliste de la Jeunesse Catholique, fondé le 26 nov. 1906, et l'association de la Très-Sainte-Vierge, organisée pour les jeunes filles durant la mission du mois de janvier 1908.

grand autel, l'exposition fixe ainsi que les deux niches pour anges adorateurs, qui n'ont d'ailleurs jamais été affectées à leur destination et qui déparent plutôt le grand autel.

1. Les bancs de l'église ont été faits par M. Tricot, menuisier à Combrand.

2. La statue de la sainte Vierge et celle de saint Joseph furent inaugurées toutes les deux en même temps que l'église : la première avait été payée par les filles de la paroisse, et la seconde par M. Charles de Beauregard (actuellement M. le comte de Beauregard).

Il n'y a pas de société à but purement temporel dont le siège ou un bureau local existe à Montravers. Mais un certain nombre d'habitants sont affiliés à des société de prévoyance ou à des mutualités organisées ailleurs.

Montravers est doté d'un bureau de bienfaisance dont les ressources sont très restreintes. Elles consistent en une rente léguée par Mme Brunet, propriétaire de la Louisière, et qui décéda à Poitiers en 1863 [1]. Le produit de cette donation testamentaire, qui devrait procurer chaque année aux pauvres de Montravers pour 283 francs de pain et de vêtements, ne leur en fournit en réalité que pour la somme de 148 francs, le reste de la rente étant retenu pour l'assistance médicale, pour la retraite assurée aux vieillards et pour frais divers dont ne profite pas la commune de Montravers.

Le conseil municipal est ainsi composé, depuis les élections de mai 1908 : MM. le comte Charles de Beauregard, maire [2] ; Armand Guiet, adjoint ; Pierre Vion, Joseph Billy, Basile Hérault, Louis Vion, Joseph Caillaud,

---

1. En réalité, la fondation du bureau de bienfaisance ne remonte qu'à 1873, date de la mort de M. Brunet. Car celui-ci devait jouir, sa vie durant, de tous les biens laissés par son épouse.

2 C'est ici le lieu de donner la liste de ceux qui ont dirigé Montravers au point de vue temporel depuis un peu plus d'un siècle :

Liste des maires ou officiers municipaux de Montravers depuis 1792 :

Cailleau, maire en 1792 ;

Peau, maire en 1793 ;

René Menanteau, officier public (1793-1797) (un certain Menanteau était sacristain de Montravers en 1791) ;

Jacques Bâcle, agent municipal (1797-1800), métayer à la Charantonnière ;

Girard (René-Jean-François), maire de 1800 à 1816, fermier général au Deffend ;

François Coudrin, charron et cultivateur à la Tallerie, maire de 1816 à 1825 ;

Jacques Billy, fermier au château de Montravers, maire de 1825 à 1833 ;

Eugène Plumant, fermier à la Chironnière, maire de 1833 à 1836 ;

Jacques Billy, maire pour la seconde fois de 1836 à 1848 ;

Joseph Guitton, maréchal à Montravers, maire de 1848 à 1870 ;

M. Henri Savary de Beauregard, propriétaire au Deffend, maire de 1870 à 1884 ;

M. le comte Charles de Beauregard, fils du précédent, maire depuis 1884.

Henri Guitton, Marie Brillanceau, Henri Godet, Auguste Vergniault, Armand Vion, conseillers.

Le conseil paroissial comprend quatre membres : MM. l'abbé Jules Gabilly, curé de la paroisse ; le comte Charles de Beauregard, Joseph Billy, Etienne Vion.

Il y a quatre prêtres, actuellement vivants, qui sont nés à Montravers : M. l'abbé Maximin Vion, attaché comme prêtre auxiliaire à une des paroisses de la ville de Paris, et qui fut ordonné prêtre par Mgr Bellot des Minières, en la chapelle du petit séminaire de Montmorillon, à la Passion de l'année 1881 ; — M. l'abbé Joseph Caillaud, présentement curé de Saint-Germier, au doyenné de Vasles, et qui fut ordonné prêtre par Mgr Pelgé, en la chapelle du grand séminaire de Poitiers, aux Quatre-Temps d'hiver de l'année 1898 ; — M. l'abbé Paul Cornuault, vicaire de Moncoutant, qui fut ordonné prêtre en la chapelle du grand séminaire le 6 mars 1909 ; — et M. l'abbé Auguste Billy, vicaire de Secondigny, qui fut ordonné prêtre le 18 décembre 1909, à la cathédrale de Poitiers.

Il paraît juste et convenable de donner ici également la liste des personnes de Montravers qui se sont faites religieuses depuis soixante ans [1].

Filles de la Croix, à la Puye (Vienne).

Marie Coudrin,	en religion	Sœur Marie-Saint-Claude.
Henriette Coudrin,	—	Sœur Sainte-Cécile (sécularisée).
Adèle Puaud,	—	Sœur Saint-Joachim (décédée).
Louise Cornuault,	—	Sœur Saint-Euverte (décédée).
Louise Puaud,	—	Sœur Saint-Fortunat (décédée).

Sœurs de Sainte-Philomène, à Salvert (près Poitiers).

Marie-Louise Loiseau	en religion	Sœur Saint-François-Régis (décédée).
Antoinette Caillaud,	—	Sœur Saint-Vincent-de-Paul.
Clémentine Gouffier,	—	Sœur Saint-Albert (décédée).

Dames Meschain, à Niort (Deux-Sèvres).

Apollonie Coutant,	en religion	Sœur Calixte de Jésus (sécularisée).
Armande Coutant,	—	Sœur Marie du Calvaire (sécularisée).
Zénaïde Coutant,	—	Sœur Marie-Thérèse (sécularisée).

---

1. Il n'y a pas lieu de croire qu'il y ait eu, avant le milieu du xıxᵉ siècle, des religieuses qui soient sorties de Montravers ; du moins, pour en trouver, il faudrait remonter au delà de la Révolution.

Religieuses de la Salle de Vihiers (Maine-et-Loire).

Antonine Coutant (de la Fillolière), en religion Sœur Saint-Jean l'Évangéliste.

Clémentine Coutant (de la Faverie), en religion Sœur Isabelle du Sacré-Cœur.

Religieuses de l'Immaculée-Conception, à Niort (Deux-Sèvres).

Aurélie Guitton, en religion Sœur Saint-Albert.
Eugénie Guitton, — Sœur Marie-Sainte-Martine.

Filles de la Sagesse, à Saint-Laurent-sur-Sèvre (Vendée).

Philomène Vendé, en religion Sœur Amélie-Saint-Jean.
Clémence Chauveau, — Sœur Léon-du-Rosaire (décédée).

Auxiliatrice du Purgatoire, à Versailles (Seine-et-Oise).

Mlle Charlotte de Beauregard, en religion Sœur Marie du B. Théophane.

Carmélite, à Namur (Belgique).

Germaine Billy, en religion Sœur Marie-Joseph.

Après avoir donné une description succincte de l'état de Montravers dans le passé et de son état actuel, il faut en dire des choses plus spéciales. Les documents qui nous peuvent aider à cet effet présentent un double caractère : les uns sont exclusivement religieux, ou du moins le point de vue religieux y domine sensiblement ; les autres sont d'ordre exclusivement profane, ou du moins le côté religieux s'y trouve bien effacé. Le travail qui reste à faire aura donc deux parties ou sections. Dans la première, passeront successivement sous les yeux du lecteur tous les hameaux ou habitations de Montravers qui ont une histoire plus ou moins marquante ; et dans la seconde, tous les curés connus de Montravers. A la description des différents hameaux ou habitations sera joint un exposé succinct de ce qui s'y rapporte. De même, après avoir rapporté ce qui est connu sur les différents curés qui ont régi la paroisse de Montravers, on parlera un peu des faits auxquels ils furent mêlés.

Voici la liste des principaux documents qui ont été mis à contribution pour ce travail : les *archives paroissiales* de Montravers (les registres remontent à 1617 ; il n'y a que 23 années qui manquent totalement dans cette longue série) ; — les *actes civils* de la période révolutionnaire (malheureusement très incomplets) ; — les *archives du château du Deffend* ; — les *archives du château de la Louisière* ; — les *archives de plusieurs familles de Montravers* (des familles Boissinot, Billy, Vion, Guiet, Jadault) ; — la *collection manuscrite de dom Fonteneau* ; — les *Mémoires sur la vie publique et privée de Claude Pellot...* par O'Reilly, conseiller à la cour d'appel de Rouen ; — l'*État du Poitou sous Louis XIV*, par Colbert de Croissy, Maupeou, etc. ; — *plusieurs opuscules de Benjamin Fillon*, antiquaire vendéen ; — les *renseignements fournis par MM. les archivistes départementaux* de la *Vendée*, des *Deux-Sèvres*, de l'*Ille-et-Vilaine*, de la *Vienne*, du *Maine-et-Loire* ; par *MM. les archivistes nationaux* de *Paris* et de *Londres* ; par *M. Beerman, maire d'Okehampton* (Devonshire); par *MM. Robert, notaire à Airvault ; Breuillaud, notaire à Paris ; Bothian, notaire à Agen* ; — le *Pouillé du diocèse de Poitiers ;* — le *cartulaire* (extraits) *de la Trinité de Mauléon* (Châtillon) ; —*une lettre de M. Rambaud*, président de la Société des Antiquaires de l'Ouest ; — *une lettre de M. B.,* professeur d'histoire à l'Université de X...; — *plusieurs documents précieux fournis par M. Théophile Gabard*, curé de Saint-Aubin de Baubigné ; — *les Grands hommes du Poitou*, par Dreux du Radier ; — le *Dictionnaire des Familles du Poitou*, de Beauchet-Filleau ; — l'*Histoire de la Petite Église*, par le P. Emmanuel Drochon ; — *les Justices seigneuriales en Poitou*, par Beauchet-Filleau ; — la *Biographie Michaud ;* — les *renseignements fournis par M. l'abbé Abel Vergniault*, archiviste de l'Evêché ; — les *archives communales de la Pommeraye-sur-Sèvre* (Vendée); — les *papiers de la famille Cicoteau* (ancienne famille anoblie en 1695, et qui s'est éteinte à Moulins (Deux-Sèvres) vers 1890); — une *lettre de l'amiral baron Alquier ;* — le n° du 1er novembre 1904 du journal nantais *le Petit Phare de la Loire;* — une *lettre de M. le Curé de Saint-Philbert-du-Pont-Charrault ;* — une *lettre du colonel Berthier* ; — une *lettre de M. de Vexiau, officier d'infanterie à Lons-le-Saulnier,* et un *acte de partage des biens de sa famille en 1625 ;* — le *Dictionnaire topographique de Bélisaire Ledain* (ex-président de la Société des Antiquaires de l'Ouest) *sur le département des Deux-*

Sèvres ; — les *archives paroissiales de la Chapelle-Largeault ;* — les *archives communales de Saint-André-sur-Sèvre ;* — les *Mémoires* envoyés à Paris sous la Restauration, *en faveur des soldats de l'armée vendéenne* ou de leurs familles, conservés au château de Clisson, près Bressuire (Deux-Sèvres) ; — les *archives communales de Saint-Mesmin ;* — les *archives particulières* de la famille Barrion ; — les *Etudes religieuses* des R. P. Jésuites ; — un article de la *Semaine religieuse* de Cambrai, cité dans les *Documents de ministère pastoral,* publié par Oudin (1901) ; — *Almanach provincial et historique du Poitou* pour l'an de grâce 1782 ; — *lettre de M. Barraud, prêtre vendéen,* auteur de travaux historiques sur l'ancien clergé du diocèse de Luçon ; — les *archives du château du Bois-Fichet,* près Châtillon-sur-Sèvre ; — l'*Histoire de Saint-Aubin-de-Baubigné,* par M. Théophile Gabard, etc.

PETITE
HISTOIRE DE MONTRAVERS

DEPUIS LE XIIe SIÈCLE JUSQU'A NOS JOURS

SECTION PREMIÈRE

I. — LE CHATEAU DE MONTRAVERS

Description. — Le château du bourg de Montravers, avec l'ancienne église, qui autrefois était comprise dans son enceinte, nous offre sûrement les plus anciennes constructions de Montravers. Les parties de ces deux édifices qui se font remarquer par leur antiquité sont surtout celles qui portent le cachet du xve siècle : il n'est pas probable que dans les constructions actuellement existantes il y ait quoi que ce soit qui remonte au delà de cette époque. Toutefois il faut bien reconnaître que le donjon, qui est la partie la mieux conservée de *l'ancien château*, a été bâti avant la fin de la guerre de Cent Ans. Il n'a pour ouvertures que d'étroites meurtrières, très peu évasées, du côté extérieur du château. L'escalier, qui était sans doute un peu plus éclairé, était placé vers la partie intérieure. Il n'y avait primitivement qu'une porte pour accéder au donjon. Elle était tournée vers l'intérieur, et elle se trouvait, on n'en peut douter, dissimulée par d'autres constructions. Elle est du reste très ornée, comme le sont les portes dites *à la Tudor*. Il n'y a pas trace de mâchicoulis dans la partie supérieure de la tour, ce qui donne lieu d'affirmer qu'elle a été démantelée, soit à l'époque des guerres de religion, soit sous le ministère de Richelieu. Cette tour est entièrement construite en

pierres de taille. Les blocs, qui sont tous à peu près
d'égale dimension, ont plus d'élévation [1] que les assises
ordinaires des constructions modernes. L'intérieur est
maintenant transformé en maison d'habitation. Il est à
croire qu'il y a déjà bon nombre d'années qu'on lui a donné
cette destination. La cheminée qui se trouve dans la pièce
principale, et qui est d'ailleurs monumentale et artistique,
est en style *Renaissance*. La principale des portes qui
donnent actuellement accès dans la tour est assurément
beaucoup plus récente que la tour elle-même : il suffit
de jeter un coup d'œil sur cet édifice pour s'en rendre
compte.

A côté de la tour se trouvait un vaste corps de bâtiment
à larges fenêtres aux croisillons en pierre, et qui comprenait quatre chambres basses et quatre chambres
hautes. Il était couvert partie en tuiles plates et partie en
ardoises, ainsi que l'atteste l'inventaire administratif
de 1798. Ce bâtiment, qui a été démoli en 1850, était relié
au donjon par une construction plus récente qui existe
encore.

Il reste aussi de l'ancien château une partie considérable des servitudes [2] ; mais on ne peut guère juger de
l'aspect qu'elles présentaient autrefois, attendu qu'elles
ont toutes subi des modifications notables. On voit encore
vers le bas de la cour les restes d'une ancienne porte
cochère, qui ne paraît pas avoir été la porte principale du
château.

L'ancienne église est située à vingt pas à peine de la
vieille tour. Elle a cessé d'être exclusivement réservée au
culte au mois de mars 1876. Elle fut vendue aux enchères
presque aussitôt et achetée par M. de Beauregard, qui en
fit peu après une maison de ferme.

Les murs de cet édifice, qui n'ont pas subi de modifications essentielles, ont une épaisseur d'un mètre vingt cen-
timètres. On y voit encore çà et là, et faisant saillie, des
morceaux de granit ornés de moulures et qui ne sont

---

1. Les appareils de la tour ont 0 m. 38
2. Les servitudes de l'ancien château furent plus éprouvées que le
château lui-même, à l'époque de la Révolution : elles furent à peu
près toutes incendiées.

L'ancienne église.

autres que des restes des arcs formerets qui soutenaient la voûte de la nef. La principale fenêtre, qui est de forme ogivale du xve siècle, et qui est du reste aussi simple et aussi nue que possible, n'a pas été transformée extérieurement ; mais on l'a diminuée intérieurement pour y installer une double fenêtre en style moderne. Dans la chambre principale de la maison, on remarque encore le placard destiné à recevoir les burettes pour la messe : il est encadré d'une belle moulure en style flamboyant. A droite de cette pièce se trouve une chambre qui devait être anciennement la chapelle réservée au château. Elle est encore entièrement voûtée en pierres, et présente de belles nervures qui reposent sur des consoles sculptées en forme de figurines. Dans cette chapelle se voient deux petites portes *à la Tudor* et une fenêtre d'un style douteux. Dans son ensemble, cette partie de l'édifice religieux se distinguait sensiblement du reste par le fini du travail. N'est-ce pas une raison pour affirmer qu'elle est postérieure pour la construction ?

A gauche de la nef principale on avait ajouté un bas côté. Il était sûrement d'une époque plus récente que le reste de l'édifice. Il y a lieu de l'attribuer au xviie siècle, si l'on tient compte de ses petites fenêtres cintrées, d'un caractère incertain, et de sa voûte d'arêtes, dont il reste encore un bel échantillon. Cette voûte a été construite sur un modèle absolument identique à celui qu'on a voulu reproduire pour le réfectoire du grand séminaire de Poitiers, bâtiment qui fut élevé sous Louis XIII, de 1620 à 1630. Sous cette voûte on aperçoit le retable d'un autel grec sculpté grossièrement sur bois. Il est probable que c'est celui qui fut réparé en 1886 par le sieur Moigneteau, peintre à Fontenay-le-Comte.

L'église et le château de Montravers étaient entièrement entourés d'eau. D'un côté régnait un étang, qui est devenu depuis une grasse prairie. Par ailleurs, on voyait des douves profondes qui formaient l'anse de panier et qu'on traversait au moyen d'un pont-levis. La maison actuelle des institutrices libres est bâtie sur ces anciennes douves. Au reste, il n'y a pas très longtemps que ces douves sont totalement comblées ; il existe encore des vieillards qui se souviennent de les avoir vues.

Histoire. — Le cartulaire de la Trinité de Mauléon renfermait, entre autres restes du passé, une pièce qui remontait à l'an 1260 et qui faisait mention d'un laïque appelé Jean de Mautravers. Celui-ci, d'après la pièce en question, avait été témoin de la donation de la terre de la Fragnaie, qui fut faite à cette époque à l'église Saint-Hilaire de Rorthais, par Audéarde Saunière, du consentement de son mari et de ses enfants, et avec l'agrément d'Aremberge de Chemillé, *pro remedio animæ suæ et parentum tam vivorum quam mortuorum*. L'acte de cette donation fut passé en chapitre au monastère de la Trinité de Mauléon.

Est-ce que Jean de Mautravers n'aurait pas été le seigneur du lieu ainsi nommé ? Si l'on avait voulu, pour cet acte, se contenter d'un témoin vulgaire, il semble bien qu'on n'aurait pas été le chercher à trois lieues.

Dans le courant du xive siècle, Marguerite de Mautravers, qui était évidemment la fille du seigneur de Mautravers, épousa André de Meulles, qui habitait alors le château du Frêne paroisse de Nueil. C'est ce qui explique la demande que fit André de Meulles, en 1407, au moment de sa mort, d'être enterré à Mautravers [1]. Il dut y avoir d'autres filles des seigneurs de Mautravers qui allèrent s'établir à Nueil, peut-être même s'y marier. Au tome XXXIXe de son manuscrit, dom Fonteneau nous apprend que, en l'année 1429, Jeanne Audebault, veuve de Jean Baraton et dame de Tournelay, se présenta en justice avec Regnault de Meulles, seigneur du Frêne.

Jeanne Audebault pouvait bien être de la famille de ce nom que nous rencontrerons sûrement au château de Mautravers en 1571. La famille Audebault était d'ancienne noblesse et de noblesse de chevalerie. Ses armoiries étaient : *D'argent à la croix pattée, alaisée de sable, et*

---

1 Ce renseignement nous a été fourni par M. l'abbé Th Gabard, curé de Saint-Aubin-de-Baubigné. — En même temps qu'il prenait ses dispositions relativement au lieu de sa sépulture, André de Meulles fit au profit de l'église de Mautravers une fondation de messes, à raison de deux sols et demi par messe.

trois cormorans posés deux et un [1]. Elle existait, d'après le dictionnaire de Beauchet-Filleau, dès l'année 1333 ; mais on ne saurait dire à quelle date au juste elle vint se fixer au château de Mautravers. En tout cas, si elle y résida au xive siècle, elle dut cesser ensuite d'y habiter, pour y revenir plus tard. Il est plus logique de supposer qu'elle était seulement dans les environs, à l'époque indiquée par le savant bénédictin. La pièce suivante, que nous avons trouvée aux archives départementales de la Vienne, nomme bien plusieurs seigneurs successifs de Mautravers, mais pas un qui portât le nom d'Audebault. Nous allons la reproduire presque intégralement à cause de l'intérêt qu'elle présente pour ceux qui désirent se faire une idée de la physionomie de Mautravers et des environs au xve siècle :

« Sachent tous que comme Léon Coulaye comme héritier quoi qu'essoyt comme tenant les biens de feu Jehan de Mautravers, en son vivant escuyer et seigneur de la Bertinière et de l'oustel des Voustes assis à Cerizay, fust tenu à noble homme Marquis de Puyguion, escuyer, seigneur du dit lieu de Puyguion, comme filz et héritier principal de feu Guillaume de Puyguion, en son vivant escuyer et père dudict Marquis, en la somme de troys sextiers [2] de seille [3], mesure de Bersuyre, d'annuelle et perpétuelle rente, lesquels troys sextiers de seille de rente mesure susdite iceluy feu Jehan de Mautravers fust [4] antérieurement vendu à feu Guillaume de Puyguion, père dudict feu Guillaume et ayoul dudict Marquis, et au payement d'iceulx iceluy feu Jehan de Mautravers eust obligé lui, ses héritiers et successeurs avecq tous et chacuns ses biens meubles et immeubles lors présents et advenir quelconques, laquelle rante eust conpecte [5] et

---

1. La pierre sur laquelle étaient gravées les armoiries des Audebault contribue maintenant à former l'un des pieds droits de la petite porte d'entrée du presbytère.

2. Le sextier valait environ 160 litres de nos mesures actuelles.

3. *La seille* est encore l'expression employée dans le Bocage vendéen pour désigner *le seigle*.

4. *Fust vendu* est mis ici pour *furent vendus*.

5. *Conpecte* est ici un synonyme d'*appartenu*. Pour tous ceux qui connaissent le latin, il est évident que ce mot vient de *competere*, appar-

appartenu au dict feu Guillaume de Puyguion, comme héritier de son dict père, et icelle eust été tenu payer ledit Léon Coulaye comme héritier ou biens tenant dudict feu Jehan de Mautravers audict feu de Puyguion et qu'il n'avait ne eust fayt, ainsi en fust escheuz quelques arrérages, à l'occasion de quoy iceluy feu Guillaume de Puyguion père dudict Marquis, par vertu des dictes lettres et jugements qu'il avait dudict feu de Mautravers, eust fayt et formé certaines requestes, ypothèques, à l'encontre dudict Léon Coulaye comme héritiers ou biens tenant du dict feu de Mautravers pour les arrérages qu'il disait lors luy estre deuz et escheuz pour certaines années, à la cour ordinayre de la sénéchaussée de Poictou, séant à Poictiers, et icelle eust conclu, et concluait le dict Puyguion, en payement des dicts arrérages et en l'extinction des *quantiplurium*, en laquelle cour eust et a esté procédé en certaine fourme et manière, pendant lequel procès ledict feu Guillaume de Puyguion fust et soit allé de vie à trépassement, délaisse ledict Marquis de Puyguion son filz et héritier seul en tout auquel par ce moyen eust conpcte et appartenu, conpcte et appartient la dicte rante avec les arrérages d'icelle escheuz de tout le temps passé jusques aujourd'huy.

« Assavoir est que aujourd'huy, en la cour du scel estably es contraiz en la chastellenye de Saint-Mesmin pour noble et puissant seigneur Monseigneur du dict lieu, par devant nous Pierre Barbot (prbtre) [1] et André Tharot,

tenir. Il est à croire que ce mot a été mal écrit, qu'il devait être ortho·graphié autrement au XV⁰ siècle.

1. Il ne faut pas croire que la mention de prêtre, attribuée à un notaire public, soit une faute de scribe. Dom Fonteneau cite, pour la même époque (1462), un prêtre qui était notaire du château de Cerizay, Jehan Guillebeau. (Cf. D. Fonteneau, t. XXXIX.) Le fait de l'exercice des fonctions de notaire par un prêtre, en cette circonstance. n'est donc pas contestable ; mais ce qui l'est sûrement, c'est sa légitimité. Au livre III⁰ des *Décrétales*, titre L, le droit ecclésiastique défend aux clercs et aux religieux d'exercer les fonctions de tabellion ou notaire public, hormis dans les affaires religieuses. Or, dans le cas présent, nous sommes en face d'une affaire purement profane, d'une affaire qui ne regarde ni la foi ni les bonnes mœurs Il faut donc voir dans le fait en question un abus pur et simple, mais un abus qui n'était point rare à cette époque, puisque l'Eglise, pour le faire cesser, avait cru devoir menacer de peines sévères les contrevenants : elle avait pro-

clercs jurez et notaires de la dicte cour, endroyt précédemment estably, ledit Marquis de Puyguion d'une part, et noble Jehan de Montournoys, escuyer, seigneur de Mautravers, [1] d'autre, et ledict Léon Coulaye, d'autre, lesquelles parties ont faict les accords, convenances, ainsy et par la forme et manière qui s'ensuyt :

« C'est assavoir que iceluy Marquis de Puyguion, pour luy et ses successeurs et qui cause en auront à perpétuité, de bon gré et volonté. et sous aucun perforcement, admonestement ni induction d'autrui, mais parce que ainsy et bien lui a plu et plaist, a cogneu et confessé avoir ceddé et transporté, par ces présentes, audict Jehan de Montournoys escuyer à ce présent personnellement, stipullant et acceptant ledict contract et transport, pour et au prouffit de luy et ses héritiers et successeurs et pour les ayant cause d'eulx à perpétuité, lesdicts troys sextiers de seille de rante dessus dicts, lesquels ledict, Léon Coulaye lui estait tenu payer pour les causes susdictes, avecq les arrérages deuz et escheuz de la dicte rante de xxvii ans, en la présence et du consentement du dict Coulaye, lequel a cogneu et confessé icelle rente estre deue pour les causes susdictes, et icelle promest payer dorénavant au dict de Montournoys pour la cause susdicte avec les arrérages susdicts et du temps dessus.

« Et est faicte cette cession et transport par ledict Marquis de Puyguion audict de Montournoys, parce que iceluy Jehan de Montournoys a promis et promest, est et sera tenu pour luy et ses successeurs dessus dicts payer dorénavant ladicte rante au dict de Puyguion et à ceux qui cause en auront perpétuellement par chascun an en chascune feste de Notre-Dame de septembre quoy qu'essoyt une fois en l'an jusqu'à ce qu'il luy en ayt baillé bonne accepte et souffisante, laquelle iceluy de Puyguion sera tenu prendre ès chastellenies de Mauléon, de Cerizay et

noncé la peine *ferendæ sententiæ* de la privation du bénéfice ecclésiastique.

1. Il est à remarquer que Léon Coulaye ne reçoit jamais ici le titre de seigneur de Mautravers, mais seulement le titre d'héritier des biens venant du dernier seigneur. Il est à croire que Jehan de Montournoys était responsable de ses opérations financières, puisqu'il vient ici s'engager à sa place.

des Deffends ou de l'une d'icelles d'elles, et pour les arrérages deuz de ladite rante du temps dessus, iceluy de Montournoys assigne et proupose avec ledict Puyguion à la somme de soixante livres tournoys, desquelles soixante livres iceluy de Puyguion a recogneu et confessé avoir eu et reçu dudict de Montournoys quarante livres tournoys, dont il s'est tenu et tient compte et bien payé dudict de Montournoys et l'en a aquipté et quipte lui et ses successeurs par les présentes et le reste dû de lad. somme qui se montet à vingt livres tournoys, iceluy de Montournoys a promis payer au dict de Puyguion dès ladite feste de Notre-Dame de septembre, et aussy le dict de Puyguion a promis et promest rendre les titres obligatoires qu'il a du dict feu Jehan de Mautravers de la dicte rante et aussi un titre de confession [1] de ladite rante antérieurement passé entre ledict feu Guillaume de Puyguion, père dudict Marquis, et le dit Coulaye, dès ladicte prochaine feste de Notre-Dame de septembre...

« Et a voulu et consenty, veult et consent iceluy de Puyguion que la main du roi mise et appousée sur les dits héritages du dict Coulaye au moyen et par vertuz des dictes requestes, soit levée et oustée au prouffit du dict de Montournoys.

... « Fait et donné le 19ᵉ jour de mars mil quatre cens soixante.

« BARBOT,   THAROT [2]. »

Au XVIᵉ siècle, le château de Mautravers fut peut-être habité par René de l'Eperonnière, seigneur de la Touche et de Mautravers. La Touche de Saint-Mesmin, qui est sans aucun doute celle dont il s'agit ici, est à peine à deux kilomètres du château de Mautravers, et les habitations de Mautravers devaient être bien plus commodes et considérables que celles de la Touche.

En tout cas, la famille Audebault était sûrement établie au château de Mautravers en 1571, puisque cette année-là un accord intervint entre le curé de Mautravers et noble

1. Ici le mot *confession* est pris pour aveu ou reconnaissauce.
2. Cf. Archives de la Vienne, série E 2, l. 189.

homme Claude Audebault, seigneur de Mautravers, au sujet de certains échanges à faire. Ce fait est constaté par un document conservé aux archives du département de Maine-et-Loire et qui provient de l'ancienne abbaye bénédictine de Saint-Florent-lez-Saumur. Pour que l'échange eût force de loi, le chapitre de Saint-Florent dut, au préalable, y donner son approbation. (Voir plus bas la 1ʳᵉ page de la sect. 2.)

Un autre Claude Audebault, probablement le petit-fils du précédent, se maria le 17 janvier 1597 avec Suzanne Le Tourneur, fille de Nicolas Le Tourneur, seigneur de Burbure, et d'Anne le Venier. Sa sœur, Perrine Audebault[1], qui est donnée, en certains actes, comme la fille d'Hilaire Audebault, écuyer, seigneur de Mautravers, épousa en 1613 Louis Prévost, également écuyer et seigneur de Thouarcé en Anjou. Du mariage de Claude Audebault et de Suzanne Le Tourneur naquirent quatre enfants : un garçon, Jean, et trois filles, Suzanne, Elisabeth et Esther. Tout porte à croire que Jean et Esther Audebault ne se marièrent pas. Mais il dut en être autrement de Suzanne et d'Elisabeth. On peut supposer avec raison très suffisante que l'une d'entre elles était la mère de Louis de Grange, qui est donné une fois ou deux dans le registre de Mautravers comme sieur de Mautravers, et qui fut un des quatre signataires de l'acte de décès de Jean Audebault en 1682. Pourquoi l'autre n'aurait-elle pas été la mère de Mercier de Marigny ?

« Messire Claude Audebault », comme on écrivait parfois dans les actes où il était intéressé, épousa plus tard « damoiselle Louise Bureau, dame de la Galière ». Celle-ci fut deux fois marraine à Mautravers. La première fois, en 1617, elle fut désignée au registre par la formule que nous venons de donner ; et la seconde fois, en 1637, par celle-ci : « Louise Bureau, femme de Claude Audebault, sieur de Mautravers. »

D'après le même registre (qui comprend une période de 80 ans), Claude Audebault et ses enfants, surtout Jean et Esther, furent bien des fois parrains et marraines à Mau-

---

1. Perrine Audebault devait être la sœur de Claude Audebault, le second ici nommé.

travers au baptême d'enfants de condition ordinaire. C'est la preuve qu'il existait alors des relations excellentes, on pourrait dire intimes, entre les habitants du château de Mautravers et leurs fermiers, serviteurs ou voisins.

Claude Audebault a dû finir ses jours à Mautravers, entre 1652 et 1655. Le 9 octobre 1652, il consentait encore à être le parrain d'un enfant de Mautravers ; et. en 1655, sur la liste des communiants de la paroisse, c'était Jean Audebault qui était porté comme seigneur du lieu. Le registre paroissial ne donne point son acte de sépulture, pour la raison que, à cette époque, on ne faisait, à Mautravers, que des actes de baptême.

D'aucuns ont émis certains doutes sur la noblesse de la famille Audebault. Pour établir la vérité sur ce point, et au profit des Audebault, il suffit de se reporter à la pièce alléguée plus haut et dans laquelle Claude Audebault était (1571) qualifié de « noble homme et de seigneur de Mautravers ». Mais ajoutons-y, puisque nous le pouvons, les preuves que nous fournissent à cet effet les registres de Mautravers. Dans les premières années du xviie siècle, mention y est faite de la « maison noble de Mautravers ». Dans un acte de baptême de 1641, où il figure comme parrain, Jean Audebault est ainsi désigné : « *Noble homme Jean Audebault, escuier, sieur de la Galière.* » Le père de Jean Audebault, ayant accepté d'être parrain à Mautravers le 9 octobre 1652, l'acte qui devait certifier le fait le qualifia de « haut et puissant Claude Audebault, seigneur de Mautravers ».

Tout porte à croire que Jean Audebault resta célibataire jusqu'à la fin de sa vie : il n'est jamais question de son épouse dans les registres de Mautravers. En tout cas, il n'aurait laissé après lui ni femme ni enfants. On rapporte qu'il eut, en 1673, de grands procès avec un certain Pierre Verdon. La même année, Esther Audebault, sa sœur, fut aussi impliquée dans un procès. Là, se borne à peu près tout ce que l'on sait de certain sur la famille Audebault. Faut-il rattacher à cette famille l'écuyer Louis de Grange, qui est qualifié de « sieur de Mautravers » dans le registre paroissial de 1678 ? Nous le pensons ; on lui aurait permis de prendre le titre de « sieur de Mautravers » en qualité d'héritier présomptif du seigneur de ce nom. Il n'est pas du tout improbable que Suzanne Audebault ou Elisabeth Audebault (sœurs toutes les deux de Jean et d'Esther), eût épousé un de Grange de Surgère, seigneur de Puy-Guion (paroisse de Cerizay), et fut devenue ainsi la mère de Louis de Grange.

Jean Audebault mourut au château de Mautravers en 1682. Voici l'acte de sa sépulture, tel que le donne le registre paroissial :

« Le septiesme iour de may 1682, décéda Jean Audebault, escuyer, seigneur de Mautravers, et le iour suivant son corps a esté inhumé en l'église du dit lieu de Mautravers. Au convoys sont assisté Callixte Legeay, sieur de la Villette, messire René Buignon, esc^r, s^r de la Giradière, messire Louys de Grange, esc^r, s^r du dit lieu, et Claude Hurtault, p^r fiscal de la terre et seigneurie du dit Mautravers, soubsignés.

Caliste LEGEAY. René BUIGNON.
Louis DE GRANGE.
C. HURTAULT,
preur fiscal
de la seigneurie de
Mautravers.

J. GUILBAULT, *curé.* »

Louis de Grange n'est plus mentionné au registre paroissial passé la date de 1682. Il avait épousé Marguerite Grellier, qui devait appartenir à une très honorable famille de la contrée. Tout porte à croire que les deux époux quittèrent Mautravers peu de temps après le décès de Jean Audebault, si toutefois ils y habitèrent jamais. Toujours est-il que quelques années plus tard, en 1697, habitait au château de Mautravers « messire Gabriel Mercier, escuier, sieur de Marigny, l'eun des jandarmes de la garde du roy ». Son épouse s'appelait Marie de Verrine. Elle était probablement la parente de Jean Audebault et elle avait dû habiter au château de Mautravers du vivant de celui-ci, puisque, de 1675 à 1678, elle fut trois fois marraine dans l'église de Mautravers. De l'union de Mercier de Marigny et de Marie de Verrine naquit en 1697 un enfant qui reçut au baptême les noms de Joseph-Alexis et qui eut pour parrain « messire Joseph Desnoues », escuier, et, pour marraine, dame Luce Roy, femme de messire Alexis de Morais, seigneur de la Flocellière et de Cerizay. Mercier de Marigny eut un second enfant en 1699. Cet enfant, qui fut baptisé également dans l'église de Mautravers, eut pour parrain Loup-Marin, écuyer, sieur de la Motte-Belleville, et pour marraine Gilberte de la Cour, dame de la Crépelle (paroisse de Cerizay). En 1702, Mercier de Marigny fut le père d'un troisième enfant. Parmi les signatures qui se trouvent au bas de son acte de baptême, on remarque celle de Le Jay de la Pastellière.

Mercier de Marigny disparaît [1] de Mautravers peu de temps après la naissance de ce troisième enfant. Avant de le quitter définitivement, disons qu'on lui donnait, avec le titre de sieur de Marigny, celui de sieur de Mautravers. Dans un acte de baptême où il est porté comme parrain, il reçoit ce titre, et il signe lui-même : « Gabriel Mercier, sieur de Mautravers. »

En effet, en 1705, habitait à Mautravers, probablement au château, Pierre Debelhoir, procureur syndic perpétuel de la paroisse. Nous ne savons rien de particulier touchant la personne de Pierre Debelhoir ; mais nous avons quelque chose à dire sur sa famille. Elle avait habité Poitiers. Voici quelles étaient ses armes : *D'azur semé d'étoiles d'argent, à un chef d'or chargé d'une croix pattée de gueules. accosté de deux mouchetures d'hermine de sable.* Jacques Debelhoir, procureur au présidial de Poitiers, se maria vers 1640. Un autre Jacques Debelhoir, peut-être le fils du précédent, épousa en 1661 Jeanne Mesnard (peut-être de Toucheprès). Un des enfants issus de cette union, Jacques-Hilaire Debelhoir, sieur de la Fond, prit pour

---

1. On a fait la remarque que Louis XIV, pour attirer la noblesse à la cour, réservait toutes ses faveurs à ceux qui la fréquentaient. Quand on lui recommandait un gentilhomme campagnard, il répondait avec humeur: « Je ne le connais pas, » ou : « Je ne le vois jamais. «A la fin du XVIᵉ siècle, il n'y avait pas le quart de la noblesse française qui fréquentait la cour ; dans le dernier quart du siècle suivant, c'était le contraire qui était la vérité. M. de Marigny, un des gendarmes de la garde du roi, dut, vers 1702 ou 1703, quitter Mautravers, pour se rapprocher du roi, et il ne revint plus habiter au Bocage vendéen.

épouse, en 1702, Jaquette Auréreau. Or il y avait à cette époque une famille Auréreau qui habitait le Puy-Menantier. Jaquette n'appartenait-elle pas à cette famille ? Un des frères de Jacques-Hilaire se nommait Augustin : or un des enfants de notre procureur syndic, qui naquit en 1705, reçut au baptême les noms de Jacques-Augustin. Cette identité de noms n'indiquerait-elle pas un lien très étroit entre les Debelhoir de Mautravers et ceux de Poitiers ? Il y avait à Mautravers, à la même époque, un autre Debelhoir, « messire François D., sieur de la Gibaudière », dont l'épouse, dame Marguerite Herissé, fut enterrée dans le cimetière de la paroisse le 11 janvier 1700. Il était le père du procureur syndic de Mautravers. Mais quelle était sa situation à Mautravers, et à quoi correspondait alors le titre de procureur syndic que portait son fils ? On ne saurait l'affirmer sans crainte d'erreur.

Quoi qu'il en soit, et malgré son titre de procureur syndic perpétuel de la paroisse, il est à croire que Pierre Debelhoir ne résida pas longtemps à Mautravers. A partir de 1708, on ne trouve plus son nom sur les registres paroissiaux. En échange, on y trouve un autre nom qui paraît être celui d'un homme ayant une situation au-dessus de l'ordinaire. En effet, Claude Drilleau, sieur du Coudray (c'est ainsi qu'il est désigné sur le registre de Mautravers), était sûrement revêtu d'une autorité plus que familiale, puisque, l'année suivante, à l'occasion de la famine, il taxa les habitants aisés de Mautravers à fournir quatre quartaults de blé, mesure de Cerizay, pour nourrir les pauvres. Il habitait encore à Mautravers en 1713, comme le prouve l'acte de baptême d'un de ses enfants. Nous voyons dans cet acte qu'il était le beau-frère de messire Pierre de Hargues, de Saint-Pierre-du-Chemin. En 1720 il était domicilié à Mauléon et, d'après une pièce conservée aux archives du Bois-Fichet, il acceptait le rôle de procureur pour l'amortissement d'une rente de 50 livres due par Louise Denis du Chiron, épouse d'Etienne Marchais [1], à son frère Claude Denis, s^r de Launelière.

---

1. Il y a lieu de penser qu'Etienne Marchais était son beau-frère. Claude Drilleau du Coudray avait épousé, en effet, une demoiselle Marchais.

Durant la période qui s'étend de 1713 à la grande Révolution, le château de Mautravers, à ce que nous croyons,
ne fut point habité par ses propriétaires. Il passa alors à
la famille de Neuf-Chaise (aujourd'hui de Nuchèze), ainsi
que l'attestent les pièces relatives à la vente qui fut faite
nationalement de cette propriété, en 1798 (l'an VI de la
République). Nous ne saurions dire comment la propriété
du château de Mautravers et de ses dépendances fut attribuée à la famille de Nuchèze. Quoi qu'il en soit, cette famille est une des vieilles familles du Poitou. Dès le
XVIe siècle elle occupait une haute situation dans notre
province, ainsi que le prouve une inscription tumulaire,
reproduite il y a quelques années, avec le monument sur
lequel elle est gravée, par les *Archives du Poitou*. Voici
cette inscription :

> Le chevalier qu'on voit sur ce tombeau gisant,
> Pierre Neufchèze, fut seigneur de Beaudimant,
> Qui, sous François Ier, pendant mainte campaigne,
> Sut férir de bons coups contre les gens d'Espaigne.
> Charlotte de Brisai, que sur terre il aima.
> A voulu que son corps près du sien reposa.
> Voyez qu'ainsi fut fait : la mort n'a pu tant poindre
> Qu'ici fussent disjoints ceux qu'amour voulut joindre.

L'inscription tumulaire de Pierre Neufchèze, dont les
sentiments ne paraissent pas suffisamment chrétiens, est
gravée sur le côté de son tombeau. Sur la pierre qui
recouvre ce tombeau, on voit un chevalier armé de pied en
cap, qui est étendu les mains jointes, dans l'attitude de la
prière. On peut dire que l'ensemble du monument, qui
est de style grec, est très fouillé. Ce tombeau se trouve
dans la chapelle de la Madeleine, au château de Beaudi-
mant, commune de Beaumont (Vienne).

La famille de Nuchèze ou Neuchèze était propriétaire
en Bas-Poitou avant de rien posséder à Mautravers.
En vertu d'un contrat passé le 23 novembre 1641 entre
Mre Charles de Neuchèze, chevalier, s^{gr} de la Foye, demeurant en la ville de Poitiers, et Mre Louis de Neuchèze, chevalier, s^{gr} de Neuchèze, demeurant au lieu noble de Vil-
liers, paroisse de la Ferrière d'une part, et M. Claude
Petit, chevalier, s^{gr} de Saint-Lambert, demeurant au lieu

noble de la Roussière, paroisse de la Petite-Boissière, et Gilbert Petit, son frère, chevalier, s^{gr} de la Roussière, écuyer ordinaire de Monseigneur le Prince, d'autre part, les trois métairies nobles du Pirioux, de la Perrière et du Château-Gaillard, situées paroisse de Saint-Jouin-sous-Mauléon et mouvantes noblement de la châtellenie des Deffends, appartenant ci-devant aux susdits frères de Neuchèze, étaient cédées, moyennant une rente annuelle de sept cents livres, aux deux frères Claude et Gilbert Petit. (Cf. *Archives du Bois-Fichet.*)

La famille de Nuchèze, qui compte parmi les plus anciennes du Poitou, existe toujours.

Naguère encore un membre de la même famille habitait successivement à Usson-du-Poitou et à Poitiers, rue Saint-Cybard (actuellement rue Sylvain-Drault). Il n'avait conservé malheureusement qu'un souvenir traditionnel des grands biens que ses ascendants avaient possédés autrefois à Mautravers. Celui qui possédait le château de Mautravers à l'époque où éclata la Révolution préféra sa vie à ses biens, et il partit pour la terre étrangère, laissant chez lui ou au château de Mautravers ses titres de propriété. La seule preuve écrite qu'on ait conservée des droits de la famille de Nuchèze sur le château de Mautravers et ce qui en dépendait consiste dans les différentes pièces qui furent rédigées en 1798, à l'occasion de la vente qui en fut faite cette année-là au profit de la nation.

Ces pièces portent pour en-tête : « Vente du ci-devant château de Montravers... Vente de... provenant de Neuf-Chaise émigré. » Aux actes de vente se trouvent joints les procès-verbaux d'estimation qui furent faits, préalablement à la vente, les uns par Jean Girard, notaire, demeurant ordinairement à Champdeniers, et les autres par Allard de la Resnières [1], demeurant commune de la Boissière-en-Gâtine, canton de Saint-Pardoux (actuellement de Mazières), département des Deux-Sèvres.

Cette propriété, comprenant des bâtiments considérables et une étendue de 150 hectares de bonnes terres,

---

1. Le même Allard de la Resnières se fit plus tard un nom en Poitou comme antiquaire.

fut répartie en sept lots, comme on va le voir par le document suivant qui est un extrait des archives des Deux-Sèvres, série Q. 67.

« 1° *Le ci-devant château de Montravers*, provenant de Neuf-Chaise, émigré, consistant en 4 chambres basses, 4 hautes, les ruages et un jardin, le tout de la contenance de 4 boisselées, et un pré de 3 journaux, adjugé pour 10.500 francs à François-Noël Proust, receveur général à Niort (4 thermidor an VI).

« 2° La métairie de la *Chalantonnière*, même provenance, contenant une maison, en partie brûlée, toits à bestiaux, etc., contenant 6 boisselées, plus 225 boisselées de terre labourable, 14 en pâtis, et 13 journaux de pré, adjugée au même pour 153.000 francs (24 germinal an VI).

« 3° *La métairie du Bourg* (actuellement *la Croix-Blanche*), même provenance, bâtiments incendiés, ruages et jardin contenant 5 boisselées, plus 36 boisselées en pâtis et 13 journaux de pré, adjugée au même pour 121.000 francs (24 germinal an VI).

4° *La métairie dite du Château*, même provenance, bâtiments incendiés, 21 journaux de pré, 148 boisselées de terre, 57 boisselées en pâtis, et un bois taillis (actuellement défriché et appelé *le champ du Bois*), adjugée au même pour 151.000 francs (24 germinal an VI).

« 5° *La* borderie du *Millau*, même provenance, bâtiments incendiés et jardin de 2 boisselées, 20 boisselées de terre labourable, 6 en pâtis, et 5 journaux de pré, avec *une chaussée ou portage appelée Villerit* sur la rivière de Sèvre, où *il se fait une pêche considérable d'anguilles*, adjugée à Alexandre Richou, cultivateur demeurant commune de Bressuire, pour 51.000 francs (16 germinal an VI).

« 6° *Deux maisons*, dont une incendiée, situées au bourg de Montravers, avec une ouche de 3 boisselées, le tout provenant de Neuf-Chaise émigré, adjugées à Alexandre Richou, demeurant à Bressuire, et Alexis Brillaud, juge de paix à la Chapelle-Saint-Laurent, pour 500 francs (4 germinal an VI).

« 7° *Deux petites maisons*, avec leur jardin et une boutique, situées au bourg, même provenance, adjugées aux dits Richou et Brillaud pour 400 francs (4 germinal an VI). »

Ces données ne suffisent pas pour qu'on puisse dire au juste ce que rapportèrent à l'Etat les immeubles que la République s'était attribués au détriment de l'émigré de Neuf-Chaise. En effet, les procès-verbaux de vente ne mentionnent pas, en donnant les prix, s'il s'agit d'assignats, de mandats territoriaux ou de numéraire [1]. Mais quand on considère que les trois métairies n'avaient plus de bâtiments habitables, qu'elles ont été adjugées le double de ce qu'elles seraient aujourd'hui, que les amateurs le jour de la vente mettaient 10.000 francs d'enchères à la fois sur chacun des trois gros lots, que les biens-fonds avaient alors cinq fois moins de valeur qu'aujourd'hui, il est facile de se rendre compte de la sincérité des opérations qu'ils constatent.

La famille Proust confia ses propriétés de Montravers à un fermier général, qui était, en 1833, M. Barillet, boucher à Bressuire. A partir de cette époque, elle loua directement son domaine aux fermiers qui devaient l'exploiter. Par un acte passé en cette même année entre M. Théodore Proust, membre de la Chambre des députés, agissant tant en son nom qu'en celui de ses copropriétaires, d'une part, et, d'autre part, Jacques Billy, François Cornuault et X. Bernard, les trois métairies du Château, de la Croix-Blanche et de la Charantonnière étaient affermées pour neuf ans moyennant un prix annuel de deux mille quatre cents francs (pour les trois réunies) et quelques menus suffrages dont la valeur ne montait pas à cent francs.

La famille Proust ne devait pas tarder à se défaire de ses propriétés de Montravers. En 1838, elle les vendit toutes à M. Gouraud, propriétaire et avocat, qui demeurait à ce moment-là à la Fillolière. A la fin de 1840, M. Gouraud, dans une lettre à sa mère, se félicitait d'avoir payé tout

---

1. Toutefois, en se reportant aux pièces imprimées composant le cahier des charges, on voit du premier coup qu'une grande latitude avait été laissée aux acquéreurs pour le choix des moyens de paiement. Il y est dit que l'adjudicataire pourra se libérer en numéraire, ou en bons du quart des rentes et pensions, en obligations ou cédules, en ordonnances des ministres, bordereaux de liquidations, bons de réquisitions et autres effets mentionnés en l'article XI de la loi du 16 brumaire, bons de trois quarts des rentes et pensions, ou avec les huit derniers coupons de l'emprunt forcé.

ce qu'il avait acheté de la famille Proust ; mais il se voyait obligé d'ajouter qu'il était « comme le Christ de Saint-Gervais, tout désargenté ». Cette acquisition lui avait coûté cent douze mille cinquante francs, et à ce moment-là les transactions commerciales se faisaient sérieusement M. Gouraud mourut en 1845, laissant ses biens à son épouse, Mlle Joly, de Poitiers, et à l'enfant qu'elle portait dans son sein. Cet enfant ne vécut que trois ans. Sa mort prématurée amena le partage entre sa mère et son épouse des propriétés que M. Gouraud avait possédées à Montravers. Mme Gouraud jeune eut pour sa part les fermes de la Jaquelinière, de la Bertinière, de la Croix-Blanche, de la Charantonnière et du Château. Mme Gouraud mère se trouva alors maîtresse de la Chironnière, de la Fillolière (ferme, maison de maître et réserve), du Bois-Neuf, et de plusieurs autres domaines situés aux environs de Montravers.

II. — LA LOUISIÈRE

Mme Gouraud jeune, en raison de ses malheurs et des partages qui en avaient été la conséquence, se trouvait sans maison d'habitation. C'est alors qu'elle eut la pensée de faire bâtir un logis situé tout près de Montravers. Après quelques hésitations, elle choisit pour emplacement le coteau qui se trouve au sud-est de l'ancien étang du château. Elle résolut de donner à cette habitation nouvelle le nom de Louisière [1]. Tout était à créer : parc, maison de maître et servitudes. Les terrains choisis étaient des champs cultivés qui appartenaient à la ferme de la Charantonnière. Mme Gouraud crut faire une bonne opération, en ordonnant la démolition d'une partie considérable de l'ancien château de Montravers : un vaste bâtiment rectangulaire que nous avons déjà décrit, et un pavillon couvert en tuiles plates.

En tout cas, les amateurs d'antiquités lui en font au-

1. Mme Gouraud jeune s'appelait Anne-Julienne-Louise Jolly. Elle mourut exactement le 6 août 1863.

La Louisière.

jourd'hui un grave reproche et considèrent que les matériaux fournis par cette démolition n'étaient pas un avantage comparable à la perte d'un monument du xve siècle
qui était assez important et relativement bien conservé.

Mme veuve Gouraud, née Joly, entra dans les bâtiments
actuels du logis de la Louisière, en 1850. Peu de temps
après, elle contracta un second mariage avec M. Brunet,
ancien notaire du Boupère. En 1863, se sentant gravement indisposée, elle résolut, sur les conseils des méde-
cins, d'aller faire une saison d'eaux. Auparavant, elle
voulut aller prendre à Poitiers quelques jours de repos au
milieu des siens. C'est là et à ce moment qu'elle devait
terminer sa carrière. Sa mort fut une désolation pour tous
ceux qui la connaissaient : tout le monde l'avait en haute
estime, en particulier pour sa générosité sans mesure et
si délicate. Avant de mourir, elle eut une pensée de piété
et de charité pour Montravers. Elle légua par testament
10.000 francs pour la reconstruction ou la restauration
de l'église, et 6 000 francs pour fonder un bureau de
bienfaisance pour les pauvres de la localité.

M. Brunet fit de la Louisière son habitation principale
jusqu'à sa mort, qui arriva le 16 décembre 1873. Dans ses
dernières années, il ne trouva pas auprès des gens de
Montravers toutes les sympathies qu'il désirait. Cette
situation avait-elle influé sur son moral ? Toujours est-il
que M. Brunet mourut subitement à la Louisière, au
moment où il allait monter en voiture pour un voyage
assez lointain. Ses funérailles furent bien célébrées dans
l'église de Montravers, mais son corps fut inhumé dans le
cimetière de Pouzauges, sans doute à côté de ses proches.
M. Brunet avait beaucoup de parents à Pouzauges.

L'année qui suivit la mort de M. Brunet, la Louisière et
les cinq fermes de Montravers qui en dépendaient[1] furent
mises en vente, et M. Savary de Beauregard en devint
l'acquéreur, pour avoir mis la plus forte enchère. Les legs

---

1. La Bertinière, la Jaquelinière, la Croix-Blanche, la Charantonnière et le Château. Ces cinq fermes coûtaient à M. de Beauregard
moitié plus qu'elles n'avaient coûté à M. Gouraud. Mais en raison de
la plus-value qu'elles avaient prise depuis quarante ans, on ne
pouvait pas dire que M. de Beauregard faisait un mauvais marché.

pieux et charitables de Mme Brunet n'étaient pas encore exécutés, et il était convenu que M. de Beauregard s'en chargerait, sans toutefois que le prix consenti par lui en fût accru. Outre les 16.000 francs assurés à Montravers, il y en avait 10.000 qui revenaient à la maison des *Sœurs de la Miséricorde* de Poitiers. Une sœur de cette maison avait soigné Mme Brunet dans sa dernière maladie.

N'oublions pas de mentionner une démarche que M. de Beauregard avait cru devoir faire avant de se rendre acquéreur de ce beau domaine. Sachant que la plus grande partie des terres qui le constituaient (environ 150 hectares sur 189) avait appartenu, avant la Révolution, à la famille de Nuchèze, il pensa qu'il était de son devoir de prévenir cette famille de l'occasion qui lui était offerte de rentrer en possession de ses biens de Montravers. Un membre de cette famille répondit qu'elle n'avait pas l'intention de rentrer en jouissance des propriétés qu'elle avait autrefois possédées à Montravers, et que, dans ce cas, elle serait heureuse de les voir passer aux mains de M. de Beauregard.

Le logis de la Louisière fut ensuite loué pour une période de sept ans à une très chrétienne famille de Poitiers, la famille de Montenon. Durant cette période, en 1876, le chef de cette famille si estimée et si aimée, Louis-Philippe Geay de Montenon, vint à mourir, et il fut enterré dans le cimetière de Montravers. Sa tombe, pourtant très modeste, n'a jamais été oubliée depuis par sa famille.

Lors du partage des biens laissés par M. et Mme de Beauregard, en 1884, la Louisière, ainsi que les cinq fermes qui s'y rattachent depuis longtemps et que nous avons déjà nommées, échurent à Mlle Berthe de Beauregard. Après avoir éloigné la ferme de la Charantonnière, après avoir fait refaire les servitudes de la maison qui lui était destinée, après avoir fait construire une belle et très riche chapelle, qui communique directement avec ses appartements, Mlle Berthe de Beauregard vint se fixer à la Louisière, à la grande satisfaction des gens de Montravers[1].

1. L'histoire de la Louisière serait incomplète, si elle ne comprenait

III. — **LES DEFFENDS** (Le Deffend).

Après les restes de l'ancien château et de l'ancienne
église de Montravers, les Deffends [1] occupent assurément
le premier rang parmi les vieilles constructions de Montravers. Les bâtiments actuels consistent principalement
dans un corps de logis de forme rectangulaire, qui mesure
trente mètres de long sur dix de large et dix environ de
haut. A cette construction une autre venait autrefois
s'adjoindre, de manière à former une équerre. Le fait
est prouvé par une ancienne porte, qui est maintenant
murée et dissimulée à l'extérieur par le crépissage, par
plusieurs pierres passantes qui sont encore très apparentes,
par un vieux carrelage qu'on a découvert sous un monceau
de décombres (pierres, mortier, bois carbonisés), quand
on a voulu construire le fournil actuel. En face du corps
de logis principal s'étend une vaste cour, un peu plus
longue que large, et qui est terminée de deux côtés par

le récit qui suit. Dans ce récit, en effet, il est fait mention de la ferme
de la Charantonnière. Or l'emplacement qu'occupait autrefois cette
ferme est occupé aujourd'hui par les servitudes de la Louisière. Voici
le fait en question. En 1595, une troupe de 45 hommes, y compris 14
ou 15 cuirassiers, partit armée de la petite ville de Rochefort, en
Anjou, sous la conduite des capitaines Desmouriers, Courtin et Marrier,
pour se rendre à dix-huit lieues de là, à la Brossardière, commune de la
Tardière (Vendée), châtier les protestants, qui s'y assemblaient pour
l'exercice de leur culte et pour comploter contre la sûreté du royaume.
Le samedi 12 août, la troupe fit halte à la Charantonnière, village
situé près de la maison noble de Mautravers et distant de la Brossardière de quatre lieues. De là, elle partit dès le lendemain de très grand
matin et fut saluée, à son arrivée, par un protestant, qui lui tira un
coup d'arquebuse. Dix-huit personnes furent massacrées dans le
temple, et treize autres tandis qu'elles s'enfuyaient. Parmi les blessés,
dit le chroniqueur, qui était, paraît-il, un protestant, il y eut vingt-deux
hommes et dix femmes. Cette troupe était probablement une troupe
de vrais catholiques ; mais on n'a pas toutefois de données suffisantes
pour contredire l'opinion qui n'a vu en elle qu'un ramassis de bandits
désireux de satisfaire leurs passions sanguinaires.

1. Comme on le verra par les documents qui seront reproduits dans
le cours de cet article, avant la Révolution on disait à peu près toujours les Deffends ou les Desfends). Quelquefois le Deffend de Montravers était appelé le grand Deffend par opposition sans doute au
petit Deffend, situé sur la paroisse de Soulièvres, qui appartenait
au même maître depuis 1699.

des servitudes suffisantes pour une grande ferme. Ces
constructions se distinguent sûrement des autres du
même genre qui existent à Montravers. Elles remontent,
on n'en saurait douter, au delà de la grande Révolution
française. Toutefois, elles ne présentent aucun caractère
qui aide à en fixer la date. Il n'en est pas ainsi du bâtiment principal. A la première inspection, il accuse l'époque
de la Renaissance. Les larges et hautes fenêtres, les che-
minées avec colonnettes, la porte d'entrée relativement
étroite avec son tympan en style grec, tout indique que
les bâtiments actuels du Deffend, au moins les principaux,
remontent à cette époque de grande prospérité matérielle
qui sépara la guerre de Cent Ans des guerres de religion.

Voici, en effet, ce qu'a dit de cette époque un homme
qui l'a étudiée avec intelligence, M. Pierre de Vayssières [1] :
« Alors le gentilhomme quitte son nid d'aigle pour le
manoir bâti sur le modèle des villas d'Italie. Devant l'habitation, grande cour avec une mare. Autour, des étables,
greniers, fournil, pressoir ; derrière, le jardin, avec quantité d'arbres fruitiers. La pièce principale est la cuisine,
à côté de laquelle était placée ordinairement la chambre
du maître. » Il suffit de jeter un regard sur le vieux château
du Deffend pour voir qu'il répond aussi exactement que
possible à cette description.

Ce qui reste du passé est assurément une reconstruction, puisque la seigneurie des Deffends est bien antérieure au début du xvie siècle, comme nous aurons l'occasion de le démontrer tout à l'heure. Le château, tel
qu'il existe aujourd'hui, n'est pas fortifié ; car on ne
saurait donner le nom de fortifications aux deux échau-
guettes, faites en briques, et qui sont placées en diagonale
aux deux extrémités supérieures du grand bâtiment d'habitation, et qui regardent l'une du côté de l'étang, l'autre
du côté de la cour intérieure. Pourtant le château fut primitivement une forteresse, car il était entouré de douves,
qui subsistent encore presque entièrement, quoiqu'une
portion considérable ait été desséchée. L'étang, qui autre-

---

1. *Les Gentilshommes campagnards sous l'ancien régime*, par M. Pierre
de Vayssières. Un vol. in-8º. Cité par les *Etudes religieuses*, 20 mai
1904.

fois devait former une bonne partie du système de défense,
a seul conservé sa forme primitive. Il paraît que le
pont-levis existait encore à l'époque de la Terreur [1]. En
tout cas l'emplacement qu'il occupait est facile à déterminer.

Importance de la châtellenie des Deffends. — D'après des
renseignements extraits des archives du Poitou, une ordonnance royale de 1348 avait assigné à un monastère de
Saint-Maixent une rente de 400 livres qui aurait pu être
prise sur les Deffends.

D'après une quittance donnée le 5 décembre 1592, Jehanne de Montmorency, dame douairière de la Trémouille,
duchesse de Thouars, princesse de Talmond, etc., de
laquelle relevaient les Deffends, certifiait avoir reçu à ce
dernier titre comme droits de rachat, à l'occasion du
décès de François de Rorthays, vivant s^r de la Durbellière,
la somme de 133 écus 1 livre, autrement dit de 400 livres.
Un document authentique que nous aurons à citer plus
tard, le rapport fait au roi sur le Poitou par Colbert de
Croissy, en 1664, affirme que le revenu de la terre des
Deffends était de 4.000 livres. Quatre ans plus tard, la
terre des Deffends changeait de maître : elle passait des
mains d'Olivier Mesnard de Toucheprès à celles de l'intendant Claude Pellot, qui avait fait cette acquisition pour
la somme de 100.000 livres. En 1782, la terre des Deffends,
avec tous les droits seigneuriaux s'y rattachant, était livrée
à un fermier général, Louis Jeanneau, pour 4.200 livres.
Étant donnés les bénéfices que devait prendre M. Jeanneau, on doit supposer que le domaine des Deffends rapportait alors 6.000 francs. Les biens composant ce domaine, outre les droits seigneuriaux [2], étaient à l'époque

---

1. Un vieillard qui habitait le village de la Billière, il y a quelque
vingt ans, avait entendu raconter à son père, un des domestiques du
Deffend sous la Révolution, que la population entière du château
avait été massacrée dans une seule nuit, à ce moment-là. Un Bleu,
déguisé en paysan vendéen, serait venu pendant le jour demander aux
gens du Deffend de vouloir bien le loger, et, la nuit venue, il aurait
abaissé le pont-levis et introduit une troupe de Bleus qui auraient
tout massacré dans le château.
2. D'après le procès-verbal d'estimation de la terre des Deffends et
de ses dépendances, y compris les Laudes du Temple, qui fut dressé

de la Révolution : le Deffend (maison de maître, étang, bois et borderie), les fermes de la Petite-Métairie, de Pierre Couverte (la ferme exploitée aujourd'hui par la famille Ménard), du Grand-Puy-Loup et de la Godrandière, le moulin de la Lande, la propriété foncière des Landes du Temple (200 hectares) et de celles de la Chapelle-Largeau, un jardin situé à Châtillon. On doit estimer que les droits seigneuriaux des Deffends faisaient les 2/3, peut-être les 3/4 du revenu de cette seigneurie.

Juridiction. — Le châtelain des Deffends avait le droit de rendre la justice, et il en usait. Dans le courant du xive siècle, André de Meulles, ayant choisi pour épouse Marguerite de Mautravers, le contrat de mariage fut passé en la cour des Deffends. Mais qui dit cour dit tribunal, par suite juridiction, pouvoir judiciaire. Auprès du lavoir des Deffends se trouve un tertre relativement élevé, que l'on croit avoir été formé artificiellement pour servir de motte de justice au château. En tout cas, un aveu de 1615, rendu par le propriétaire de la Faverie au seigneur des Deffends, parlait déjà de la *Motte des Deffends*. Nous savons par plusieurs documents authentiques, en particulier par un aveu de 1669, relatif à la Faverie, et par l'acte de location passé en 1782 en faveur de M. Louis Janneau, et dont nous avons parlé plus haut, que la justice se rendait par assises au château des Deffends.

Certains actes publics font mention du *greffe* des Deffends, et un plus grand nombre du *greffier* des Deffends.

Le contrat d'acquisition de la Faverie par le docteur

---

le 23 prairial an VIII, par Béliard, expert de la nation, ce domaine était censé devoir rapporter, à cette époque-là, un revenu annuel de 2.063 fr. 85. Cette évaluation, comme de juste, ne comprenait aucun droit seigneurial. Les droits seigneuriaux des Deffends n'avaient pas pour unique objet des hommages à recevoir à des intervalles déterminés, mais aussi quantité de prestations en nature, sans compter les lods et ventes et le rachat. Par ce dernier mot on entendait le droit qu'avait le seigneur de prendre tous les fruits des choses tenues à hommage l'année qui suivait le décès du vassal. — Les prestations en nature, quelques-unes du moins, comme en fait foi l'aveu rendu par les seigneurs de Sourdis en 1704, devaient être portées à Châtillon sur le lieu dit *la Motte des Deffends*, lequel était situé près de l'église Saint-Melaine de cette ville.

Durand, de la Pommeraie, fut insinué au greffe des noti-
fications laïques de la châtellenie des Deffends.

Quelques pièces parlent du *notaire* ou des notaires des
Deffends. Le 17 mars 1563, Toussaint Léger, licencié ès
lois et notaire de la châtellenie des Deffends, dressait l'inventaire des biens laissés par François d'Escoubleau de
Sourdis. Un écrit de 1659 fait mention d'un certain Boutin,
notaire des Deffends Le testament de Sébastien Boisseau,
curé de la Chapelle-Largeault, fut reçu le 10 janvier 1676
par Baudry et Duval, notaires des Deffends. La raison du
choix dont ils avaient été l'objet à cette occasion était,
comme ils l'ont indiqué eux-mêmes dans le testament de
messire Sébastien Boisseau, que la Chapelle-Largeault
était sous la juridiction du château des Deffends En 1709,
Renée Martineau, veuve de X. Aubineau, demeurant à la
Chapelle-Largeault, fait une fondation de quatre livres
par un testament qui est reçu par les notaires de la châtellenie des Deffends. En 1709 également, Jacques Baufreton, notaire, étant malade, fait son testament, en présence de Roulleau, notaire de la Guierche et des Deffends
et demeurant à la Guierche. A cette époque, dans la région,
les testaments étaient souvent faits par les notaires des
Deffends. L'acte de vente du Puy-Guillaume, en 1778, fut
passé devant les notaires des Deffends, dont la résidence
était à Châtillon.

Un acte public de 1737, relatif à la cure de la Chapelle-
Largeault, et un autre de 1786, relatif à M. Violleau, curé
de Mautravers, parlent du *sergent ordinaire* de la châtellenie des Deffends. On disait quelquefois *sergent féal*
pour désigner cet officier ministériel. Le rôle du sergent,
sous l'ancien régime, était à peu près l'équivalent de celui
de l'huissier dans l'organisation judiciaire d'aujourd'hui.

Les Deffends avaient un *procureur fiscal.*

Au mois de février 1725, cette charge était remplie par
Jacques-Cléophas-Engevin du Coudray, dont nous aurons
occasion de parler bientôt. Mais la charge judiciaire la plus
importante qui se rapportât au château des Deffends était
bien celle de *sénéchal* [1]. On voit un peu ce que cette fonc-

1. Quelles étaient les limites de la fonction de sénéchal ? Nous ne

tion avait d'honorable par le choix des hommes appelés à l'exercer. Plusieurs de ceux que nous connaissons étaient nobles, et ils ajoutaient généralement à cette qualité celle d'avocat au parlement ou de licencié en droit.

Il y avait bien au Deffend un sénéchal dès 1665. Mais René Guilbault [1], sieur de la Faverye (c'était sa dénomination), était sénéchal de la baronnie de Châteaumur. Il est vrai que les titres de baron de Châteaumur et de seigneur des Deffends étaient alors portés par la même personne, Olivier Mesnard, seigneur de Toucheprès. Laissons, si l'on veut, ce nom hors liste.

Le changement du seigneur des Deffends devait aussi amener le changement du sénéchal. Aussi en 1669, le 29 du mois de juillet, Louis Barbot, sieur de la Petitière, présidait aux Deffends une assise, en sa qualité de sénéchal de ladite châtellenie. Louis Barbot dut rester un certain nombre d'années à Mautravers.

Il avait épousé Marie Verdon. De ce mariage naquit un enfant qui fut baptisé sous le nom de Charles, dans l'église de Mautravers, le 28 avril 1671, et qui eut pour parrain « Messire Charles de Morais, chevalier, marquis de la Flocellière et de Cerizay, et pour marraine damoyselle Marie-Anne de Morais ». L'acte porte que l'enfant était fils de « honorable personne Louis Barbot, sénéchal de la chastellenie des Deffends et du Temple, et damoyselle

saurions le dire ; mais il y a bien lieu de penser que la fonction de sénéchal des Deffends n'était pas seulement judiciaire. En tout cas le sénéchal des Deffends résidait habituellement au centre principal de cette châtellenie. C'est lui qui présidait les assises, au moins quelquefois : un parchemin de 1669, conservé avec soin par M. le comte de Beauregard, en fournit la preuve. — Il est à croire que le sénéchal, aux xviie et xviiie siècles, avait le même rôle que le *fermier judiciaire* au xvie.

1. René Guilbaut, sieur de la Faverie, habitait en 1655 le village de la Courollière ; mais il était déjà de la paroisse de Mautravers, puisqu'il est inscrit sur la liste des communiants de cette paroisse et qu'il faisait baptiser à Mautravers tous les enfants que lui donnait son épouse, Marguerite Texier. Le village de la Courollière étant longé par une route qui sert de séparation entre Mautravers et Saint-Amand, il est probable qu'au xviie siècle il y avait des habitations des deux côtés ; c'est la seule explication qu'on puisse donner de ce fait que, d'après les registres de Mautravers, il y avait alors des habitants de la Courollière qui étaient de Mautravers et d'autres qui étaient de Saint-Amand.

Marie Verdon ». Le *Dictionnaire des familles du Poitou*, du P. Beauchet-Filleau, dit que Jean Audebault, seigneur de Mautravers, eut, vers 1673. de grands procès avec Pierre Verdon.

Il est assez probable que ce dernier était le beau-père ou le beau-frère de H. P. Louis Barbot. Le dictionnaire du P. Beauchet dit aussi qu'il y avait en ce temps-là dans la contrée une famille Barbot, qui avait pour blason : *D'argent à trois barbeaux de gueules posés en fasce l'un sur l'autre*. Il y a tout lieu de croire que le sieur de la Petitière appartenait à cette famille et qu'il en était peut-être le chef. En tout cas, Louis Barbot, sieur de la Petitière, remplissait à Mauléon. en 1698, les fonctions de commissaire examinateur. D'aucuns croient que la famille Barbot est allée plus tard s'établir en Anjou [1]. Il est plus probable qu'elle resta à Châtillon.

Un certain M. Barbot, beau-père de M. de la Guépière, petit-fils par sa mère de M. Houdet du Gravier (sénéchal de Pouzauges vers la fin du XVIIIᵉ siècle), et qui est mort à Châtillon, il y a quelque quarante ans, descendait des Barbot de la Petitière.

En 1704, le titre de sénéchal des Deffends était porté par Charles Favereau, sieur de la Sevrelière, avocat en parlement et juge ordinaire civil et criminel de la châtellenie des Deffends.

En 1710 habitait aux Deffends, *sans doute à titre de sénéchal*, Michel Alquier, sieur de la Vergnaye. Le registre paroissial de Mautravers, qui fait mention de lui à propos du baptême de deux de ses enfants, ne le dit pas expressément, mais tout porte à croire que c'était au même titre que Louis Barbot. Quoi qu'il en soit, deux enfants nés du mariage de Michel Alquier et de Suzanne Robion, son

---

1. Dans l'intervalle de 1671 à 1698, le nom de Louis Barbot figure au registre paroissial de Mautravers. Le 20 avril 1691, Louis Barbot fut, en effet, parrain à Mautravers d'une nièce, qui reçut au baptême les noms de Marie Anne. Le père de cette enfant, qui était sans doute sénéchal des Deffends, puisqu'il habitait le château de ce nom (et on ne voit guère à quel autre titre il aurait pu y résider à cette époque, s'appelait Séraphin le Tourneur. Il était écuyer et seigneur de Burbure, ce qui donne à croire qu'il était proche parent des derniers seigneurs de Mautravers. Il avait épousé Renée Barbot, la sœur de Louis Barbot.

épouse, furent baptisés à Mautravers. Le premier, qui fut
baptisé le 14 mars 1710, eut pour parrain Jacques Germain,
de Pouzauges, et pour marraine Charlotte Barrier, de
Mautravers. Le second, qui fut baptisé le 26 août 1712, eut
pour parrain Pierre-Augustin Durand, et pour marraine
Suzanne-Angélique Alquier, de Pouzauges. Tout porte à
croire que cette dernière était une proche parente de
Michel Alquier, et ce dut être en cette qualité qu'elle
revint à Mautravers dix ans plus tard pour être marraine
d'un enfant du procureur fiscal des Deffends.

La famille Alquier était connue dans le pays même
avant le xviiie siècle. Un de ses membres, Daniel Alquier,
originaire de la petite ville d'Angles, près de Castres
(Tarn), était venu s'établir comme chirurgien à Mauléon,
en 1610. On croit qu'il était protestant et qu'il avait quitté
le Languedoc pour échapper aux tracasseries dont souf-
fraient alors en ces régions les membres de la religion
prétendue réformée (R. P. R.).

Un de ses descendants, Joseph Alquier, avocat en parlement, et sénéchal de la Flocellière, épousa en 1700 Anne
Bardeau, fille du receveur des domaines de Poitiers. Il
avait une sœur, Marie Alquier, veuve de Samuel Robin,
sieur de Landebergère (paroisse des Echaubrognes), pour
laquelle il dut entrer en relations avec la famille Cicoteau [1],
en 1726. Celle-ci, représentée alors par Marie Dolus, veuve
de messire Alexis Cicoteau, sieur de la Martinière, avait
prêté auxdits sieur et demoiselle de Landebergère, selon
le contrat reçu par Chalet, notaire de la baronnie de
Mauléon, le 29 avril 1706, la somme de sept mille cinq
cents livres. L'acte passé le 15 novembre 1726 par-devant
les notaires de la baronnie de Mauléon avait pour objet
de constater que Marie Alquier, veuve de Samuel Robin,
était absolument quitte envers Marie Dolus, veuve d'Alexis
Cicoteau. Joseph Alquier, en 1726, habitait Lardonnière
(en la paroisse de la Flocellière), qui a toujours appartenu
depuis ce temps-là à la famille Alquier.

---

1. Messire Alexis Cicoteau, conseiller du roi, etc., avait été anobli en
1695. Son brevet de noblesse (avec ses armoiries) est actuellement
entre les mains de M. Marie Bergère, ancien négociant à Maulévrier
(Maine-et-Loire), et descendant, par sa mère, de messire Alexis Cicoteau.

Il est fort croyable que Michel Alquier, étant le contemporain de Joseph et de Marie Alquier et occupant une situation à peu près analogue, était leur frère. Au reste, un des membres les plus remarquables de cette famille, l'amiral baron Alquier, décédé il y a peu de temps à la Flocellière, était bien de cet avis ; et il croyait aussi que les Alquier qui habitèrent Pouzauges à cette époque, et dont deux au moins reposent dans l'église du Vieux-Pouzauges, étaient de la même famille.

La seule difficulté que nous éprouvions ici est une difficulté de date. Est-ce bien en 1610 que Daniel Alquier serait venu s'établir à Mauléon ? Dans le contrat de 1726, auquel nous venons de faire allusion, Joseph Alquier appelle Daniel Alquier « mon père ». Il est vrai que le premier Daniel Alquier venu en Bas-Poitou aurait pu avoir un fils, et même un petit-fils, portant le même nom que lui. Joseph Alquier vivait encore en 1735. Il s'était marié en 1700, d'après le dictionnaire de Beauchet-Filleau. Il est impossible de supposer que son père ait pu changer de pays en 1610. Il y a lieu de penser que c'est plutôt 1685, date de la révocation de l'édit de Nantes, qui fut la date de son déplacement.

Quoi qu'il en soit, au commencement du XIXe siècle, le chef de la famille Alquier fut créé baron de l'empire français par Napoléon Ier. Les armes de la famille Alquier sont : *D'argent au pal d'or, au chef de gueules, chargé de trois étoiles d'argent.*

Vers 1720, on vit s'établir aux Deffends, en qualité de sénéchal [1], on doit le penser, un homme qui devait y rester une vingtaine d'années et y être le père [2] d'une nombreuse famille.

---

1. Au bas d'un acte de vente qui porte la date de 1733 et qui se rapporte à une portion de borderie sise à la Piqueminière et acquise à cette époque par Antoine Jadault, Engevin du Coudray est mentionné en qualité de fermier général des Deffends. — D'après un acte de baptême du 21 février 1725, il aurait été, à cette époque, procureur fiscal de la châtellenie des Deffeuds. Tout porte à croire qu'il remplissait, suivant les occasions, les fonctions que supposent les titres de sénéchal, de fermier et de procureur

2. Sept enfants lui naquirent à Mautravers ; et il devait en avoir au moins deux autres avant d'y venir.

Jacques-Cléophas Engevin [1] du Coudray était son nom.
Le registre paroissial de Mautravers lui donne ordinairement les titres suivants : *ci-devant élu en l'élection [2] de
Mauléon, avocat en parlement, sieur du Coudray.* Une seule
fois, il y reçoit le titre de procureur fiscal de la châtellenie
des Deffends. L'acte de partage des biens de sa famille
(1699) le donne comme licencié ès lois et mineur émancipé.
En 1712, il était receveur des tailles [3] à Mauléon. Son père,
Cléophas Engevin, sieur du Coudray, avait été, lui aussi,
receveur des tailles à Mauléon, et c'est pendant qu'il remplissait cette fonction (1698) qu'il avait fait inscrire ses
armes à l'armorial de la généralité de Poitiers. Le blason
de la famille Engevin porte : *D'argent au chevron de
gueules, accompagné en chef d'un croissant, accosté de trois
étoiles en chef et d'un arbre en pointe, le tout de gueules.*

Cléophas Engevin dut mourir peu de temps après avoir
fait inscrire ses armes, car l'acte de partage de ses biens,
qui fut dressé à Saint-Jouin-sous-Mauléon, porte la date du
29 avril 1699. Il avait épousé Catherine Corbier. Sa charge,
qui devait faire le principal de sa fortune, était estimée
28.000 livres. Elle passa à titre de vente à son gendre Remi
Denis du Chiron.

La famille Engevin est originaire de Niort, où elle a
occupé des charges municipales par lesquelles elle est
parvenue à la noblesse. Le titre de sieur du Coudray, qui
se transmettait par les aînés, viendrait-il du fameux château du Coudray-Salbart, situé aux portes de Niort ? Quoi
qu'il en soit, en 1722, Jacques-Cléophas Engevin du Coudray
demeurait au château des Deffends, et il eut de son épouse,
Marie-Madeleine Thomas, probablement sa seconde femme
(la première se serait appelée Madeleine Corbier), un enfant
qui eut pour parrain son oncle, Alexis Thomas, sieur des
Touches, lequel habitait Fontenay, et pour marraine

---

1. C'est par erreur que quelques-uns écrivent son nom par un A.
Les nombreuses signatures des sieurs du Coudray ont toutes pour
lettre initiale un E.

2. L'élection, sous l'ancien régime, était une division territoriale,
qui répondait à peu près à l'arrondissement d'aujourd'hui, — de même
que la généralité était quelque chose comme le département.

3. La taille était un impôt qu'on levait sur les personnes qui n'étaient
pas nobles ni ecclésiastiques.

Suzanne-Angélique Alquier, dont nous avons déjà rencontré le nom. En 1725, fut baptisé à Mautravers un troisième enfant de J.-C. Engevin du Coudray (un second y avait reçu le baptême l'année précédente). Cet enfant eut pour parrain Messire Denis du Chiron, receveur des tailles en l'élection de Mauléon : peut-être était-ce le successeur en cette fonction de J.-C. Engevin du Coudray. Celui-ci eut encore quatre autres enfants qui furent baptisés à Mautravers : le dernier le fut en 1732. Cinq ans plus tard, le nom d'Engevin du Coudray fut encore consigné sur le registre, à l'occasion de la sépulture de Marie-Anne Engevin, fille de Jacques-Cléophas, décédée à l'âge de huit ans. Puis on ne le revit plus qu'en 1748 et 1749, à l'occasion de deux baptêmes.

Le père des enfants était Charles-Cléophas Engevin du Coudray, lequel était lui-même fils de Jacques-Cléophas Engevin, dont on vient de parler. Tout porte à croire qu'il avait pris sa place, mais pas immédiatement, puisqu'un aveu rendu par le Bois-Fichet le 5 avril 1746 fut reçu par Pierre Aumond, avocat en la cour et sénéchal des Deffends Toujours est-il que Charles-Cléophas Engevin habita quelque temps au château des Deffends. Son épouse s'appelait Marie-Stéphanie Normandin. Le premier des deux enfants de Charles-Cléophas Engevin eut pour parrain Messire Thomas des Touches, qui était déjà venu à Mautravers pour remplir les mêmes fonctions. Cette fois, il était parrain d'un petit-neveu. Dans l'intervalle, sa situation avait changé. Il était alors, en effet, conseiller du roi et lieutenant de l'élection de Thouars. Passé l'année 1749, le nom d'Engevin du Coudray ne figure plus sur les registres de Mautravers. Il est à croire que cette famille quitta le château des Deffends peu de temps après. Au reste, en 1752, il y avait un fermier général du nom de Louis Janneau, qui était installé aux Deffends[1]. Toutefois la famille Engevin du Coudray ne quitta pas le pays totalement. Une fille de Jacques-Cléophas, Marie-Madeleine, épousa Pierre-Augustin Durand, notaire et greffier en chef

---

1. L'acte de baptême de sa fille Marie Rose-Angélique, qui figure au registre de Mautravers de l'année 1752 (8 mai), nous apprend que la femme de Louis Janneau s'appelait Lucie Peineau.

de la baronnie de Châteaumur, lequel résidait à la Pommeraye. Par acte du 23 mai 1782, en raison de son âge avancé [1] et de son veuvage, elle délaissa ses biens et en confia l'administration à son fils unique. Pierre-Marie Durand, médecin à la Pommeraye.

En 1774, le sénéchal des Deffends se nommait Gautronneau. Il y avait à cette époque un notaire de ce nom qui habitait à Châtillon. Il est très probable que ce fut lui qui remplissait, au besoin, les fonctions de sénéchal des Deffends. Au reste, il n'y avait point de place au château des Deffends pour le sénéchal à cette époque, car, depuis 1752, le château était occupé par le fermier général, Louis Janneau.

Plusieurs documents du xviiie siècle font mention du sénéchal des Deffends, sans donner son nom. Tous ces documents en font un juge véritable, dont les sentences ne pouvaient être infirmées que par les juges du tribunal de Thouars, dans le temps où le château des Deffends faisait partie de l'élection de Thouars, ou bien, à partir de 1736, par ceux du tribunal de Châtillon.

Jugements. — Il existe un certain nombre de jugements portés par le tribunal des Deffends. Aux *assises* de 1669 fut reçu par Mᵉ Barbot, sieur de la Petitière et sénéchal des Deffends, en cette dernière qualité, l'aveu rendu par Guy Buignon, sieur de l'Ecurie, pour la Faverie, à M. Claude Pellot de Trévières. Le 7 mai 1704, Charles Favereau, sénéchal des Deffends, reçoit en cette qualité l'aveu des enfants mineurs d'Escoubleau de Sourdis. En 1715, le sieur du Ligneron, seigneur de la Sauvagère (paroisse de la Chapelle-Largeault), est contraint de comparaître devant le sénéchal des Deffends sur l'instance formée contre lui par le sieur Louis, curé de la Chapelle-Largeault, en sa qualité de régisseur des biens et rentes du prieur du même lieu, M. d'Estival. L'objet du litige était une rente de trente-deux boisseaux de froment, due sur les métairies de la Chussière et de la Ménagerie, dont le propriétaire était le seigneur de la Sauvagère. Celui-ci

---

1. En 1732, elle avait été marraine d'un de ses frères et, à cette occasion, elle avait apposé sa signature sur le registre paroissial de Mautravers. Elle avait donc sûrement dépassé la soixantaine en 1782.

reconnut qu'il devait réellement sur la Chussière et la Ménagerie trente-deux boisseaux de froment, non pas comme rente, mais comme gros [1] de dîmes, et ledit sieur curé, voyant que c'était un gros de dîmes et que tous les gros de dîmes de la paroisse appartenaient à la cure, s'en empara sans opposition de la part du prieur d'Estival. Il obtenait en son propre nom ce qu'il avait réclamé comme procureur. Mais l'affaire n'était pas terminée ; elle ne fut réglée qu'en 1774.

En 1737, le curé de la Chapelle-Largeault, Guy Brémault, assisté de Rattier, sergent ordinaire de la châtellenie des Deffends, assisté également des deux sergents ordinaires de la duché-pairie de Châtillon, dont l'un avait le pouvoir d'instrumenter dans la châtellenie des Deffends par mandement du sénéchal d'icelle du 1er juin 1737, se transporta au parc [2] de la Sauvagère, réclamant la dîme d'une gerbe sur douze. Le fermier dit qu'il voulait d'abord le consentement de son maître. Là-dessus on dressa procès-verbal.

En 1741, dans le procès intenté par Bellenger, prieur de la Chapelle-Largeault, on apporta des archives des Deffends un aveu de Renée de la Roc, veuve de Pierre de Saint-Offange, écuyer, sieur de la Fresnay, la Sauvagère, la Chussière, rendu par elle comme tutrice de sa fille Yvonne de Saint-Offange, à Marguerite de la Béraudière, veuve de René Mesnard de Toucheprès, chevalier, seigneur baron dudit lieu et de la châtellenie des Deffends, le 23 septembre 1654. — Le 3 avril 1746, Pierre Aumond, en sa qualité de sénéchal des Deffends, reçoit l'aveu du Bois-Fichet.

Dans un jugement rendu le 10 décembre 1774, et condamnant Marie-Alexandre Barrion, notaire au Puy-Guillaume, à payer 258 livres à la veuve Turpault, de Châtillon, il est dit : « Le jugement a été rendu par M. Gautronneau, sieur du Tillé, licencié en droit, sénéchal, seul juge civil, criminel et de police de la châtellenie des Deffends, au palais de la ville et duché-pairie de Châ-

----

1. Le gros, par opposition à casuel, était le revenu fixe et certain d'une cure, sous l'ancien régime.

2. Il était défriché depuis fort peu de temps.

tillon-sur-Sèvre, juridiction supérieure à ladite châtellenie,
où nous avons accoutumé de rendre nos audiences. » —
Le 19 janvier 1778, un autre jugement fut rendu contre le
même Marie-Alexandre Barrion par Jean Gouraud l'aîné,
ancien procureur postulant au siège de la châtellenie des
Deffends, exerçant la juridiction en l'absence de M. le
sénéchal de ladite châtellenie, au palais de la ville et
duché-pairie de Châtillon.

Ressort de la châtellenie. — Il est difficile de déterminer
au juste l'étendue de la juridiction des Deffends. Les
données qui peuvent aider à réussir dans cette opération
sont incomplètes. Servons-nous cependant de ce que nous
avons. D'après un ouvrage de Beauchet-Filleau, qui est,
nous le savons, très estimé[1], *les Justices seigneuriales
en Poitou*, les Deffends avaient juridiction sur une portion considérable de là paroisse de Nueil. A Mautravers,
en dehors des terres qui contribuaient à former le domaine
des Deffends, il y en avait plusieurs qui étaient soumises
à la juridiction de cette châtellenie. Nous pouvons citer la
Piqueminière, le Puy-Guillaume, la Faverie, le Tour. En
février 1734, lors de l'acquisition par Antoine Jadaudt des
terres dont il était fermier, à la Piqueminière, Engevin
du Coudray, en sa qualité de fermier général des Deffends,
fit valoir ses droits de retenue féodale, lods, rachats,
sous-rachats, etc. En conséquence, il perçut un droit de
18 livres, sur une acquisition de 165 livres faite par
Antoine Jadault à la Piqueminière, en plusieurs fois. En
1778, à la requête de M. Houdet du Gravier, sénéchal de
Pouzauges, Marie-Alexandre Barrion fut jugé et condamné
par le tribunal des Deffends pour plusieurs dettes.
C'est la preuve qu'il était sous la juridiction de ce tribunal.
Quand M. A. Barrion vendit la métairie du Puy-Guillaume,
l'acte de vente fut passé par les notaires des Deffends.
Donc la borderie et la métairie du Puy-Guillaume étaient
toutes les deux soumises à la juridiction du château des
Deffends. Pour la Faverie, la même affirmation est de
rigueur en ce qui concerne la borderie. Celle-ci devait faire

---

1. Cet ouvrage est sûrement incomplet, mais on peut accepter en
toute sûreté les documents qu'il fournit.

aveu au seigneur des Deffends à chaque mutation d'homme. Elle lui payait annuellement plusieurs rentes et faisait plusieurs corvées assez onéreuses. Elle était obligée de faire usage de son boisseau, gravé aux armes du châtelain des Deffends. La dépendance était incontestable. Quant à la métairie, un jugement de 1656 avait déclaré qu'elle n'avait d'autre seigneur temporel que le curé de la Pommeraye et qu'elle ne dépendait nullement du se gneur des Deffends. Dans un acte de 1665, constatant un échange de terrain intervenu entre le seigneur de Toucheprès, Olivier Mesnard, et René Guilbault, sieur de la Faverie, il est fait mention des droits et devoirs nobles et féodaux auxquels pouvait prétendre ledit Mesnard de Toucheprès en sa qualité de seigneur des Deffends. On a vu plus haut que le Tour était soumis à la juridiction des Deffends en 1665. Dans l'aveu qu'il fit au seigneur de la Jaquelinière, en raison de sa terre de la Bertinière, le 6 juin 1788, Messire Charles-Remi Touzalin reconnaît que cette terre est soumise à la mesure des Deffends. Dans une reconnaissance signée en 1806 par M. Maurice Majou du Tail, il est dit que la rente de deux charges de blé seigle due aux frères Coudrin, de la Marandière, Pierre et Louis, doit être servie d'après la mesure des Deffends. Une rente de 12 boisseaux de blé seigle, établie sur le Chézeau (paroisse de Combrand) en 1627, était basée sur la mesure des Deffends. (Cf. *Archives du Bois-Fichet.*)

Dans un plus vaste rayon, les Deffends étendaient leur juridiction sur les Landes du Temple, dont ils accordaient seulement la jouissance aux habitants du Temple ; sur la terre du Ratfou, actuellement de la paroisse de Saint-Laurent-sur-Sèvre, et autrefois de celle de Treize-Vents, et sur presque toute la paroisse de la Chapelle-Largeault.

D'après les archives du Bois-Fichet, la seigneurie de ce nom dépendait de la châtellenie des Deffends. Il existe encore au Bois-Fichet trois aveux rendus par les propriétaires de ce château au seigneur des Deffends et qui portent les dates de 1693, 1712 et 1739. Dans un de ces aveux, celui de 1712, il est dit que le propriétaire du Bois-Fichet, qui possédait ce domaine pour l'avoir acheté de Marie Vinet, veuve de François Mesnard de

Toucheprès, avait payé les ventes au fermier des Deffends.

Aux environs du Bois-Fichet il y avait trois autres domaines nobles qui étaient « mouvants » de la châtellenie des Deffends : le Pirioux, la Perrière et le Château-Gaillard.

La terre noble de la Maufreyère, située paroisse de la Petite-Boissière, était tenue à faire, le cas échéant, au seigneur des Deffends, un aveu se rapportant à tout ce qu'elle comprenait elle même, ainsi qu'à tous les domaines qui en dépendaient, savoir : le Tillac, le bordage Girardeau, la terre de Nipouail (paroisse de Saint-Jouin), la Lestière, la Pallaire, le Bois-Jalleau, la Noue-Pateau, la Roussière, la Brenonnière et la Triperie (paroisse de la Petite-Boissière).

Sourdis (paroisse de Saint-Jouin) devait également faire hommage au château des Deffends, comme le prouve entre autres documents un aveu du 7 mai 1704. Cet aveu a pour objet de rendre au seigneur des Deffends ce qui lui est dû de la part de Sourdis (château et terres) et de ses dépendances : la Pommeraye, Pyrôme, Noirette, le Pressoux, la Maison-Neuve, le Bois-Léger, le Bouc (paroisse de la Chapelle-Largeault) la Lande-Bénestreau et la Vergnaye-au Brun (paroisse de Rorthais).

La Durbellière (château et terre de la paroisse de Saint-Aubin-de-Baubigné) et la Trappe (domaine situé sur la paroisse de Rorthais) étaient aussi sujettes de la châtellenie des Deffends, comme le prouvent une quittance de 1592, que nous avons déjà citée, et deux autres (de 1603 et de 1605) qui se rapportent à la Trappe.

Voici, par rapport à la Chapelle-Largeault, un état vraiment intéressant qui fut dressé en 1755 par le curé Réthoré, dès son arrivée dans cette paroisse. Cette pièce, qui existe encore aujourd'hui, contient la liste de tous les revenus fixes de la cure, détaillés par villages et par métairies. Elle nous apprend aussi quels étaient les terres et domaines de la Chapelle qui étaient tenus de faire usage de la mesure des Deffends. Ces terres et domaines étaient les suivants : la Roche-Pyrouty, la Gaubardière, la Fraudière, la Touche-Negreteau, le Chiron-Bonnet, la Pommeraye, le Pressoux, le bordage Aubineau

du Pressoux, le Linaud, le Bois-Léger, la Chaîne, la Ver-
gnaye-Ménard, la Scimboire, le Fourneton, la Sauvagère,
la Remonière, la Ménagerie, la Chussière, la Maisonneuve,
la Landrière, la Burgauderie, le Bouc, la Roche-Gallouin,
le Claudy, la Roulière, la Rouillardière, le Breuil-Baudet,
les Brosses, la Rochoté, la Clavelière, la Coindrie. Il n'y
a guère que la Blandinière et le Chapitre qui fassent
exception.

D'autre part, les curés de la Chapelle-Largeault devaient,
aussitôt après leur prise de possession, prévenir le seigneur des Deffends et lui faire hommage pour eux et pour
leurs paroissiens. L'un d'eux, René Réthoré, ayant appa-
remment trop tardé à remplir ce devoir, fut invité à s'en
acquitter sans délai. Voici en quels termes il a lui-même
rapporté le fait : « Messire Pellot, du Parlement de Paris,
et seigneur des Deffends, m'a signifié qu'il est seigneur de
l'église et de la *paroisse.* »

LISTE DES PROPRIÉTAIRES CONNUS DU CHATEAU ET DE LA TERRE
DES DEFFENDS.

Le seigneur de Laval (1363). — Le premier [1] document
certain où il soit fait mention de la seigneurie des Deffends
est une pièce conservée aux archives de Londres (Angle-
terre) sous la rubrique : *Exchequer accounts* [2] $\frac{177}{9}$, $\frac{177}{10}$ *(du-*
plicates) and $\frac{177}{1}$. Cette pièce fut du reste reproduite par
Jules Delpit dans un ouvrage qu'il fit paraître en 1843, à
l'instigation de l'historien Augustin Thierry, et qui a pour
titre : *Documents français conservés en Angleterre.* La
mention concernant le château des Deffends se trouve à
la page 148, sous le numéro 345. En voici le texte : *De
prepositura redditus et domania de Chastelnur, de Paluyan,*
DU DEFFENDS, *de feodo episcopi, seu de sigillo et scriptura*

---

1 Plusieurs documents du XIVe siècle, cités par dom Fonteneau,
font mention des Deffends : l'un dit qu'on y trouve un bois et une
garenne ; un autre parle de Pierre, écuyer, sieur des Deffends.

2. *Comptes de l'Echiquier.* Ces comptes furent dressés par Richard
Fillongley, dans le temps où il était secrétaire du roi Edouard III,
c'est-à-dire entre 1363 et 1370.

*eorumdem nec de Ffaymdroil, castelle de Thoars, nihil,
quia dominus* DE LAVAL *tenet.* Suivant la juste observa-
tion qui nous a été faite à ce sujet par l'archiviste de
Londres, Mr. Roberts, le rapport du secrétaire d'Edouard III
est muet sur les domaines ci-dessus parce que c'étaient
des domaines privés (*being... in private hands*), qui
n'avaient point à présenter au roi des comptes de recettes
ou de dépenses. Dans la liste des seigneurs du Poitou qui
allèrent rendre hommage au roi d'Angleterre dans l'église
Saint-Pierre de Poitiers (la cathédrale actuelle) le 23
septembre 1363, figure le nom de Simon de Thouars,
lequel agissait dans la circonstance comme curateur de
Loys, comte de Dreux. Simon de Thouars est évidemment
le même personnage que le seigneur de Laval mentionné
dans le document publié par Jules Delpit. Au reste, le
Grand-Gauthier fait mention du seigneur de Laval dans
un acte qui est de 1363 [1].

La veuve de Bertrand du Guesclin épousa, peu après
l'an 1380, le « sire de Laval » et elle devint ainsi la mère
d'André et de Guy de Laval, qui se distinguèrent parmi
les compagnons d'armes de la Pucelle d'Orléans. Le titre
de sire de Laval ne pouvait être porté à cette époque que
par un des grands du royaume. Ce devait être le titre de
Simon de Thouars ou de son fils. Mais la famille de Laval
ne garda pas bien longtemps, sous ce nom du moins, le
château des Deffends.

Olivier de Clisson (1388-1407). — Dès l'année 1388 la
terre et la seigneurie des Deffends appartenaient à Olivier
de Clisson. Un acte dont l'original était, d'après dom
Fonteneau, conservé aux archives de la Guierche (paroisse
de Saint-Amand-sur-Sèvre) vers la fin du XVIIIe siècle,
attestait que le vendredi avant la Toussaint de l'an 1388,
cession d'hommage avait été faite à René de Chalensac

---

1. L'évêque de la Rochelle, à l'époque où fut émise la fameuse déclaration de 1682, se nommait Henri de Laval. C'était évidemment un
membre de la famille des anciens seigneurs de Thouars et des
Deffends Sa juridiction s'étendait jusqu'à Mautravers, comme le prouve
une dispense de mariage accordée par lui à un habitant de Mautravers
à cette époque. — On sait que le prince de Talmond, un des héros de
l'insurrection vendéenne, était aussi un rejeton de l'illustre maison de
Laval.

par Pierre d'Escoubleau pour Monseigneur de Clisson, de Belleville 1, Châteaumur, les *Deffends*, Fief-l'Evêque, connétable de France. (Cf. dom Fonteneau, t. IX, p. 367.)

Olivier de Clisson naquit en Bretagne l'an 1336. Il fut élevé en Angleterre, sans jamais cesser de détester les Anglais. Il revint en France pour y prendre les armes dès qu'il en eut le moyen. En 1361, il épousa Jeanne de Belleville qui était la fille du seigneur de Thouars, Guy X de Laval, celui dont parle Richard Fillongley dans son rapport au roi Edouard III. Olivier perdit un œil à la bataille d'Auray (1364), et néanmoins il ne quitta le combat qu'après la victoire complète de son partisan, le comte de Montfort. En 1370, en qualité de frère d'armes de Bertrand du Guesclin, il travailla, de concert avec lui, à débarrasser la France des Grandes Compagnies 2. Etant devenu le prisonnier du duc de Bretagne, il fut sur le point de périr entre ses mains. Celui-ci, en effet, avait donné ordre à Balavan de le coudre dans un sac et de le jeter à la mer. L'ordre ne fut point exécuté, et Olivier de Clisson put se débarrasser des mains de son vainqueur moyennant une forte rançon. Charles V, qui avait su apprécier ses qualités militaires, le désigna sur son lit de mort pour succéder à du Guesclin dans la charge de connétable. A ce titre, Olivier de Clisson joua un rôle important à la bataille de Rosebeck (1382) dans laquelle périrent 25.000 Flamands. Il faillit être assassiné à Paris, dans la nuit du 13 au 14 juin 1391. Les blessures qu'il avait reçues en cette occasion se trouvèrent assez légères.

D'un caractère inflexible, il aimait les intrigues, la guerre, le crédit et l'argent. On l'avait surnommé *le Boucher*. Accusé de maléfices, il fut condamné par le parle-

---

1. La terre de Belleville, dont il est question ici, était située dans le Thouarsais. — Jeanne de Belleville aura sans doute hérité du château des Deffends à la mort de son père. — Disons aussi que Jeanne de Belleville était, par sa mère, la petite-fille du duc de Bretagne Arthus Ier.

2. On a donné le nom de *Grandes Compagnies* à des bandes de soldats mercenaires qui, pendant la querelle séculaire qui divisa la France et l'Angleterre, louaient tour à tour leurs services au plus offrant des partis en présence et qui, pendant les xive et xve siècles, composèrent à elles seules la plus grande partie de l'armée royale. Ces troupes, difficiles à discipliner et à maintenir dans l'ordre, étaient bien plus difficiles encore à licencier quand la guerre était finie.

ment, en 1392, dépouillé de sa charge et astreint à payer une forte amende. Il se retira ensuite au château de Josselin, en Bretagne, où il mourut en 1407.

Olivier de Clisson eut plus de crédit que du Guesclin durant sa vie, mais il ne laissa pas une réputation aussi pure. Sa fortune, évaluée à 1.700.000 livres, fut un vrai scandale.

La comtesse de Penthièvre (1408 et *ultra*). — L'acte de partage des biens laissés par Olivier de Clisson, dont l'original est conservé au château de Thouars, parle des Deffends. Cette seigneurie y est attribuée à Marguerite de Clisson, *comtesse de Penthièvre* et vicomtesse de Limoges. Celle-ci avait épousé Jean de Bretagne, comte de Penthièvre.

Jean de Bretagne, comte de Penthièvre (1537). — D'après le manuscrit de dom Fonteneau, un original de la Guierche, remontant à 1537 et se rapportant à la donation de la Guierche à René Petit, porte que cette terre appartenait antérieurement à Jean de Bretagne, duc d'Etampes, *comte de Penthièvre*, baron de l'Aigle, Châteaumur, Palluau, Fourras, seigneur de Boussac, la Pérouse, Riez, *les Deffends*, Fief-l'Evêque (D. F., t. IX, p. 410). Il semble que, d'après ce document, on peut affirmer sans crainte que les Deffends étaient restés jusque-là en la possession de la famille de Clisson. Combien de temps y resteront-ils encore ? On ne peut le dire au juste. Mais en tout cas en 1615 ils appartenaient à la famille Mesnard de Toucheprès [1].

Anthoyne Mesnard de Toucheprès (1615). — Les archives

---

1. Un aveu du 2 juin 1599, dont M. le vicomte Paul de Chabot possède l'original, et un autre du 3 mai de la même année, qui est signalé par dom Fonteneau, t. XLII, donnent à David de Toucheprès, le bénéficiaire de ces aveux, les titres de haut et puissant David, gentilhomme ordinaire de la Chambre du roi, seigneur de Toucheprès et des Herbiers. Il n'y est pas question des Deffends. Sans doute la raison en est que les seigneurs de Toucheprès n'avaient pas encore fait l'acquisition de la terre des Deffends. On a vu plus haut que la duchesse de Thouars, en 1592, faisait acte de dame des Deffends. D'autre part, une quittance de rachat de 1603 nous apprend qu'à cette époque le fermier judiciaire des Deffends, qui était en même temps notaire de la baronnie de Châteaumur, demeurait aux Deffends. Il y a donc tout lieu de supposer que le château des Deffends était déjà au baron de Châteaumur, c'est-à-dire à Antoine Ménard ou à son père.

des Deffends contiennent, entre autres documents, un aveu relatif à la Faverie et qui débute par ces mots : « Sachent tous que de vous hault et puissant Anthoyne Mesnard, seigneur de Toucheprès, le Bois-Fichet et des châtellanyes, terres et seigneuries des Herbiers et les Deffends et accause de vostre motte, chastel, chastellanye, terre et seigneurye des Deffends,

« Je Jehan Cornuau, greffier de la baronnye de Château-mur, seigneur de la Faverye, tiens et advoue tenir de vous mondit seigneur, à foy et hommage plain plect et cheval de service, quand le cas de morte main y advient, scelon la coustume du pays, savoir est ledit lieu et hostel noble, meslayrie , tennement et appartenance de la Faverye, estimé demye borderye de terre herbergée ou environ... » Puis il se terminait par la reconnaissance des charges suivantes : « Pour raison desquelles choses je vous suis contribuable avec les aultres teneurs dudit village à la rante de douze deniers de cens ; — plus trante-deux boeceaux avoine menue à mesure comble , rendable par chascun an terme et feste de nostre Dame de me aougst et à la recepte de votre dicte chastellanye ; — plus au dit terme hui t boeceaux de seigle a mesure raz requérable sur ledit lieu le tout à la mesure de vostre dicte chastellanye, et oultre vous suis avec les dicts coteneurs contribuable au biain par chascun an de charger et charroyer la moictié du foing de vostre dict pré appelé le *Pré au seigneur*, lorsqu'il est bon à charroyer en estant semond, et icelluy mener en votre dit chastel des Deffends, à la charge que estes tenu en faisant ledict biain nous nourrir. Et se tiennent les dictes terres par moy cy dessus déclarées et confrontées en son total d'une part à la rivière de Soipvre, d'autre au bois et terre à vous appartenant, d'autre à la terre du Puyglaume et de toutes autres parts à la terre desdits Guillebault, héritiers feu Lebâcle et Ussault et ses cohéritiers, le tout en la paroisse de Mautravers. Qui est tout ce que je tiens et advoue tenir de vous mondit seigneur a protestation toutefois d'icell. mondit fief et adveu accroistre, amander, corriger, modifier et plus à plain declarer sy et quand il sera venu à ma notice et cognoissance sy trop ou peu y en avois em-

ployé ou obmis en icelluy mondit fief et que m'en aurez
adverty ou faict advertir par messieurs vos officiers. En
témoing de quoy et pour plus grande approbation de
ce que dessus j'ay merché [1] ces présentes de mon seing
manuel et faict signer à ma requeste aux notaires soubs-
cripts jurez et ressortissant de la baronnye de Chasteaumeur et faict apposer le scel de ladite cour, le deutxiesme
jour de juing l'an mil six cens quinze.

CORNUAU,   ROUGEON,   USSAULT. »

René Mesnard de Toucheprès (1642). — Après Anthoyne
Mesnard, nous trouvons aux Deffends, en qualité de
maître et seigneur, René Mesnard, écuyer, seigneur de
Toucheprès et des Deffends. Il avait épousé Marguerite de
la Béraudière. Son fils Olivier, qu'il fit baptiser à Mautravers, avait quatre ans lorsqu'il reçut le sacrement qui fait
les chrétiens. De ce retard ainsi que du lieu choisi pour
le baptême d'Olivier Mesnard on peut donner les raisons
suivantes. Il est possible que René Mesnard eût été auparavant attaché à la Réforme, et qu'il fît son abjuration à
cette époque. D'autre part il avait eu à ce moment-là des
démêlés avec le curé de la Pommeraye, au sujet de la métairie de la Faverie. Il prétendait être le seigneur non
seulement des borderies, mais encore de la métairie de
la Faverie. De son côté le curé de la Pommeraye sou-
tenait ses droits sur cette métairie, et ce n'était pas
sans fondement, puisqu'un jugement du Grand Conseil,
en date du 30 mars 1656 déclarait que la métairie de
la Faverie *relevait toute roturièrement et en censive* du
prieuré de Saint-Martin de la Pommeraye. Quand cet
arrêt fut rendu, René Mesnard avait cessé de vivre, et ce
fut contre sa veuve, comme mère tutrice de ses enfants,
que la sentence fut prononcée. Celle-ci était veuve dès
1654. D'après les archives de la Chapelle-Largeault, ainsi
qu'on l'a vu plus haut, le 23 septembre 1654, Renée de la
Roc, veuve du seigneur de la Sauvagère, avait, comme
mère tutrice de sa fille, Simonne-Yvonne de Saint-Offange,

1. C'est bien le mot qui se lit à l'original. Ce doit être une abrévia-
tion.

rendu un aveu à Marguerite de la Béraudière, veuve de
René Mesnard de Toucheprès. Ce dernier était sûrement
fils d'Anthoyne Mesnard, puisqu'il portait les mêmes
titres, sauf celui de seigneur du Bois-Fichet, concédé à
son frère aîné François Mesnard, et celui de seigneur des
Herbiers, accordé sans doute à un autre frère, peut-être
au marquis de Pouzauges, lequel vers cette époque se distingua au siège de Rethel, sous le prince de Condé. Du
reste, ainsi que son frère le marquis de Pouzauges,
François avait longtemps servi et il jouissait d'une haute
considération en Poitou.

Olivier Mesnard de Toucheprès (1668). — Il est à croire
qu'Olivier Mesnard de Toucheprès fut autorisé à prendre
le titre de seigneur de ce lieu, ainsi que des Deffends, en
1659 ou 1660 ; car, d'après son acte de baptême, qui existe
encore dans le plus ancien des registres paroissiaux de
Mautravers, il serait né en 1638. Voici d'ailleurs la note
qui lui est consacrée dans un ouvrage de grande valeur,
qui eut pour auteur Charles Colbert [1] de Croissy, frère du
célèbre ministre de Louis XIV, J.-B. Colbert. Etant à Poitiers en qualité d'intendant de la province dont cette ville
était la capitale, Ch. Colbert dressa (1664) un état du
Poitou au quadruple point de vue *ecclésiastique, seigneurial,
judiciaire* et *financier*. On y lit au sujet d'Olivier Mesnard :
« Le sieur baron de Toucheprès, chef du nom de Mesnard-
Toucheprès, est un gentilhomme âgé de 24 ans, qui a
épousé la fille du marquis de la Flocellière, à deux lieues
de Mauléon. Il a pour bien, de son chef, la terre des
Deffends, à deux lieues de Mauléon, qui vaut 4.000 livres
de rente ; plus Châteaumur, aussi près de Mauléon, qui
vaut environ 1.800 livres de rentes ; plus la terre de
Toucheprès, paroisse de la Pommeraye, élection de

---

1. Les Colbert étaient quatre frères : Jean-Baptiste Colbert, ministre
du Commerce et de la Marine ; Charles Colbert de Croissy, intendant
du Poitou (en 1664 et après) ; Nicolas Colbert, évêque d'Auxerre, et
François-Edouard Colbert, comte de Maulévrier. Le livre auquel nous
faisons allusion a pour titre : *Etat du Poitou sous Louis XIV*. L'édi-
teur, M. Dugaste-Matifeux, y a réuni un autre rapport sur le Poitou,
celui de Maupeou, et il y a ajouté quantité de notes explicatives d'un
grand intérêt, mais parfois mal intentionnées à l'endroit des catholiques et de leur religion.

Thouars, qui vaut environ 4.000 livres ; une autre terre en
Limousin, sans compter les biens de sa femme ; *doit
beaucoup*.

« Il est catholique [1], mais il n'en est pas moins capable de
violences. On l'accuse du meurtre commis par lui et par
autres en la personne du feu S^r comte de Mauléon, fils du
défunt comte de Laval, qui était frère de M. de la Trimouille, la semaine sainte dernière, avec les sieurs de la
Pastellières frères, aussi gentilshommes, ses complices.
Cette affaire s'assoupit par la connivence de M. de la
Trimouille, oncle du défunt, qui a reçu 20.000 livres et
qui est d'ailleurs ravi que ce neveu, à qui il contestait
l'état, soit mort ; et les coupables ont obtenu des lettres
dont ledit sieur de la Trimouille prétend consentir l'enté-
rinement. Et voilà comme les crimes les plus énormes,
qui se commettent en cette province, se rédiment toujours
ou par la crainte ou par l'argent. »

Un contrat d'échange, conservé aux archives du château actuel du Deffend, nous montre Olivier Mesnard
traitant avec son propre sénéchal, à qui il donne et de
qui il reçoit. Citer cette pièce ne sera pas sans utilité.
La voici donc :

« Par devant les notaires de la baronnie de Châteaumur,
soubzsignez et receu en icelle, ont esté présants et en leurs

---

1. « Il peut y avoir (en Poitou) la dixième partie du peuple de la religion
prétendue réformée, et près de la moitié de la noblesse, étant certain
que dans l'évêché de la Rochelle, il y a plus des trois quarts des gentilshommes qui sont de cette religion. — Les seigneurs les plus considérables sont les seigneurs de la Trémoille (n'y ayant que le père qui
a abjuré), Laval Lezay, le baron de Touchepres (ci-dessus), Philippe
de Morais, seigneur de la Flocellière. — On compte à peu près
1.500 maisons de gentilshommes dans le Poitou... Il y a beaucoup de
noblesse qui n'est pas fort illustre, qui vient des maires de Poitiers,
Niort et la Rochelle, et beaucoup de gens qui l'ont usurpée dans les
guerres de la Ligue et de la Religion, même pendant les derniers
troubles » (*Etat du Poitou*). Rapport de Ch. Colbert. — A cette époque
fut faite une revision de la noblesse. Un certain Guy Legendre, pour
avoir pris indûment le titre de sieur des Deffends, fut condamné
comme faux noble, en 1668 ou 1670 (*Ibidem*). Il n'en fut pas de même
de François Mesnard, oncle d'Olivier et son parrain, qui vécut au
Bois-Fichet, y mourut le 9 octobre 1680 et fut enterré dans la chapelle
du château. Colbert de Croissy, qui lui attribue le titre de sieur des
Deffends, comme l'a fait, depuis, son inscription tombale, disait de
lui : « Il vit dans le pays avec honneur et estime. »

personnes establis et duement soubzmis Messire Olivier
Mesnard de Toucheprès, chevalier, baron du dit lieu de
Toucheprès, de Chasteaumur et les Deffandz, demeurant
au chasteau de la Flocellière, paroisse dudit lieu, d'une
part,

« Et René Guilbaut, sieur de la Faverye, sénéchal de la
ville et baronnye dudit Chasteaumur, demeurant audit
chasteau des Deffendz, paroisse de Mautravers, d'autre
part,

« Lesquelles partyes ont volontairement faict et font les
eschanges et permutations des dhomaines et droicts qui
ensuivent. C'est assavoir que ledit seigneur de Toucheprès
a ceddé, quitté, délaissé, et transporté à perpétuité audit
Guilbault stipulant et acceptant pour lui et les siens sept
boicellées de terre ou environ mezure de Mauléon, et les
hayes et arbres en despendants, à prendre dans le hault
d'une pièce de terre despendant de la mestairye de
Pierre-Couverte appelée le champ des Taillées. icelles
dittes boicellées estant entre le hault du champ de la
Remège, audit de la Faverye appartenant la pluspart, et le
champ de la Colle despendant de la mestairye de la Courolière, celui de la Taillée audit de la Faverye appartenant
et de cellui des Janneaux de Pierre-Couverte, aussi appelé
la Taillée, les hayes entre deux. Et sera tenu ledit de la
Faverye faire faire ung fossé et les hayes entre les dittes
sept boicellées et ledit champ de la Taillée où elles ont
esté prinzes [1] pour les en séparer, et ce en droicte ligne à
l'autre haye qui est au dessoulz entre icellui champ de la
Taillée et ledit champ de la Remège à lui appartenant,
toutes lesquelles hayes et arbres estant en icelles demeu-
reront audit de la Faverye comme despendantes dudit
champ de la Remège, et ces dites sept boicellées eschangées tout le long du champ de la Taillée où elles ont été
prinzes et une terre de ladite mestairye de Pierre-Couverte ; et d'autant que ledit champ de la Remège, appartenant la pluspart audit de la Faverye, et ce faizant fort
pour le surplus et auquel il prétand joindre les dites sept
boicellées n'a de tout temps immémorial payé aulcun

---

1. Prinzes, du latin *prehensus* ou *prensus*, est l'équivalent de prises.

droict de dixme ni de terrage, ceux de qui il a acquis la
pluspart dudit champ aiant prétendu qu'il en fust exampt
comme estant franc et despendant de quelques fiefs à eux
appartenant.

« A esté entre lesdites partyes accordé et stipulé que
ledit de la Faverye tiendra à l'advenir ledit champ de la
Remège avecq lesdites sept boicellées cy-dessus à lui
ceddées par ledit seigneur de Touchepres rosturièrement
à sa chastellenye des Deffandz à un denier de cens pour
tout debvoir noble et féodal par chascun an au jour et
feste de Nouel rendable à la recepte de la dite chastellenye
audit lieu des Deffandz, a commancer le premier paiemant
à la feste de Nouel prochaine.

« Et en retour et contre eschange ledit Guilbaut a ceddé,
quitté, délessé et transporté audit seigneur de Toucheprès
une pièce de terre partye labourable et partye en pasty
appelée la pièce du Bois, alias le Pasty, contenant environ
seize boicellées mezure de ladite chatellenye des Deffandz,
tenant d'une part à la pièce de bois taillis dudit lieu des
Deffandz, appelée la Frasgnaye et de toutes aultres parts
au pasty et terre de ladite mestairye et borderye de Pierre
Couverte, avecq ses hayes et arbres en despendant et
ainsy que bornes entre deux font séparation. Et veu que
ladite pièce de terre est de plus grande valleur que les
sept boicellées cy-dessus données en eschange par ledit
seigneur de Toucheprès audit sieur de la Faverye, a icellui seigneur de Toucheprès donné en retour recompance et
contreschange audit de la Faverye les droicts de dixme
qu'il prenait dans cinq ou six pièces des jardins de la
maison du Tour appartenant tant audit de la Faverye que
à ses cohéritiers desquelz il c'est faict fort pour l'exécution des presantes, partyes desquelz jardins ont cy devant
esté mis en pré, et d'autant que partyes desdits jardins
ne paioit cy devant aucun droict de dixme, pretendant
qu'il en fust exampt par pluzieurs raisons, a esté accordé
et stipullé entre les partyes que lesdits jardins seront
antièrement tenus à l'advenir avecq ladite maison du
Tour et aultres bâtimants en dependant et pré joignant
auxdits jardins par ledit de la Faverye ou ses cohéritiers
dudit seigneur de Toucheprès à cause de sa dite chastel-

lenye des Deffandz rosturièrement et a ung denier de
cens pour tout debvoir noble et féodal par chascun an et
feste de Nouel rendable à la recepte de la dite chastellenye
audit lieu des Deffandz, à commancer le premier paiemant à la feste de Nouel prochaine. sans préjudice audit
seigneur de ses aultres droicts sur les aultres terres despendantes du dit lieu du Tour et audit de la Faverye de
prandre. le susdit droict de dixme a lui ceddé et délaissé
par le présent contrat d'eschange sur ses cohéritiers
ainsy que l'advisera son notaire, ledit seigneur le subrogeant a cest effet en son lieu et place, droicts et actions.

« Pour jouir par les dites partyes respectivemant des dites
terres et droicts cy dessus par elles permutées et eschangées comme de leur propre dhomaine et loyal acquest
et à cette fin s'en sont aussy respectivemant devestues et
desaizies, et vestu et saizy les unes les aultres, et ce sont
subrogée en leur lieu et place, droictz et action, et faict
vray seigneurs propriétaires et pocesseurs, avecq promesse de s'entregarantir formellement et perpétuellement
lesdites terres et droictz eschangez vers et contre tous de
tous troubles, évictions, empeschements quelconques.

« Tout ce que dessus lesdites partyes ont ainsy voullu,
consanty, stipullé et accepté, et à ce faire, tenir, garder
et accomplir de point en point à peine de tous despans
dhommages et intérêts ont obligé et hipothéqué tous et
chascun leurs biens meubles et immeubles présants et
futurs quelconqúes, renonsant à toutes choses a ses presantes contraires, dont de leur consantement, requeste et
volonté elles ont esté jugée(s) et condamnée(s) au jugement et condamnation de ladite cour par nous notaires
jurez d'icelle au pouvoir et juridiction de laquelle elle ce
sont quant à ce subrogée(s) et soubmize(s) avecq leurs
biains susobligez.

« Faict et passé au bourg de la Pommeraye en la maison
de la cour du Pont, notre territoire, le troisième jour de
novembre mil six cent soixante et cinq. — A esté accordé
que chasque métaier des partyes qui exploitent lesdites
terres eschangées en pourront jouir si bon leur semble
chascun à leur esgard jusques à la Notre-Dame de Mars
que l'on contera mil six cens soixante et sept, sans que

ladite jouissance puisse nuire ny préjudicier a l'exécution du présant faict comme dessus. — Réprouvé quatre mots raturez au présant contract.

Olivier MESNARD DE TOUCHEPRES,   C. DURAND,
GUILBAULT,   JOUAULT,
no^{re} et procureur. »

Nous avons cru devoir respecter l'orthographe de cette pièce, qui est loin d'être régulière et qui n'est sûrement pas en rapport avec toutes les règles de la grammaire française, telle qu'on l'enseignait il y a deux siècles et demi. Les lecteurs certainement n'en seront pas plus embarrassés, et ils n'éprouveront à coup sûr aucune peine à faire les corrections voulues. D'ailleurs ce document leur donnera tant d'aperçus au sujet d'une époque qui, sans être lointaine, est pourtant si différente de la nôtre, qu'ils en oublieront les anomalies orthographiques.

Revenons à Olivier Mesnard. On a dû remarquer dans la note que lui consacre le rapport de Charles Colbert un mot qui n'est pas sans donner lieu à un certain étonnement. Il est dit dans cette note, au sujet de ce jeune seigneur de vingt-quatre ans (ou de vingt-six ans, si on donne, à ce sujet, la préférence au registre paroissial de Mautravers), qu'*il doit beaucoup*. Rien n'est plus certain cependant que le fait énoncé par ces trois mots. En effet, dès l'année 1668, Olivier Mesnard fut obligé de vendre sa terre et seigneurie des Deffends, et le paiement dut être fait entre les mains du receveur des consignations, pour que satisfaction fût ainsi donnée aux plus anciens créanciers dudit seigneur qui avaient pris des hypothèques sur la terre des Deffends.

Le contrat de vente de cette terre fut passé à Poitiers chez le notaire Hersant. Malheureusement la minute n'en a pas été conservée, et on ne sait même pas lequel des notaires actuellement en fonctions dans la ville de Poitiers est le successeur de Hersant[1]. Mais l'acte par lequel l'ac-

1. Il est probable toutefois que c'est Me Grassin. L'étude de Me Hersant était située, en réalité, rue de la Chaîne. Celle de Me Grassin est établie dans la première maison de la rue de la Prévôté, qui

quéreur, qui se trouvait à ce moment-là dans la ville
d'Agen, approuva et ratifia l'acte passé à Poitiers, a été
conservé intact dans l'étude occupée autrefois par
Me Pierre Cruzel et actuellement par Me Emile Bothian. A
la demande de M. Henri Savary de Beauregard, qui était
alors propriétaire du château des Deffends, une expédition
en a été délivrée le 22 novembre 1864, par Me Gaétan
Recours, lequel occupait à cette époque l'étude de
Me Cruzel. Voici la reproduction de cette pièce, qu'on nous
a certifiée très conforme à l'original : « Dans la ville et cité
d'Agen ce jourd'huy dix-huitième du mois de may mil six
cens soixante-huict, après midy, par devant moy notaire
royal estably audit Agen soubzmentionné et témoins bas
nommez, fust présent en sa personne Messire Claude Pellot,
seigneur de Port-David [1], et Sandard, conseiller du roy en
ses conseils, maître des requestes ordinaire de son hostel,
intendant de sa motte, police et finance en Guienne,
lequel après avoir veu et leu le contrat de vente, cession et
transport fait en sa faveur par Messire Olivier Mesnard de
Toucheprès, chevalier, seigneur baron de Chasteaumur,
Toucheprès, les Defendz, et dame Marguerite Julienne de
Morais, son espouse, solidairement de la terre et chastellenye des Desfendz en Poitou, ses circonstances et dépendances, pour la somme de *cent mille livres*, en date du
huictiesme du présent mois et an, passé par devant Hersant et... notaires royaux de Poitiers.

« Le dit seigneur Pellot a approuvé et rattifié, comme il
approuve et rattifie par les présentes ledit contrat de
vente, voulant et consentant qu'il sorte à son plein et en-
tier effet, et promet d'icelluy entretenir et exécuter de
point en point selon sa forme et teneur, à condition néanmoins que ledit seigneur Pellot ne sera tenu de payer de
la dite terre et chastellenye que ladite somme de cent

---

fait suite à celle de la Chaîne. Mais ne peut-on pas supposer que la
maison notariale a été attribuée à une rue qui l'atteignait immédiatement, ou que la rue de la Prévôté a été augmentée d'une maison au
détriment de la rue de la Chaîne? (Cf. *Almanach provincial et historique du Poitou pour l'an de grâce 1782.*)

1. Port-David était une propriété dont l'importance nous est
inconnue ; mais nous savons qu'elle était située dans la paroisse de
Dry, en Sologne.

mille livres, et sans être tenu ni obligé de payer les deux
mil livres pour la moitié des fruits, lesquels fruits (pour
la présente année) appartiendront entièrement audit seigneur Pellot, comme est promis de remestre et consigner
ès mains du receveur des consignations, après que la
dite terre et chastellenye lui aura esté adjugée pour estre
distribuée et payée aux plus anciens créanciers dudit seigneur de Touchepres, et qui ont hypothèque sur la dite
terre, suivant la sentence d'ordre qui en sera faite et
jusques à l'actuelle consignation le dit seigneur Pellot sera
tenu de payer les intérêts de la dite somme de cent mil
mil livres au denier vingt-cinq, à commencer dudit jour
huictiesme du présent mois et an. Et pour ce dessus entretenir, le dit seigneur Pellot a obligé ses biens présents
et à venir, qu'il a soubmis aux rigueurs de justice, et
ainsy l'a promis et juré ès présence de M. Joseph-Claude
Boloson, avocat au parlement, et Jean Temple, secrétaire
dudit seigneur Pellot, demeurant en la présente ville, qui
ont signé avec ledit seigneur et moy.

Signé à la minute : PELLOT, BOLOSON, TEMPLE, CRUZEL,
notaire à Agen. »

Expédié et collationné par Me Gaëtan Recours, notaire
à Agen, soussigné, sur la minute de l'acte ci-dessus trans-
crit, étant en la possession comme successeur médiat
dudit Me Cruzel, notaire.

G. RECOURS, *notaire.*

Agen, le 22 novembre 1864. »

Claude Pellot de Trévières [1] (1668-1683). — L'acte ci-
dessus vient de nous mettre en présence d'un nouveau
propriétaire des Deffends. Disons en quelques mots ce
que nous savons de plus intéressant sur Claude Pellot. Un
magistrat de Rouen [2], qui fut en même temps le biographe

1. La seigneurie de Trévières était située sur la paroisse de ce nom
dans la vicomté de Bayeux, à 16 kilomètres nord-ouest de cette ville.
2. Ce magistrat est M. O'Reilly, conseiller à la cour d'appel de
Rouen. Son ouvrage sur Claude Pellot, 2 vol in-8°, fut édité par
Champion, libraire, 15, quai Malaquais, à Paris, en 1881. Il a pour
titre : *Mémoire sur la vie publique et privée de Claude Pellot, conseiller,
maître des requêtes, et premier président au parlement de Normandie*
(1619-1683).

et l'admirateur passionné de Claude Pellot, n'a pas craint
de dire que, dans la deuxième moitié du xviie siècle, il
avait contribué à conduire la France à son plus haut degré
de force et de splendeur. Mais n'anticipons pas, ou plutôt
hâtons-nous de prouver que cette appréciation n'a rien
d'exagéré.

La famille Pellot était originaire du Milanais. Un membre
de cette famille vint se fixer à Lyon au xvie siècle, et il
changea son nom de Peloti en celui de Pellot. Il s'adonna
au commerce et acquit bientôt une fortune considérable.
Le père de Claude remplissait à Lyon les fonctions de
prévôt des marchands en 1632, ce qui veut dire qu'il était
le premier magistrat municipal de cette grande cité. Il la
quitta toutefois en 1637. A la naissance de notre Claude,
en 1619, la famille Pellot était noble depuis plusieurs générations. Ses armes étaient : *De sable à tierce d'or.*

Quelques années avant que son père partît de Lyon,
Claude s'était éloigné de lui pour aller, avec son jeune
frère, étudier à l'Université de Dôle. Là, sous l'habile direction des Jésuites, et en particulier du célèbre François Chifflet, il reçut une éducation très sérieuse, qu'il
devait compléter à Paris sous Jean Taurin.

Il se maria en 1639, ayant 20 ans à peine, avec Claude
Le Camus, parente [1] du ministre Colbert. Cette union ne
fit que resserrer l'amitié étroite qui régnait déjà depuis
quelque temps entre Pellot et Colbert et qui ne cessa qu'à
leur mort. En 1641, Claude Pellot était conseiller au parlement de Rouen. En 1634, il remplissait les fonctions de
maître des requêtes. En 1656, il était nommé intendant [2]
de justice, police et finances à Grenoble. Il quitta Grenoble
pour aller remplir les fonctions de commissaire extraordinaire du roi dans le comté de Foix et en Catalogne, et,
au cours de cette mission, il eut l'honneur de présider les

---

1. Cousine issue de germaine de Jean-Baptiste Colbert.
2. Sous l'ancien régime, il y avait un intendant à la tête de chaque
généralité. L'intendant avait un pouvoir beaucoup plus étendu que
celui des préfets actuels, puisqu'il avait à s'occuper non seulement
d'administration, mais encore de justice et de finances. Son emploi
était très rémunérateur. Un des successeurs de Pellot comme intendant
à Montauban nous apprend, dans ses *Mémoires*, que sa charge lui
rapportait 18.000 livres de revenu annuel.

Etats de Béarn. En 1658, il fut envoyé à Poitiers pour y remplir les fonctions d'intendant. A cette époque, l'intendance de Poitiers présentait de grandes difficultés. C'est au point que le successeur de Pellot, Ch. Colbert de Croissy, ne craignit pas de dire en 1665 que Poitiers était une ville où il n'y avait pas moyen d'avoir justice, quand on avait affaire contre des gens de crédit. Il faut croire que Pellot sut néanmoins tirer assez bon parti de la situation, puisque, en sa faveur, on ajouta à l'intendance de Poitiers, non seulement celle de Limoges, mais encore, à partir de 1662, celle de Montauban. On a remarqué que pareil exemple de cumul n'avait été donné qu'une autre fois.

De 1658 à 1662, Claude Pellot résida à Poitiers. Peu de temps après qu'il en fut parti (1663) [1], une plainte fut adressée contre lui au ministre Colbert par les habitants de Toulouse, avec lesquels il avait eu affaire, comme intendant de Montauban. Colbert n'écouta pas les doléances des Toulousains, sans doute parce qu'elles lui parurent au moins fort exagérées. Au reste, il se rendait bien compte des difficultés que pouvait avoir son ami à faire rentrer des impôts qui remontaient à six ans de là.

A partir de 1662, Pellot fixa sa résidence à Montauban. En 1664, le roi le déchargea des deux intendances de Poitiers et de Limoges ; mais, à la place, il lui donna celle de Bordeaux. Pellot profita du séjour qu'il fit à cette occasion dans la capitale de la Gascogne pour l'enrichir de plusieurs monuments utiles, en particulier de la tour de Cordouan et du Château-Trompette [2]. Il eut alors à réprimer la révolte de la Chalosse [3], et à poursuivre le fameux chef de brigands

---

1. A cette époque, Claude Pellot se montra très favorable aux *Grandes Compagnies* maritimes qu'avait imaginées Colbert, et il s'occupa même de faire une levée de marins pour la flotte.

2. La tour de Cordouan était un phare (alors en ruines), situé à l'embouchure de la Garonne et qui servait de guide aux vaisseaux se dirigeant sur Bordeaux. — Le Château-Trompette était un fort destiné à défendre Bordeaux du côté de la mer. Pellot le transforma en véritable forteresse, et il le rendit capable de mettre la ville en sûreté. Le Château-Trompette fut rasé en 1816 : il occupait l'emplacement où se trouve aujourd'hui la promenade des *Quinconces*.

3. La Chalosse, comprise dans l'ancienne Gascogne, avait pour capitale Saint-Sever (Landes).

Audijos. A Montauban, il prononça un certain nombre de condamnations sévères : quelques criminels furent par lui envoyés aux galères et d'autres à l'échafaud. Un de ces derniers était le faussaire Cassagne. En même temps qu'il exerçait des rigueurs contre les malfaiteurs qui lui étaient dénoncés, Pellot travaillait avec zèle à la conversion des Calvinistes du Languedoc et de la Guienne, et ce n'était pas sans succès. Les conseils du P. Annat, qui remplit de 1654 à 1670 les délicates fonctions de confesseur du roi, lui furent à cet égard d'un grand secours.

Au mois de juillet 1668, il eut la tristesse de perdre sa pieuse et digne épouse, Claude Le Camus, qui mourut à Paris, 16, rue des Fossés-Montmartre. Elle lui avait donné onze enfants, dont trois garçons et huit filles [1]. Elle était âgée seulement de 44 ans. Voici l'en-tête de l'inventaire qui fut dressé après sa mort par Me Cruzel : « Par devant moy, Cruzel, notaire royal de la ville d'Agen, soubz-mentionné et les témoins bas nommez, ce jourd'hui vingt-sixième août 16 e soixante-neuf, après midi, se serait comparu : M. Delrieu, habitant au dit Agen, pour Messire Claude Pellot, seigneur de Port-David, Sandard, Saint-Martin-Lard, les Desfans et autres lieux, conseiller du Roy en ses conseils, maître des requêtes ordinaire de son hostel, intendant pour sa motte de justice, police et finances en Guienne, tant en son nom que comme ayant la garde-noble et tuteur de ses enfants mineurs et de défunte Claude Le Camus, son épouze... »

Dans le cours de l'année suivante, C. Pellot, se trouvant à Agen, apprit que le roi l'avait nommé premier président au parlement de Normandie. Louis XIV avait profité de l'occasion pour faire l'éloge de Claude Pellot, pour attirer l'attention sur ses rares capacités, et publier les éminents services qu'il avait rendus au roi et à la France dans les cinq intendances [2] qu'il avait occupées.

---

1. L'aîné des trois garçons hérita de la plus grande partie de la fortune de son père ; le second entra dans l'armée et y devint bientôt chef de compagnie ; le troisième fut nommé abbé commendataire dès l'âge de 9 ans. Cinq filles entrèrent en religion, et les trois autres se marièrent

2. On a pu dire que durant cette période il avait, à lui seul, gouverné la Guienne, muni des pouvoirs d'un vrai proconsul.

Avant d'aller occuper le poste dont venait de l'investir la confiance royale, Claude Pellot contracta, sans doute à l'instigation du grand Colbert, un nouveau mariage. L'épouse dont il avait fait choix, Madeleine Colbert, était veuve, elle aussi ; mais elle n'avait jamais eu d'enfants de son premier mari, Gérard Le Camus, qui était en même temps conseiller du roi et intendant des bâtiments et manufactures. Madeleine Colbert était à la fois la cousine germaine et la belle-sœur de Claude Le Camus, la première femme de Claude Pellot. Aussi celui-ci avait-il besoin, pour ce mariage, d'une dispense de Rome. Il écrivit lui-même au pape Clément IX pour la solliciter ; et le mariage fut contracté sur la fin de l'année 1669, à peu près au moment où était signée la nomination du premier président de Normandie.

Claude Pellot présenta ses lettres patentes au parlement de Rouen le 14 avril 1670. Là, comme dans ses précédentes fonctions, il s'efforça de venir en aide à Colbert, qui était en même temps son allié [1], son ami, son correspondant et son confident. On peut dire que, parmi tous ceux auxquels le grand ministre de Louis XIV témoigna de la confiance, Pellot occupa le premier rang.

Un des premiers actes de Pellot, après son arrivée à Rouen, fut de sauver la vie à trois personnes condamnées à mort pour accusation de sorcellerie. En 1673, il rencontra de la résistance de la part de son parlement, et néanmoins il en obtint l'enregistrement d'une ordonnance qui restreignait son droit de remontrances contre le premier président.

Ayant marié sa fille Marie-Anne (février 1674) avec Thomas-Charles de Bec-de-Lièvre, il demanda avec succès pour son gendre une dispense d'âge (il n'avait pas 27 ans), afin qu'il pût siéger comme conseiller à son parlement. La même année fut féconde en incidents pour le premier président. La révolte fut sur le point d'éclater en Normandie, et il eut grand'peine à la contenir. L'occasion de ce mouvement populaire était l'établissement du mono-

---

1. Les deux femmes qu'épousa successivement Claude Pellot étaient parentes de Colbert.

pole des tabacs. Auparavant, cette marchandise n'était pas débitée par les seuls mandataires de l'Etat, et tous les épiciers vendaient du tabac. En même temps Pellot contribuait à tenir le pays en garde contre une flotte hollandaise qui croisait dans la Manche.

D'autre part, il faisait valoir ses droits à prendre chaque année cent cordes de bois dans les forêts de Normandie, s'appuyant surtout sur le fait que ses prédécesseurs en avaient joui avant lui. Colbert crut devoir traverser ses prétentions à cet égard, ce qui ne l'empêcha pas dans le même temps de lui prouver son amitié en lui obtenant du roi une gratification de 12.000 livres. Les gages du premier président étaient par ailleurs de 20.000 livres, plus les épices [1], les redevances variées en nature, les gratifications royales ou ministérielles, les biens patrimoniaux personnels joints à ceux de sa première femme et à ceux de son épouse actuelle. Tout cela néanmoins était à peine suffisant pour Claude Pellot. Il est vrai qu'il tenait à vivre selon son rang et sa position, et qu'il avait huit enfants à placer, sans compter trois autres à élever.

Ce qui fait grand honneur à Claude Pellot, c'est encore que le roi ait songé à lui pour remplacer Colbert, qui était tombé gravement malade, en 1676.

A cette époque, ou peu après, Claude Pellot, avec l'aide de son fils aîné, contribua à enrichir la bibliothèque de Colbert, à l'augmenter de quantité de vieux livres et de vieux manuscrits qui étaient confiés discrètement au célèbre Baluze, gardien de la bibliothèque ministérielle.

Quant à la ville de Rouen, on peut dire qu'elle est redevable à Pellot d'un grand nombre d'ouvrages d'utilité publique : ponts, digues, fontaines, pavage des rues, hospices fondés et agrandis, mesures de sûreté et de tranquillité en faveur des citoyens honnêtes.

Malheureusement, Claude Pellot mourut avant l'âge : il s'éteignit à 64 ans. Il se trouvait alors à Paris. Sa mort eut lieu exactement le 4 août 1683. La *Gazette de France*,

---

1. Les épices étaient alors le prélèvement que le parlement exerçait à son profit sur les amendes, pour servir de supplément de gages aux juges qui les avaient imposées. Ce prélèvement était fait non au détriment des justiciables, mais au détriment du roi.

dans son numéro du 7 août, en fit l'annonce en ces termes :
« Le Parlement de Rouen a perdu son illustre chef en la
personne de Messire Claude Pellot, seigneur de Port-
David, *les Deffends*, Trévières et autres lieux, qui mourut
ici le 3 août, après une maladie de deux mois. » Son orai-
son funèbre fut prononcée par le P. Ménestrier, S. J., dans
la cathédrale de Rouen, le 7 août. C'était une nouveauté
pour les premiers présidents. L'éloge anonyme de Pellot,
qui se trouve à la bibliothèque de Rouen, fonds Mortain-
ville, manuscrit Bigot, débute ainsi : « Claude Pellot,
chevalier, seigneur de Port-David, Sandard, *les Deffends*,
Saint-Martin-Lard[1], seigneur châtelain de Trévières, successivement conseiller au parlement, maître des requestes,
intendant de la justice en Dauphiné, Poitou, Limousin et
Guienne, avait été, en considération de ses services, nommé
premier président au parlement de Rouen, le 29 novembre
1669, et reçu le 14 avril 1670. Il aimait les gens de lettres
et avait une belle bibliothèque. Il avait fait dresser des
états de toutes les personnes considérables des provinces
où il avait été intendant, où l'on voyait leur caractère,
leurs biens, leurs amis et leurs ennemis, avec beaucoup
de particularités très singulières[2]. Il avait un esprit
sublime et était fort capable de gouverner... Il mourut à
Paris le 3 août 1683, rue de l'Université... »

Tout porte à croire que le président Cl. Pellot n'a jamais
mis le pied à Mautravers ; mais il est bien certain qu'il y
pensa et s'en occupa, quoi qu'en ait dit M. O'Reilly dans
son *Mémoire sur la vie publique et privée de ce personnage*.
M. O'Reilly a été induit en erreur par M. Dacier, archiviste
des Deux-Sèvres à l'époque où il composait son ouvrage,
ou bien il n'a pas lu avec assez d'attention les documents

1. Il ne faut pas prendre au pied de la lettre la mention de seigneur
de Saint-Martin-Lard que nous trouvons ici. Le célèbre journal avait
dû copier un titre antérieur. A l'époque de sa mort, Pellot avait cessé
depuis plusieurs années d'être seigneur de Saint-Martin-Lard ayant
aliéné cette propriété au profit de messire Jean de Lambertie, seigneur
du Bouchet et des Deffends (de la paroisse de Soulièvres), par acte du
19 juillet 1674. Toutefois il avait encore certains droits, même à cette
époque, sur le domaine de Saint-Martin-Lard, puisqu'une rente de
2.000 livres, au principal de 40.000 livres, lui était garantie par contrat
sur cette terre.

2. Cet état est malheureusement introuvable aujourd'hui.

qu'il lui avait fournis. Il suppose que le Deffend dont
Claude Pellot fit l'acquisition en 1668 était situé sur la
paroisse de Soulièvres, près d'Airvault, également en
Poitou. Or les documents ne nous manquent pas pour
démontrer qu'il y a là une erreur incontestable.

Il est bien vrai, comme nous aurons l'occasion de le
dire plus tard, que la famille Pellot, en la personne du
fils aîné du premier président de Rouen, fit, en 1699, l'acquisition d'une propriété sise paroisse de Soulièvres et qui
s'appelait aussi les Deffends ; mais dans l'acte, il n'est pas
question d'une propriété contiguë qui lui eût déjà appartenu. Au reste, Claude-François Pellot portait auparavant
le titre de seigneur des Deffends, et si, avant la Révolution, on distingua à Soulièvres deux Deffends, c'est sur
le petit seulement qu'il y avait une habitation seigneuriale [1].

Malgré le soin que nous y avons mis, nous n'avons pas
pu trouver l'acte passé à Poitiers chez le notaire Hersant,
au sujet des Deffends de Mautravers. On sait bien qu'il y a
eu à Poitiers au xviie siècle un notaire de ce nom ; mais
on ne possède plus un seul acte passé dans son étude.
Quoi qu'il en soit, on peut établir que l'acte de vente consenti en 1668 au profit de Pellot, au sujet des Deffends, se
rapporte bien aux Deffends de Mautravers ; car il est dit
dans l'acte de ratification du contrat de Poitiers passé en
présence de Claude Pellot, dans la ville d'Agen, par
Me Cruzel, que Messire Olivier Mesnard, de Toucheprès,
chevalier, seigneur de Châteaumur et des Desfendz, fait

---

1. Au manoir était adjointe une chapelle qui, au témoignage de
M. Gabriel Martin, d'Airvault, existait encore en 1700. Aujourd'hui,
dans le pays d'Airvault, on ne parle que du Deffend ; mais avant la
Révolution on disait les Deffends, et avec raison. Le village de ce
nom, en effet, est traversé dans la direction du sud au nord par
la route vicinale de Barroux à Availles. Cette route sépare, en cet
endroit, les deux communes de Barroux et d'Availles. C'est la partie à
l'ouest de la route qui appartient à Soulièvres, et c'est sur cette partie
qu'étaient situés le manoir et la chapelle de la seigneurie des Petits-
Deffends. Mais en fait de village, toutes les fois qu'on trouve un *petit*,
on doit s'attendre à trouver un *grand*. C'était peut-être la partie appartenant à Availles qui s'appelait les Grands Deffends, en raison d'un
plus grand nombre d'habitations ; mais il y a tout lieu de penser que
la comparaison a été faite plutôt entre le Deffend de Soulièvres et
celui de Mautravers.

« cession et transport... de la terre et châtelenie des
Desfendz en Poitou, ses circonstances et dépendances... »
Il ne peut pas être question ici d'un certain nombre d'ha-
bitations vulgaires ni de terres absolument roturières.

D'autre part, Olivier Mesnard de Toucheprès [1], qui était
à la fois baron de Châteaumur et seigneur des Deffends,
ainsi que l'avaient été son père et son aïeul, avait fait en
1665 un échange de terrain « avec *son propre sénéchal*,
René Guilbault, *qui demeurait alors audit château des
Deffends*, (situé) paroisse de Mautravers ». Il est donc
évident que les Deffends dont Olivier Mesnard de Toucheprès était seigneur en 1665 étaient bien ceux de Mautravers.

En 1669, Guy Buignon faisait hommage à Messire
Claude Pellot, *seigneur des Deffends*, pour sa portion des
terres nobles de la Faverie. Dans cet aveu, il est dit que
les Deffends possèdent sur les bords de la rivière de Sèvre
une prairie désignée sous la dénomination de *Pré au seigneur* et que cette prairie touche aux terres de la Faverie.
Au reste, parmi les charges dont se reconnaît comme redevable le sieur de la Faverie vis-à-vis de Messire Claude
Pellot, seigneur des Deffends, il y a celle de fournir une
charrette avec six bœufs, pour conduire au château des
Deffends le foin du *Pré au seigneur* [2], quand il sera bon à
serrer ; de plus, celle de faire moudre ses grains au moulin
de la châtellenie des Deffends. Tout cela prouve à l'évi-
dence que la châtellenie dont se rendit acquéreur en 1668
Messire Claude Pellot était bien celle des Deffends de la
paroisse de Mautravers [3].

Au reste, en 1782, le dernier des Pellot enverra de Normandie son chargé d'affaires, Pierre Vaultier, pour assister, en l'étude de Me Charrault, à Airvault, à un double

---

1. Les trois domaines de Toucheprès, de Châteaumur et des
Deffends se touchent, bien qu'ils ne fassent pas partie tous les trois
aujourd'hui du même département.

2. De ce pré au château des Deffends, il y a environ *un kilomètre*.
Par contre les Deffends de Soulièvres sont bien à *douze lieues* de là.

3. Dans un autre aveu rendu en 1615 et relatif aux mêmes terres
de la Faverie (propriétaire Jehan Cornuaud), il est dit que deux journaux de pré de cette borderie touchent d'une part à la rivière de
Sèvre, et d'autre au *Pré au seigneur* dépendant des Deffends.

contrat de location, se rapportant aux Deffends. A cette occasion se rencontreront le fermier (général) des Deffends de Mautravers, et le fermier des Petit-Deffends, de la paroisse de Soulièvres. L'engagement qu'ils souscriront donnera la plus juste idée de l'importance relative des deux domaines en question. L'un, celui de Mautravers, sera loué 4.200 livres, et l'autre, celui de Soulièvres, 850 livres. Il y avait donc bien alors deux domaines distincts, portant le nom de Deffends. Or il n'y a pas trace d'aliénation à leur sujet, hormis celles de 1668 et de 1699.

Claude-François Pellot (1683-1732), en sa qualité de fils aîné d'un homme des plus haut placés et détenteur d'une fortune considérable, avait reçu une éducation très soignée. En 1676, il avait eu à soutenir sa thèse de philosophie, complément obligé des humanités à cette époque. La thèse elle-même, écrite en latin, avait été, suivant la volonté du père, dédiée au roi Louis XIV. Après cette épreuve, Claude-François s'était mis à étudier le droit et, au bout de deux ans, n'ayant pas encore vingt ans, il avait été reçu avocat au parlement de Normandie. L'année même de son admission dans le barreau de Rouen, il eut un rôle à remplir à la cérémonie solennelle de la réception comme conseiller en cette cour du comte de Thorigny. Six jours plus tard, il était nommé et reçu, avec dispense d'âge, conseiller au même parlement de Rouen. Mais le premier président ne considérait pas l'éducation de son fils comme achevée. Voilà pourquoi il résolut de le faire voyager pendant trois ans. Claude-François eut ainsi l'avantage de visiter successivement l'Espagne, le Portugal, l'Italie et l'Allemagne. Une de ses préoccupations durant ces voyages fut de rechercher livres [1] et manuscrits précieux pour la bibliothèque de Colbert et pour celle de son père. Étant encore en Allemagne, en août 1682, il pouvait déjà se donner le

---

1. Parmi les livres rares découverts par lui, était un missel mozarabe qui fut acheté 40 pistoles. Il paraît que c'était là un marché d'or, attendu qu'il n'y avait alors en Espagne qu'un autre missel de rite mozarabe, celui de l'archevêché de Tolède. Il fut à même d'acheter aussi un bréviaire et missel mozarabe; mais on le lui fit 60 pistoles, et il trouva que c'était trop cher, n'ayant pas encore reçu la lettre de son père qui l'autorisait à monter jusqu'à ce prix.

titre de conseiller au parlement de Paris [1]. A la mort de
son père, il accepta sa succession sous bénéfice d'inventaire [2]. Deux ans après l'ouverture de la succession paternelle, rien n'était encore réglé. Comme légataire universel,
il avait quantité de comptes à rendre à ses frères et sœurs.
Mme de Bec-de-Lièvre, l'une de ses sœurs, consentit enfin à
n'engager aucun procès contre lui, à la condition qu'il lui
verserait, à une époque convenue, 31 500 livres. Ce dut
être là la part des deux autres sœurs de Claude-François
Pellot qui se marièrent : Mme de Conserans et Mme de la
Fare. Les cinq sœurs religieuses, suivant le droit de
l'époque, durent se contenter de la dot qu'elles avaient
reçue lors de leur entrée en religion. Il en fut de même de
Paul Pellot, qui avait été pourvu d'une abbaye à l'âge de
quatorze ans. Cette abbaye, au reste, déduction faite de la
nourriture des religieux, devait lui assurer 9 000 livres de
revenu annuel [3]. Quant au chevalier Pellot, second fils du
premier président, M. O'Reilly ne dit pas quelle fut sa part
de l'héritage paternel. Il était alors capitaine d'infanterie
au régiment du roi, et c'est son père qui avait fait les frais
d'acquisition de sa lieutenance, quand il était entré dans
l'armée. Peut-être ne devait-il pas avoir autre chose que le
don que lui avait fait son père de son vivant. Il est possible aussi que sa condition eût été celle de ses trois sœurs
mariées. Au surplus, il resta en bonnes relations avec son
frère aîné, puisqu'il mourut tranquillement chez lui, à
Paris, en 1726 [4].

.1. Ayant commencé à voyager au lendemain de sa nomination
comme conseiller au parlement de Rouen, il est à croire qu'il ne
siégea jamais comme tel parmi les magistrats de la première cour de
Normandie.

2. Le premier président de Rouen aimait beaucoup acheter : il
l'aimait à tel point qu'on a pu dire de lui qu'il avait la passion de la
terre. Il dut acheter plus d'une fois avec l'argent d'autrui. Son fils, qui
le savait et qui ne pouvait ignorer que par ailleurs l'héritage paternel
était grevé de lourdes charges, craignit de s'engager en des embarras
inextricables, et il prit le parti le plus sûr.

3 Il s'agit de l'abbaye de la Croix-Saint-Leuffroy, située au diocèse
d'Evreux. Elle fut loin de prospérer sous la domination de Paul
Pellot. Il n'avait que neuf ans quand il fut nommé abbé; mais il dut
n'entrer en jouissance que cinq ans plus tard.

4 Le chevalier Pellot se distingua à la bataille de Staffarde, aux
combats de Saluces et de Suze, et à la glorieuse affaire de la Mar-

Sans doute Claude-François était gêné [1], et il comptait trop aussi sur sa condition d'héritier bénéficiaire. C'est la seule explication sûre qu'on puisse donner de la négligence qu'il mit à s'acquitter des legs pieux dont l'avait chargé son illustre père. En 1691, ces charges n'étaient pas encore acquittées, et les intéressés en étaient mécontents et scandalisés.

Néanmoins Claude-François avait conservé les bonnes grâces du roi. Un acte qui porte la date de 1693, et qui fut signé par Louis XIV lui-même, en son château de Versailles, érigeait en comté la seigneurie de Trévières. Les motifs allégués par l'auteur même de la concession étaient le dévouement aux intérêts royaux qu'avait constamment montré Claude Pellot, décédé premier président du parlement de Normandie, ainsi que les services rendus par son fils aîné comme maître des requêtes [2] et à plusieurs autres titres, et la fidélité courageuse et empressée du chevalier Pellot, alors colonel du régiment d'infanterie de Bigorre.

Après que Claude-François Pellot eut soldé les charges inhérentes à l'héritage paternel, il lui resta encore les seigneuries de Port-David, Sandard, Saint-Martin-Lard [3], *les Deffends*, Galapeau et Trévières. Comme part d'aîné, c'était plus que satisfaisant.

---

saille, qui ouvrit à l'armée française les portes du Piémont. Catinat, qui commandait en ces différentes rencontres, avait conçu une haute estime pour Pellot ; et c'est grâce à ses renseignements, sans doute, que le chevalier Pellot fut promu au grade de général de brigade dès l'âge de trente-cinq ans.

1. Il avait dû vendre, pour acquitter les dettes paternelles, les immeubles que son père avait acquis à Rouen de 1674 à 1677, ainsi que sa vaisselle d'argent. d'autres meubles précieux, une belle bibliothèque, une orangerie léguée à M. de Bec-de-Lièvre.

2. Claude-François Pellot avait épousé en 1682 Madeleine Leclerc de Lesseville, fille d'un conseiller à la cour des aides de Paris. La famille L. de Lesseville avait été anoblie par Henri IV, en la personne du tanneur Leclerc, de Meulan, pour services pécuniaires rendus au roi après la bataille d'Ivry (1590).

3. Il s'agit de Saint-Martin-Lard en-Poitou, qui fait actuellement partie du canton d'Availles-Limousine (Vienne:. Claude Pellot fit l'acquisition de cette seigneurie en 1662 ; mais il ne la garda pas jusqu'à sa mort, comme nous le disons par ailleurs. Toutefois les droits qu'il avait conservés sur ce domaine lui donnaient sans doute quelque raison d'en prendre le titre et de le transmettre à son aîné.

Les domaines que possédait en Poitou le 1ᵉʳ comte de
Trévières lui causèrent certains embarras qui l'amenèrent
à se rendre acquéreur d'une terre située paroisse de Sou
lièvres et appelée les Petits-Deffends. A partir de cette
époque, il prit le titre de seigneur des *grands* [1] et *petits
Deffends.* Or de même qu'une erreur a été commise au
sujet de la seigneurie des Grands-Deffends, laquelle a été
placée à Soulièvres, à côté des Petits-Deffends, ainsi on
s'est trompé au sujet des Petits-Deffends en les confon-
dant avec la seigneurie *des Deffends* sise en la paroisse
de Mautravers. Nous avons déjà réfuté la première de ces
deux erreurs. La seconde, qui se cache sous le manteau
d'un acte notarié, mais sans autre fondement que celui
d'une tradition dénaturée depuis vingt ou trente ans, est
facile à démontrer également. Il suffit de mettre sous les
yeux du lecteur l'acte d'acquisition, par M. Cl.-Fr. Pellot,
de la terre et seigneurie des Petits-Deffends en 1699, pour
prouver que le domaine acheté par lui à cette époque
n'était pas situé à Mautravers. Voici cette pièce :

« Par devant les conseillers du Roy, notaires, garde-
notes et garde-scel de Sa Majesté en son chastelet de Paris
soussignés fut présent M. Jacques Gondin, bourgeois de
cette ville y demeurant, rue Lourcine, paroisse Saint-Hypo-
lite, au nom et comme procureur de Messire Jean de Vivonne, chevalier, seigneur de Plennille et de la Bussière,
capitaine de cavalerie au régiment de Bissy, et dame Marie
Duraynier son épouse, auparavant veuve de deffunt Messire Jean Delambertie chevalier seigneur du Bouchet, de
Puydemaux et autres lieux, par procuration passée devant
Guy et Cuyrblanc, notaires royaux en la sénéchaussée de

---

1. C'est à titre de seigneur des Grands-Deffends ou des Deffends de
Mautravers que Claude-François Pellot reçut, peu de temps après la
mort de son père, l'aveu de Messire Louis d'Aubigné. chevalier,
seigneur de Tigny, la Touche, le Mesnil-d'Aubigné, etc., aide de camp
des armées du roi, garde-noble et loyal administrateur des biens de
ses enfants et de ceux qu'avait laissés son épouse, Elisabeth Petit,
fille et héritière de Gilbert Petit, seigneur de Saint-Mesmin, etc. Cet
aveu se rapportait à la Maufreyère et à ses dépendances ci-dessus
détaillées. — En 1704, il reçut au même titre un aveu rendu au nom
du marquis et du chevalier d'Escoubleau de Sourdis, enfants mineurs,
pour le château, la terre et les dépendances de Sourdis. — Il reçut
encore en 1693 et en 1712 un aveu rendu par le Bois-Fichet.

Civray, établie à Usson le douze de décembre dernier, controlée et scellée le lendemain, spécialle pour l'effet des présentes, laquelle procuration est icy annexée et a esté paraphée dudit sieur Gondin et des notaires soubs signés à sa réquisition. Lequel a reconnu et confessé avoir vendu, ceddé, quité, délaissé et promis, pour et au nom des dicts sieur et dame de Vivonne solidairement sans division, discution ny fidéjussion a quoy pour eux il renonce, garanti de tous troubles, dons, debtes, ypotecques, évictions, substitutions, allienations et autres empêchements généralement quelconques a Messire Claude-François Pellot, chevalier, comte de Trévière, baron de Gallauprau [1], seigneur de Port-David, *des Deffends* et autres lieux, absent, ce acceptant pour luy ses hoirs et ayans cause par M. Martin Dechastillon, bourgeois de Paris y demeurant, rue du Bac, paroisse Saint-Sulpice, à ce présent au nom et comme procureur dudit Pellot par procuration passée devant Tortonne, notaire royal en la Vicomté de Bayeux pour le siège de Trévière en présence de tesmoins le vingt-deux de janvier présent mois, controlée et scellée le dit jour, aussy spécialle pour l'effet des présentes, laquelle procuration est ici annexée et a esté paraphée dudit sieur de Chastillon et des notaires soubs signés à sa réquisition, *la maison noble terre et seigneurie des Deffends, consistante en fiefs, hommages, cens, rentes, dixmes, terrages, métairies, droicts de chasse et de pêche de la rivière de Toué* et autres lieux et droicts en dépendant, *situés en la paroisse de Soulièvre* [2] *en Poictou*, estant en la mouvance de la terre et seigneurie de Pioger et chargée envers elle des droicts seigneuriaux et féodaux qu'elle peut devoir, sans autres charges

---

1. Il s'agit évidemment ici de la terre qui est appelée ailleurs Galapiaut, Galapeau, etc., et que le plus savant historien de la famille Pellot n'a pas pu identifier.

2. Ne suffit-il pas de dire que la terre et seigneurie des Deffends est située en la paroisse de Soulièvres et qu'il s'y rattache des « droits de chasse et de pêche de la rivière de Toué », pour prouver qu'elle n'a rien de commun avec Mautravers ? — On peut remarquer ici une manière d'écrire les noms propres qui n'est plus usitée de nos jours. Par exemple Toué, au lieu de Thoué, et une inconséquence dans l'orthographe des noms propres, noms communs et autres mots. Le rédacteur de l'acte du 26 janvier 1699 relatif aux Petits Deffends écrivait pour les oreilles, et non pour les yeux. Voilà ce qui explique com-

quelconques, franche et quitte des dicts droicts du passé
jusques à présent, la dicte maison noble, terre et seigneurie des deffends ses apartenances et dependances apartenant à la dicte dame de Vivonne comme héritière par
bénéfice d'inventaire de deffuncte dame Madelene Demos-
chinot sa mere au jour de son deceds veuve de deffunt
messire Charles Duraynier son père chevalier seigneur des
deffends et de la Fougeraye et en cette qualité créancière
de la succession du dit sieur son père, à laquelle elle a
renoncé, pour par le dit sieur Pellot ses hoirs et ayans
cause jouir, faire et disposer de la dicte maison noble terre
et seigneurie des Deffends ses apartenances et dependances
comme d'un effet leur apartenant au moyen des présentes,
à commancer la jouissance du jour de Saint-Martin d'hiver
dernier, à l'effet de quoy les dicts sieur et dame de Vivonne
seront solidairement tenus, ainsy que le dit sieur Gondin
les y oblige, d'acquiter les droits féodaux, lods et ventes [1]
et autres droits seigneuriaux qui seront deubs à cause de
la présente vente aux seigneurs desquels la dite maison
noble terre et seigneurie ses apartenances et dépendances
relevent et d'en aporter décharge valable au dit sieur
Pellot dans six mois à peine de tous despens dommages et
interest.

« Cette vente ainsy faicte moyennant la somme de huit
mil cinq cents livres, pour et au lieu de payement de
laquelle somme le dit sieur Dechastillon audit nom de
procureur du dit sieur Pellot quitte et decharge la dite
dame de Vivonne et la succession du dit sieur de Lambertie son premier mary de pareille somme de huit mille
cinq cent livres, a desduire sur celle de quatorze mil cinq
cent trente deux livres sept sols huit deniers à quoy montent les arrerages restant deubs et escheus jusques au
dernier de juin mil six cent quatre vingt dix huit, de deux
mil livres de rente au principal de la somme de quarante

ment, à quelques lignes d'intervalle, il changeait de manière pour
écrire des mots qu'il avait eu déjà l'occasion de tracer sur le papier.
Il ne faut donc pas voir dans ces changements divers autre chose
qu'un manque de goût.

1. En jurisprudence féodale, l'expression *lods et ventes* désignait le
droit dû au seigneur par celui qui acquérait un bien dans sa censive.
C'était une sorte de droit de mutation.

mil livres qu'ils doivent au dit sieur Pellot au nom et comme fils aîné héritier par bénéfice d'inventaire et légataire universel suivant la différence des coutumes de deffunt messire Claude Pellot, chevalier, conseiller du Roy en tous ses conseils, maître des requestes honoraire [1] de son hostel et premier Président au Parlement de Normandie, auquel la dicte rente a esté constituée par les dicts messire Jean de Lambertie et dame Marie Duraynier lors son épouse, suivant le contrat du sept novembre mil six cent soixante-dix neuf, pour reste du prix de la vente à eux faite par le dit deffunt seigneur Pellot de la terre et seigneurie de Saint-Martin-Lars en Poictou, par contrat du dix-neuf de juillet mil six cent soixante quatorze, sans préjudice de la somme de six mil trente deux livres sept sols huict deniers qui reste à présent deue desdits arrérages escheus jusques au dernier de juin mil six cent quatre vingt dix-huit et de ceux escheus depuis le dit jour.

« Pour raison de quoy et pour la somme de quarante mil livres a quoy monte le principal de la dite rente sont expressément réservés au dit sieur Pellot tous ses privilèges et ypotecques, particulièrement sur la terre et seigneurie de Saint-Martin-Lars en Poictou lequel sieur Gondin au dit nom de procureur des dicts sieur et dame de Vivonne s'est dessaisy, desmis et devestu au profit du dit sieur Pellot et de ses hoirs et ayans cause de la propriété de la dicte maison noble terre et seigneurie des Deffends ses apartenances et dependances cy dessus vendus, même des rescindances et rescisoires, voulant qu'ils en soient saisis mis et vestus par qui et ainsy qu'il apartiendra. Et pour ce il constitue procureur le porteur des présentes. Et au moyen de la présente vente ledit seigneur Pellot recevra à l'advenir à compter du dit jour de Saint-Martin d'hiver dernier de... fermier de la dite terre des Deffends, suivant le bail à luy faict par la dicte dame de Vivonne le... la somme de quatre cent livres [2] prix du dit bail...

1. C'est plus probablement *ordinaire* qui doit être écrit à cet endroit dans l'original.

2. Après un intervalle de moins d'un siècle (quatre-vingt-quatre

« ... Les dicts sieur et dame de Vivonne, comme aussy le dict sieur Gondin audict nom de procureur des dicts sieur et dame de Vivonne promet et s'oblige de remettre de bonnefoy ou de faire remetre dans un mois en main du dit sieur Pellot tous les titres, papiers censivs, foys et hommages, adveux et dénombrements et autres pièces concernans la propriété de la dicte terre des Deffends dont sera dressé un bref Estat...

... Fait et passé à Paris en l'Estude de Verani l'un des notaires soubs signés, le vingt six de janvier après midy, mil six cent quatre vingt dix neuf. Et ont signé.

GONDIN, porteur de procuration.

DECHASTILLON, porteur de procuration [1]. »

Claude-François Pellot mourut à Paris en 1732 : il avait 76 ans. Comme conclusion de la notice biographique qu'il lui a consacrée, à la suite du *Mémoire sur la vie publique et privée* de son père, M. O'Reilly a écrit ceci : « Comme conseiller et comme maître des requêtes, autant que comme fils et parent, Claude-François Pellot fait donc assez triste figure et paraît avoir mal répondu aux espérances que son père avait fondées sur lui comme aîné. » Quelle différence avec le langage dont il se sert pour résumer la vie du père !

Claude Pellot, petit-fils du 1er président, 2e comte de Trévières (1732-1769), succéda à son père Claude-François dont il était, croit-on, l'unique fils, peut-être même l'unique enfant. Il avait épousé au mois d'avril 1726 Marguerite Mégret, fille de Nicolas Mégret, seigneur de Passy, conseiller, secrétaire du roi et grand audiencier de France,

---

ans), le prix de ferme des Petits-Deffends avait plus que doublé. De 400 livres, il était monté à 835 livres.

1. Voici en quels termes M. O'Reilly a montré qu'il s'était mépris sur le premier domaine du nom des Deffends acquis par la famille Pellot : « Bientôt la terre des *Deffends* acquise en partie par Pellot pendant qu'il était *intendant en Poitou*, en partie par son fils, sise en la paroisse de Soulièvres, élection de Parthenay, est vendue par la nation. » Cet entrefilet contient deux erreurs manifestes. Tout d'abord, d'après l'ouvrage même de M. O'Reilly, Pellot n'était plus intendant en Poitou quand il acheta *les Deffends* de Mautravers, en 1668, bien qu'il fût encore intendant, et la nation ne fit vendre à son profit que les Deffends de Soulièvres : ceux de Montravers, après la Révolution, furent restitués à leurs maîtres légitimes.

laquelle lui donna deux fils, dont l'aîné, Claude-Anne-François, devait seul parvenir à l'adolescence. Le 2e Claude Pellot, s'il n'eut pas le talent de son aïeul, fut du moins plus sage que son père. Entré jeune au parlement de Paris, il y passa toute sa vie ; il était de la grand'chambre [1].

Voici la lettre de décès du deuxième comte de Trévières : « Vous êtes prié d'assister aux convoi et enterrement de haut et puissant seigneur Claude Pellot, chevalier, seigneur comte de Trévières, seigneur de Port-David, des *grands et petits Deffends*, et d'autres lieux, conseiller du Roy en sa cour du parlement et grande chambre d'icelle, décédé en son hostel, rue de Seine, faubourg Saint-Germain, qui se feront mardi 14 mars 1769, à sept heures du soir, en l'église Saint-Sulpice, sa paroisse. *De Profundis*.

« De la part de M. le comte de Trévières, son fils. »

Claude-Anne-François Pellot, dernier comte de Trévières (1769-1793), n'appartint jamais à la magistrature : il fut grand messager de l'Université. A l'âge de 30 ans, le 4 février 1759, il avait épousé Claude-Louise-Elisabeth-Sophie de Polignac, qui descendait en ligne directe du premier président, par Elisabeth Pellot, vicomtesse de Conserans [2].

Il existe encore en Poitou un acte notarié qui fut passé, à la demande de Claude-Anne-François Pellot, aux fins qu'on va indiquer.

En 1782, Claude-Anne-François Pellot envoya à Airvault son homme d'affaires, pour renouveler les baux relatifs à ses deux domaines du Poitou qui portaient le nom de Deffends. La minute des deux actes qui furent passés à

---

1. Deux aveux au moins lui furent adressés pour les dépendances de la châtellenie des Deffends : l'un par dame Marie-Bénigne Camus pour le Bois-Fichet, et l'autre par M. Louis-François, comte d'Aubigné, lieutenant général des armées du roi, directeur de son infanterie, etc., pour les terres, fiefs et seigneuries du Pirioux, du Château-Gaillard, de la Maufreyère, etc.

2. Ils étaient collatéraux du 3e au 4e degré, suivant le mode canonique de supputation des degrés de parenté. — C'est de leur temps, et sans doute sur leurs ordres, que dut être renouvelé l'écusson du château des Deffends. Il est divisé en deux compartiments : celui de droite présente sûrement les armes des Pellot ; quant à celui de gauche, il est malheureusement indéchiffrable.

cette occasion par Me Charrault est conservée encore
aujourd'hui dans l'étude de Me Robert, successeur médiat
de Me Charrault, à Airvault (D.-S.). Ayant eu la bonne fortune de les trouver et ayant été autorisé à les copier, nous
allons en reproduire les passages principaux, ceux qui
sont le plus aptes à faire ressortir la distinction et la séparation des deux Deffends faisant partie du domaine patri-
monial des Pellot.

« Aujourd'hui quatre janvier mil sept cent quatre vingt
deux, avant midi, par devant les notaires royaux de la
sénéchaussée de Poitiers à la résidence d'Airvault, soussignés, a comparu en personne Pierre Vaultier, régisseur
de la terre et comté de Trévières, en Normandie, paroisse
dudit lieu, évêché de Bayeux, demeurant audit lieu de
Trévières, au nom et comme fondé de la procuration spéciale de haut et puissant seigneur Messire Claude-Anne-
François Pellot, chevalier, seigneur comte et patron de
Trévières, seigneur de Port-David, et des Grands et Petits-
Deffends [1], suivant la procuration à lui donnée par mondit seigneur en date du vingt-six octobre dernier... Le dit
Vaultier a reconnu avoir fait bail pour six années entières
et consécutives, qui commenceront le vingt-trois avril,
jour et fête de S. Georges prochaine, pour finir le 23
avril mil sept cent quatre-vingt-huit, promet ledit s[r] Vaultier au dit nom faire jouir au sieur Janneau de Lorrière [2],
fermier actuel des biens ci-après détaillés, demeurant au
château des Deffends, paroisse de Montravers, à ce présent,
stipulant et acceptant, savoir est le château, hôtel et châtellenie, terre et seigneurie des Deffends, situés dite pa-

---

1. C'est ici surtout qu'il faut venir chercher le sens de l'expression :
Grands et Petits-Deffends. Les Petits-Deffends portaient ce nom bien
avant de faire partie du patrimoine de la famille Pellot. La différence
d'importance entre les deux seigneuries ainsi dénommées justifie parfaitement le titre de *Grands-Deffends* que donnèrent les Pellot à la seigneurie de ce nom sise en la paroisse de Mautravers, à partir de l'ad-
jonction du Deffend de Soulièvres à leurs vastes propriétés terriennes.
Il est évident que, pour les Pellot, les *Grands-Deffends* étaient ceux de
Mautravers, et les *Petits-Deffends*, ceux de Soulièvres.

2. Louis Janneau de Lorrières était fermier général des Deffends dès
1752. Il avait dû succéder à ce titre à Charles Engevin du Coudray. Il
mourut « au château des Grands-Deffends, en cette paroisse », dit son
acte de décès, et il fut inhumé dans le cimetière de Mautravers le
19 octobre 1788.

roisse de Montravers, ainsi qu'il se poursuit et comporte, avec les cens, rentes, devoirs, dixmes, terrages, biains et corvées, bois, étang, bois taillis, garenne, tuilerie, moulin, métairie, borderie, fuie, pêche et pêcherie, chasse, droit de défense, rachats, fourrachats, ventes et honneur, droits de retenue féodale et autres droits et honneur de fief, avec les métairies de Pierre-Couverte, la Petite-Métairie et borderie, et les métairies nobles de la Godrandière et du Grand-Puy-Loup sises paroisse de Saint-Amand. Ensemble la maison du Parquet, près le pont de la Pommeraye, le pré de la Dorère, proche la rivière de Sèvre, et le pré de la Planche, et généralement tout ce qui dépend et compose le revenu de la dite châtellenie *des Deffends* même la pièce de terre appelée la *Motte des Deffends* située en la ville de Châtillon, paroisse de Saint-Melaine excepté les vignes dépendant de la borderie du Bois-Fichet, à Saint-Jean de Thouars. »

Les charges de la location dont il s'agit étaient de jouir en bon père de famille pendant six années sans commettre ni souffrir agâts ou dégradations ; d'entretenir la couverture des bâtiments ; de respecter les usages du pays pour les bois ; de faire tenir les assises de ladite châtellenie [1] et de nourrir les officiers dudit seigneur à cette occasion ; d'acquitter les cens, rentes, charges et devoirs dus et accoutumés de payer ; de cultiver et ensemencer les terres labourables en temps convenables ; de fournir les frais de deux grosses des présentes ; de payer quatre mille deux cents livres par chacun an, en deux paiements [2] égaux, à Messire Cl. A. F. Pellot, par lettre de change ou autrement, en son hôtel, rue de Seine, à Paris ; de garder (et d'en répondre) pour mil quatre cent soixante treize livres de bestiaux à souche, appartenant au seigneur bailleur pour faire valoir la terre des Deffends ; d'envoyer entre Noël et le carnaval, à Paris, en l'hôtel dudit seigneur Pellot, vingt-quatre perdrix rouges et jeunes ; de souffrir les

1. Ce détail prouve évidemment que les officiers de justice des Deffends, à cette époque, ne résidaient pas à Mautravers ; et on peut bien en inférer aussi que la tenue des assises était chose assez rare au château des Deffends.

2. Aux termes de Noël et de la Saint-Georges (23 avril).

.abattages d'arbres ordonnés par ledit seigneur Pellot.
« Toutes les parties ont signé :

JEANNEAU DE LORRIÈRES,   VAULTIER [1],
JOSSE, *not^{re} roy.*,   CHARRAULT, *not^{re} roy.*

« Enregistré à Airvault le 5 janvier 1782 [2]. »

Les mêmes jour, mois et an que le contrat dont on
vient de prendre connaissance, fut passé dans la même
étude notariale, entre M. Pierre Vaultier, agissant au
même nom que plus haut, et Pierre Robert, laboureur,
demeurant au village des Petits Deffends, paroisse de
Soulièvres, un autre contrat qui devait valoir à partir du
vingt-cinq mars mil sept cent quatre-vingt-deux et avait
pour objet la maison et seigneurie des Petits-Deffends,
située paroisse de Soulièvres, consistant en logement,
cour, jardin, prés, pâtis, terres labourables et non
labourables, bois, droits de quints, quarts et autres, droits
de branchage et rivages, droits de fuye, pêche, four
banal, rentes nobles, tant féodales que foncières, garen-
nes et généralement toutes appartenances et dépendances.
Cette location était faite à la charge par le preneur de
payer annuellement au propriétaire la somme de huit
cent cinquante livres, et d'acquitter les cens, devoirs,
charges et rentes dus au seigneur dont relevait le domaine
en question. Nous avons vu précédemment que les Petits-

---

1. On croit que le régisseur Pierre Vaultier était du Poitou. — A
l'époque où fut passé le contrat en question, le procureur fiscal des
Deffends de Montravers se nommait Mogrin. — Après la note relative
à l'enregistrement se trouve cette mention : « reçu 48 livres ». Cette
somme devait-elle rester tout entière à l'administration de l'enregistrement ou comprenait-elle aussi les honoraires des notaires? Les deux
hypothèses sont acceptables.

2. En 1788, Louis Janneau de Lorrières afferma encore pour une
période de six ans le domaine des Grands-Deffends. Le prix de ferme
avait sensiblement augmenté : le preneur avait dû promettre 4.600
livres pour le même domaine. Il ne devait pas voir la fin de son bail,
car il mourut dans le courant de la même année. Peut-être son fils, qui
s'appelait aussi Louis Janneau, fut-il admis à lui succéder à ce titre.
Nous savons d'ailleurs que le citoyen Thévin, qui fut administrateur
séquestre du Deffend pendant la Révolution, était le gendre de M. Janneau. Il est plus probable que ce fut lui qui prit immédiatement la
succession de M. Janneau (comme fermier général des Deffends).

Deffends relevaient de la seigneurie de Pioger, dont le siège principal était situé à deux ou trois kilomètres des Petits-Deffends.

Claude-Anne-François Pellot mourut le 5 février 1793, à l'âge de 65 ans. Il finit ses jours dans son lit, et dans sa propre demeure, qui avait aussi été celle de son père. Avec lui s'éteignit le nom de Pellot, car il ne laissa pas d'enfants. Sa femme était sa principale héritière, non en vertu d'un testament, mais parce que le défunt n'avait point laissé de plus proche parent du côté paternel. La règle *paterna paternis*, qui était encore en vigueur, devait lui être appliquée.

Claude-Louise-Elisabeth-Sophie de Polignac, Vve du dernier Cte Pellot (févr. 1793-avr. 1794), ne fut donc maîtresse des Deffends que fort peu de temps, puisqu'elle mourut au cours de l'inventaire des biens laissés par son mari. Au moment de sa mort (avril 1794), une nouvelle loi successorale avait remplacé celle qui permettait la recherche de l'origine des biens. D'après cette loi, Mme Pellot aurait dû posséder tous les biens qu'avait eus autrefois son mari. Il en résultait que tous ces biens devaient passer ensuite à la sœur et unique héritière de la ci-devant comtesse de Trévières. Mais la sœur[1] de la comtesse de Trévières avait quitté la France, avec son époux François-Marie de Pérusse des Cars, marquis de Montal, et elle figurait sur la liste des émigrés. De ce chef elle était considérée comme inhabile à recueillir l'héritage laissé par sa sœur. M. et Mme de Pérusse des Cars durent terminer leurs jours en exil. Néanmoins la succession du comte et de la comtesse de Trévières ne fut pas complètement perdue pour leur famille. Une réclamation ayant été faite par plusieurs des ayants droit, le 3 messidor an VI, un arrêté du Directoire exécutif, qui portait les signatures de Treilhard, de L. M. Revellière-Lépeaux et de Rewbell fut rendu dans les termes suivants :

« Article 1er. — Les noms de Claude-Anne-François Pellot Trévières et Claude-Louise-Elisabeth-Sophie Polignac, son

---

1. La marquise de Montal, née de Polignac, comme la comtesse de Trévières, avait pour prénoms Marie-Françoise.

épouse, seront définitivement rayés de toutes listes d'émigrés où ils auraient pu être inscrits.

« Article 2. — Le séquestre [1] apposé sur leurs biens meubles et immeubles sera levé, avec restitution de fruits et la jouissance de leurs biens à leurs héritiers.

« Article 3. — Dans le cas où tout ou partie [2] de leurs biens aurait été vendu en exécution des lois, le montant en sera remis à leurs héritiers, à la charge par ces derniers de payer tant les frais de séquestre que ceux de vente.

1. Il semble, d'après les titres de propriété conservés au Deffend, que la date de la mise sous séquestre soit celle du 24 brumaire an V. A cette époque était expiré le bail de six ans conclu par M. Louis Janneau en 1788 (4.600 livres). Au reste, le même Louis Janneau était mort dès le commencement de ce bail. Qui lui succéda immédiatement ? On ne saurait le dire avec les seuls documents que nous ayons eus sous les yeux. Mais il est certain que, passé l'expiration du bail conclu en juin 1788 par M. Janneau, les domaines du Deffend (car désormais on dira toujours le Deffend, à Montravers) furent gérés par le citoyen Thévin, qui demeurait au château du Deffend. Un extrait des opérations du bureau de l'enregistrement de Châtillon en l'an VI, dit qu'à cette époque Thévin était fermier général de tout l'amenage (domaine) du Deffend. Les plus anciennes de ces opérations, en ce qui concerne le Deffend, ne semblent pas remonter au delà de l'an VI. Est-ce que les fruits produits par la terre du Deffend durant la période du séquestre furent restitués réellement aux héritiers de M. et de Mme Pellot ? Nous n'avons aucune assurance à cet égard. En tout cas nous savons que le séquestre mis sur leurs biens ne fut levé qu'en 1805 : c'est seulement le 21 messidor an XIII, au rapport de l'acte de vente de 1820, que le Deffend et ses dépendances furent abandonnés à qui ils revenaient.

2. La terre de Trévières fut vendue nationalement pour 268.975 fr., mais payables en assignats. Le domaine des Petits-Deffends fut vendu 24.000 fr. Le Deffend de Montravers, ainsi que ses dépendances, ne fut pas aliéné quant à la propriété. Quelle en fut la raison ? Nous ne saurions le dire. Nous sommes également dans l'impossibilité de dire le but et la raison de l'expertise des biens du Deffend qui fut faite le 23 prairial an VIII, par Béliard, expert de la nation. — C'est à cette époque (an VI) que M. Jean-René-François Girard, fermier au Puy-Bretonneau, paroisse de Saint-Mesmin, afferma pour 510 fr. la métairie de la Godrandière. Alla-t-il s'installer dans cette métairie ? En tout cas il était au château du Deffend en 1800. Comme Thévin, il était le gendre du fermier général Louis Janneau. — A l'époque de la Révolution, sans doute au moment de la mise sous séquestre du Deffend, tous les papiers de ce château, avec les registres et titres s'y rapportant, furent envoyés à Niort. Ils durent y rester intacts jusqu'en 1805 et devenir, à ce moment, la proie des flammes qui consumèrent toutes les richesses archéologiques du dépôt départemental des archives publiques.

« Article 4. — Le présent arrêté ne sera point imprimé. Les ministres de la Police générale et des Finances sont chargés de son exécution, chacun en ce qui le concerne. »

Dans quelle mesure ces dispositions du Directoire furent-elles exécutées ? On ne saurait le dire exactement. En tout cas, elles firent passer le Deffend de Montravers à Mlle des Cars.

Marie-Françoise-Claude-Elisabeth-Sophie de Pérusse des Cars (1805-1819) fut considérée, lors du partage fait par Me Hua (notaire à Paris), en 1805, de tous les biens non aliénés de la succession Pellot, comme légitime héritière de son oncle et de sa tante. A ce titre, elle entra en possession d'une partie de leurs biens, et le Deffend de Montravers, avec ses appartenances et dépendances, moins les droits seigneuriaux, devint sa propriété. Mlle des Cars devait avoir perdu ses parents à cette époque. Au reste, elle était déjà majeure, étant née au commencement de l'année 1769. Il est à croire qu'elle ne visita jamais ses propriétés de Montravers, et qu'elle les administra, tant qu'elle en eut la jouissance, par des chargés d'affaires. En 1807, elle affermait la Petite-Métairie à M. Jean-René-François Girard, déjà fermier au Deffend, pour la somme de 400 fr. et six perdrix rouges rendables à Paris au domicile de Mlle des Cars.

En 1811, Mlle des Cars, par un testament olographe écrit à Paris, disposait en faveur de sa nièce, Mme la Ctesse de Polignac, née Constance de la Boëssière de Chambord, de la terre du Deffend, avec toutes les dépendances et droits s'y rattachant.

En 1819, elle donnait à ferme au susdit M. Girard, pour une période de neuf ans, le château du Deffend, avec ses bois, terres et autres dépendances, la Petite-Métairie, la Godrandière (commune de Saint-Amand), moyennant le paiement annuel d'une somme de 2.000 francs [1], à effectuer à la Saint-Georges, entre les mains de Jean-Baptiste

---

1. Pour donner une idée des mutations de revenu de la terre du Deffend à cette époque, nous allons reproduire une pièce dont l'original est au château du Deffend et qui a dû être rédigée d'après

Maupilier, garde-chasse du Puy-du-Fou (commune des Epesses). chargé d'affaires de Mlle des Cars, et 30 perdrix rouges, devant être envoyées franco et dans le temps le plus froid de l'année au domicile de Mlle des Cars à Paris. M. Girard ne devait pas voir la fin de ce bail, et il est à croire que Mlle des Cars n'en vit pas même le commencement, car elle mourut le 10 octobre 1819. D'après son acte de sépulture, conservé aux archives de la paroisse Saint-Sulpice, à Paris, elle serait morte [1] en cette ville, à son domicile, rue Cassette, n° 4.

Mme de Polignac, épouse non commune en biens de M. le Cte Charles-Héracle de Polignac, garda le Deffend un peu plus d'un an (10 octobre 1819-5 déc. 1820). Qu'on lise à ce sujet la pièce qui suit :

« Louis, par la grâce de Dieu roi de France et de Navarre, à tous ceux qui les présentes verront, salut. Faisons savoir que par devant nous Gilles-Benoît Lelièvre, notaire royal à la résidence des Epesses, canton de Pouzauges, arrondissement de Fontenay-le-Comte, dépar-

les renseignements conservés au bureau de l'enregistrement de Châtillon :

Communes où sont situés les domaines.	Désignation des domaines.	Baux de l'époque révolutionnaire.		Baux des propriétaires (antérieurs à la Révolution)		Observations.
Montravers .	Le *Deffend* (m a i s o n, terres et autres dépendances). . .	750 fr.	Contributions à la charge de la République.	1.190 fr.	Contributions à la charge des fermiers.	Deux domaines affermés ensemble.
St-Amand. .	La *Godran-dière*. . . .	510		»		
Montravers .	La *Petite-Métairie*. . .	315		310		
	Pierre-Couverte . .	225		225		
Combrand. .	Le moulin de la *Lande*	170		175		
St-Amand.	Le *Grand-Puy-Loup*. .	225		330		
		2.195 fr.		2.236 fr.		

1. Mlle des Cars mourut âgée de cinquante ans et neuf mois. Elle était née le 3 janvier 1769, à la Roquebron, département du Cantal. — Parmi les signataires de son acte de sépulture, ainsi que de l'acte qui fut inscrit à l'état civil de Paris à l'occasion de son décès, figure le vicomte de Wismes, cousin maternel de la défunte.

tement de la Vendée, et le notaire du même canton avec nous soussigné, furent présents et dûment soumis M. Jean-Marie Caignaud, docteur en médecine, demeurant au bourg et commune des Epesses, au nom et comme fondé de procuration générale et spéciale de Mme Caroline-Marie-Thérèse-Constance de la Boëssière de Chambord, épouse de M. Héracle-Charles-Alexandre comte de Polignac, officier supérieur d'état-major, de lui dûment autorisée pour la validité des présentes, demeurant en leur hôtel à Paris, rue de Grenelle-Saint-Germain, n° 45, d'une part ;

« Et M. Jean-Marie Boutillier de la Chèze [1], propriétaire, demeurant au château de la Tremblaye, commune de Saint-Pierre de la ville de Cholet, — et M. Gabriel-Jean-Philippe Savary de Beauregard, propriétaire, demeurant au château du Châtenay, commune de la Châtaigneraie, d'autre part ;

« Lequel dit sieur Jean-Marie Caignaud, aux dits noms de M. le Comte et de Mme la Comtesse de Polignac, a, par ces présentes, vendu, cédé, quitté, transporté et délaissé dès ce jour et pour toujours, avec garantie entière et générale envers et contre tous, pour toutes causes et raisons que ce puisse être, quitte de toutes dettes et hypothèques, dons, douaires, évictions, aliénations et autres empêchements généralement quelconques, et promet faire jouir et faire valoir à M. Jean-Marie Boutillier de la Chèze et M. Gabriel-Jean-Philippe Savary de Beauregard et pour chacun moitié, à ce présents et acceptant, acquéreurs pour eux et leurs ayant-droit, c'est à savoir :

« La *terre du Grand Deffend*, située communes de Montravers, Saint-Amand et Combrand, arrondissement de Bressuire, département des Deux-Sèvres, consistant principalement : 1° dans la *borderie et château du Grand-Deffend*, où il y a maison de maître, cour et de nombreuses servitudes, jardins, prés, ouches, pâtis, terres labourables et non labourables, avec les bois taillis du Puy-

1. M. Boutilier de la Chèze était le beau-père de M. Savary de Beauregard, ici nommé.

Menantier, du Sanglier, de la Fenêtre et de la Godran-
drière, généralement telle que le tout se poursuit et
comporte et sans réserve, situés commune de Montravers,
tel qu'en jouit le sieur Girard, fermier ;

« 2° La *métairie nommée la Petite-Métairie du Deffend*,
avec les maisons et logements nécessaires aux fermiers,
rues, ruages, issues, jardins, prés, pâtis, terres labourables et non labourables, aussi sans aucune réserve et
telle qu'en jouit le dit sieur Girard, fermier actuel, ladite
métairie située dite commune de Montravers ;

« 3° La *métairie de la Godrandière*, consistant en maisons
et bâtiments pour les fermiers, cours, rues, ruages et
issues, jardins, prés, pâtis, terres labourables et non
labourables, généralement aussi telle qu'elle se poursuit
et comporte, y compris les mazures, jardins et ouches du
Guy en dépendant et tel qu'en jouit également ledit sieur
Girard, fermier, ladite métairie et dépendances située
commune de Saint-Amand, et sans aucunes réserves ;

4° La *métairie du Grand-Puy-Loup*, située également
dite commune de Saint-Amand, consistant en maisons et
bâtiments pour les fermiers, rues, ruages et issues,
jardins, noues, prés, pâtis, terres labourables et autres.
Et dans un des prés d'icelle métairie, il y a un petit morceau
qui appartient à M. le médecin Durand [1], demeurant à la
Pommeraie, aussi généralement telle qu'elle se poursuit
et comporte et sans réserve, telle et de la manière qu'en
jouissent le nommé Puaud et sa femme ;

« 5° La *métairie de Pierre-Couverte*, située commune de
Montravers, consistant en maisons et bâtiments pour son
exploitation, cour, rues, ruages et issues, jardins, prés,
pâtis, landes, terres labourables et autres, généralement
telle qu'elle se comporte et poursuit et telle et de la même
manière qu'en jouit le nommé Joly, métayer actuel, et
sans aucune réserve ;

« 6° Le *moulin à eau dit de la Lande*, avec maison, écurie,

---

1. Il s'agit de M. Durand, docteur en médecine de l'Université de
Montpellier, qui était établi à la Pommeraie dès 1771. Le 30 avril de
cette année-là, il fut parrain d'un enfant Barrion, à Montravers, et à
cette occasion il signa au registre paroissial : « Durand, docteur en
médecine. » Il mourut à la Pommeraie en 1827.

grange, toits, rues et issues, jardins, noues, prés, pâtis et terres labourables et autres, situé commune de Combrand, tel que le tout se poursuit et comporte, sans réserve, et qu'en jouissent les nommés Teillet, meuniers actuels ;

« 7° Un jardin appelé la *Motte du Deffend*, situé ville de Châtillon, tel qu'en jouit le sieur Hervouet, aussi sans réserve ;

« 8° Enfin *tous les droits* rescindants rescisoires que peuvent avoir les sieur et dame vendeurs sur les *landes du Temple* [1] *et de la Chapelle-Largeault*, sans aucune garantie de la part des vendeurs envers les sieurs acqué-reurs et à leurs risques et périls et fortune, de manière que M. et Mme Comte de Polignac ne puissent jamais être inquiétés ni recherchés en aucune manière que ce soit dans tous les cas prévus et imprévus par ces présentes.

« Plus les bois abattus ou exploités, planches et généra-lement tous les objets mobiliers qui se trouvent appartenir à ladite dame Comtesse de Polignac sur les dits domaines.

« La dite terre du Grand-Deffend et ses dépendances appartenant à la dite dame Comtesse de Polignac, comme légataire universelle de Mlle Marie-Françoise-Claude-Elisabeth-Sophie Pérusse d'Escars, sa cousine, aux termes de son testament olographe en date, à Paris, du 30 novembre 1811. Lequel domaine appartenait à ladite demoiselle d'Escars comme lui ayant été abandonné et lui étant échu par le partage fait devant Me Hua, notaire royal à Paris, des biens propres paternels provenant de la succession de M. Claude-Anne-François Pellot de Trévières, comme

---

1. Les Landes dites du Temple, dont une partie s'étendait sur la paroisse de la Chapelle-Largeault, comprenaient une étendue de terre de deux cents hectares environ. Elles étaient bornées par une portion du bourg du Temple, par le fossé des bois taillis de la Com-manderie, par les terres de l'Augeoire, par les Bois-Verts, par les terres de Bodin, de la Fraudière, de la Roche-Pyrouty, par le grand pré de la Rembretière (dépendant de la Guérivière), par les terres de l'Audouinière, de la Gilbaudière, de la Boidrotière. Le chemin de Châtillon à Mortagne les traversait aux environs de l'Audouinière. (Cf. Archives du Deffend, *la défense faite en 1754, par M. Claude Pellot*, comte de Trévières et seigneur des Deffends, etc., à M^re frère Anne-Charles de Tudert, commandant de la Commanderie du Temple, de comprendre les Landes du Temple dans son terrier et de les arpenter.)

l'ayant recueilli dans la succession de Claude-François Pellot. *son père, qui lui-même l'avait acquis de Jean de Vivonne et de Marie du Raynier* [1], *son épouse, par contrat passé devant M^c Vérani...* le 26 janvier 1699, lequel domaine provenait originairement d'autre Claude Pellot, comme l'ayant acquis d'Olivier Mesnard de Toucheprès, par contrat passé devant Mc Hersant, notaire à Poitiers, le 8 mai 1668, lequel avait agi au dit contrat tant en son nom que comme se portant fort de Julienne Morais, son épouse, qui a ratifié [2] ledit contrat par acte passé devant Mc Cruzel, notaire à Agen, le 18 août de la même année.

« La présente ve..te, cession et transport faite du gré et consentement des parties pour et moyennant le prix et somme de soixante mille francs [3].

« En foi de quoi nous avons fait sceller les présentes qui furent faites et passées en l'étude du château du Puy-du-Fou, commune des Epesses, aujourd'hui cinq décembre mil huit cent vingt, avant midi.

« La minute est signée :

CAIGNAUD, BOUTILLIER DE LA CHÈZE, SAVARY DE BEAUREGARD, BARBOT, *co-notaire*, et LELIÈVRE, *notaire*, qui a minute. »

Gabriel-Jean-Philippe Savary de Beauregard (1820-1845) posséda le Deffend de moitié avec son beau-père,

---

1. Ici, le notaire passeur a commis une grosse erreur, sur laquelle il est inutile de s'arrêter, puisqu'elle a été réfutée plus haut. Jean de Vivonne et Marie du Raynier n'ont jamais possédé le Deffend de Montravers : c'est le Deffend de Soulièvres qui fut un temps leur propriété et qu'ils ont aliéné au profit de Claude-François Pellot. — Quant aux autres propriétaires du Deffend indiqués ici, il y a lieu de remarquer que la liste en est incomplète et fautive. Claude-Anne-François Pellot avait obtenu le Deffend par voie d'héritage, mais il le tenait de Claude Pellot. qui fut vraiment son père, et non de Claude-François, qui fut son grand-père.

2. La date du 18 août, qui est donnée comme celle de la ratification de l'acte passé à Poitiers, n'est pas exacte. Le contrat de Poitiers fut consigné par écrit le 8 mai 1668, et ratifié en la ville d'Agen dix jours plus tard. La ratification fut faite non pas au nom de Julienne de Morais, baronne de Toucheprès, mais en celui de Claude Pellot. Au reste ce dernier perdit sa première femme au mois de juillet 1668. Il paraît tout à fait invraisemblable qu'il eût songé un mois après à faire des acquisitions domaniales.

3. Quoi qu'on puisse penser de cette vente, elle ne fut pas faite en des conditions dérisoires. Le Deffend fut vendu, en 1820, ce qu'il valait à cette époque, étant donnée la rareté de l'argent.

M. Boutillier de la Chèze, jusqu'à 1826, et il en posséda les trois quarts avec son beau-frère, M. Charles-Eustache Cousseau de l'Epinay, jusqu'à sa mort.

M. Gabriel-Jean-Philippe Savary de Beauregard était originaire de Fontenay-le Comte, où sa famille avait occupé un rang des plus honorables dans le xviiie siècle. Par lui, cette famille forma ses premières attaches avec Montravers, attaches que devaient multiplier et affermir des acquisitions nouvelles et des bienfaits de toutes sortes prodigués à ce coin un peu oublié du Poitou. En attendant qu'il devînt le propriétaire unique du Deffend, M. de Beauregard faisait l'acquisition de plusieurs beaux domaines qui touchaient aux terres du Deffend et qui étaient situées les unes commune de Montravers (la Faverie, le moulin du Guy), les autres commune de la Pommeraie-sur-Sèvre (la métairie de Toucheprès et les terres attenantes [1]).

De temps en temps il venait passer une quinzaine de jours au vieux château du Deffend, où il s'était réservé plusieurs pièces encore en bon état. Peut-être avait-il pensé à faire reconstruire ou restaurer cette vieille habitation seigneuriale, qui ne fut sans doute jamais habitée par ses maîtres avant qu'il y vînt fixer sa tente [2]. Les circonstances ne permirent pas la réalisation de ce projet; mais ce qu'il n'avait pu faire lui-même, son fils le fera.

Henri-Charles Savary de Beauregard [3] (1845-1884), un de ses fils (car il en eut trois), prit la résolution, vers 1860, de se fixer à Montravers. Il avait épousé Mlle Adélaïde de Chabot, d'une illustre et noble famille du Poitou. Un oncle qu'il avait à Châtillon, M. Cousseau de l'Epinay, venait de lui léguer une belle fortune. Il était en position

---

1. A cette époque, il fut sur le point d'acheter la métairie du Puy-Menantier : il s'était mis en route pour s'aboucher, dans ce but, avec le propriétaire.

2. Depuis le xive siècle, la terre des Deffends, avec ses droits et privilèges, a toujours été possédée par de riches seigneurs qui avaient ailleurs des habitations sans doute plus belles et plus confortables, et à qui la pensée ne pouvait venir de faire du château des Deffends leur demeure habituelle.

3. M. Henri-Charles Savary de Beauregard ne posséda que les trois quarts du Deffend jusqu'à la mort de Mme de l'Epinay (1862).

de faire construire une habitation vraiment seigneuriale.
Il songea donc à faire rebâtir l'ancien château du Deffend ;
mais la situation de ce vieux manoir et l'impossibilité de
tirer un parti convenable des anciennes constructions le
déterminèrent à faire choix d'un autre emplacement. On
ne peut que louer le bon goût dont il fit preuve en cette
circonstance. Le nouveau château, qui s'est toujours
appelé le Deffend [1], est placé au sommet d'une vaste
prairie, au milieu de laquelle la Sèvre décrit de superbes
et gracieux méandres. Il a une vue magnifique du côté de
la Vendée. Les plantations diverses dont il est entouré
contribuent à en faire une habitation fort agréable. Le
mélange de la pierre calcaire et de la brique, qui a été
pratiqué tant pour la maison d'habitation que pour les
servitudes, n'est peut-être pas du goût de tout le monde ;
mais il ne faut pas oublier que le château du Deffend fut
bâti sous le second Empire, c'est-à-dire à une époque où
le mélange de ces matériaux de maçonnerie était tout à
fait à la mode. Les plans du château du Deffend furent
tracés par M. Delarue, architecte à Paris, et l'exécution
en fut surveillée par M. O'Jame, architecte à Poitiers et
élève de M. Delarue. Ce fut M. Siraudeau, entrepreneur à
Pouzauges, qui construisit le château proprement dit.
Quant aux servitudes, elles furent bâties par M. Boutaud,
maître maçon à la Pommeraie-sur-Sèvre. Le parc fut
planté dans le temps où s'élevaient les constructions. Le
jardin potager remonte aussi à la même époque. Ces
différents travaux commencèrent en 1865, et ils furent
achevés en 1869. Dès le mois de janvier [2] de cette année-

1. Dès que fut bâti le château moderne du Deffend, l'ancien château de ce nom commença à être appelé le Vieux-Deffend. C'est ainsi
qu'il est toujours nommé à présent.

2. Le jour où les hôtes de cette nouvelle habitation vinrent y fixer
leur demeure, les gens de la contrée s'étaient rendus en très grand
nombre à l'entrée du château, pour souhaiter la bienvenue à une famille
qui devait répandre à pleines mains et sans se lasser des bienfaits de
toutes sortes sur la population environnante. Montravers surtout était
appelé à participer aux largesses princières de la famille de Beauregard. Grâce à cette famille, il devait voir son église reconstruite, son
école chrétienne assurée, ses pauvres largement assistés, plusieurs
monuments religieux remarquables par la qualité des matériaux
employés et par l'habileté des artistes appelés à les façonner s'élever

Le Deffend.

là, la famille de Beauregard vint s'installer au Deffend.

Déjà elle avait ajouté au domaine acquis en 1820 sur Montravers par M. Gabriel Jean-Philippe de Beauregard la Faverie, le moulin du Guy, le Puy-Guillaume et la Dorbelière. Dès la premi're heure, elle se fit remarquer par sa bienfaisance et par ses vertus solidement et franchement chrétiennes. Aussi le chef de cette famille, M. Henri de Beauregard, fut-il, en 1870, nommé, presque en même temps, conseiller général des Deux-Sèvres et maire de Montravers [1].

Plus tard, en 1882, les services qu'il avait rendus à l'Eglise et, en particulier, à certains ordres religieux, furent portés à la connaissance du Saint-Siège, et l'illustre pape Léon XIII le nomma *Comte romain*. Il ne devait guère survivre à cette exaltation si bien méritée. Le 18 décembre 1884, quelques mois seulement après les deux événements si différents et si importants pour lui, de la mort de sa chère épouse et du mariage de son fils aîné [2], Dieu l'appela à lui.

M. le Comte Charles Savary de Beauregard (1884-   ). — Comme fils aîné du si regretté M. Henri-Charles de Beauregard, M. Charles de Beauregard hérita du château du Deffend ainsi que du titre de comte romain. Il succéda aussi à son père comme maire de Montravers. Peu de temps après, il fut désigné par les électeurs du canton de Châtillon pour les représenter au conseil d'arrondissement. Ce qui l'honore par-dessus tout, au point de vue chrétien, c'est qu'il est le père de onze enfants

sur son territoire. Et que dire de cette union et de cette paix qui règnent à Montravers depuis l'arrivée au Deffend d'une famille qui commande le respect et la vénération par sa piété vraie et solide, non moins que par l'illustration de son origine ?

1. On pourrait y ajouter le titre de conseiller de fabrique. C'est en effet en 1870 que M. de Beauregard entra dans le conseil de fabrique de Montravers. Il méritait déjà cette marque de confiance, et il sut la reconnaître par des libéralités subséquentes.

2. Mme la comtesse de Beauregard, née Adélaïde de Chabot, mourut au Deffend le jour même où son fils aîné, M. Charles de Beauregard, épousait à Bordeaux Mlle Isabelle de Brivazac, d'une famille très notable et alliée aux plus beaux noms de la noblesse française.

IV. — LA MONERIE

Le hameau qu'on appelle aujourd'hui la Mônerie s'appelait autrefois la Mornerie. Les terres de la Mônerie, qui sont maintenant divisées en quatre portions, ne formaient, il y a une cinquantaine d'années, qu'une seule métairie, qui contenait, comme aujourd'hui les quatre portions, quarante-huit hectares. La Mônerie était, sous l'ancien régime, une métairie noble Avant la Révolution, elle appartenait à M. Maurice Desgrais, sieur du Tail, dit plus souvent, au moins après la Révolution, Maurice Majou du Tail.

En 1834, cette métairie fut vendue par M. Maignen, qui en était le propriétaire du chef de son épouse, dame Honorine-Clémentine Majou du Tail, laquelle avait recueilli cette terre dans la succession de son père, M. Majou du Tail. L'acquéreur était un cultivateur du nom de Hay, qui habitait en la commune de la Petite-Boissière. La vente fut faite moyennant la somme de 15.000 francs. M. Hay devait profiter de la rente active de 24 décalitres 11 litres de seigle constituée en 1760 sur la métairie de la Bertinière à l'avantage de celle de la Mônerie. Mais en même temps il prenait à sa charge deux rentes passives imposées sur cette métairie : l'une de vingt francs, due à la fabrique de Nueil-sous-les-Aubiers ; l'autre de cinq charges et deux boisseaux [1] de blé seigle (mesure des Deffends) ou cent quarante-neuf décalitres (d'après le système métrique d'aujourd'hui), due à M. Chauvin-Ménardière, de Châtillon, et, en ces derniers temps, à la famille de la Maufreyère, de Nueil-sous-les-Aubiers.

Depuis cette époque, les bâtiments de la Mônerie ont reçu un accroissement considérable. Au reste, les cultivateurs ont aujourd'hui environ quatre fois plus de bestiaux qu'ils n'en avaient au commencement du règne de Louis-Philippe. D'autre part, ils ont besoin d'un personnel beaucoup plus nombreux, parce que les terres sont mieux cul-

---

1. La charge en question était de 18 boisseaux, car toutes les charges n'étaient pas égales. Quant au boisseau des Deffends, on voit par ces chiffres comparés qu'il était de 16 litres 75 centilitres environ.

tivées et qu'il n'en reste plus en jachère ni en genêt. Au surplus, le prix des terres s'est élevé en des proportions qui étonnent ceux à qui on en fait la remarque. Ainsi la moitié de la Mônerie s'est vendue, au début du xxᵉ siècle, plus de 50.000 francs, sans compter les frais d'actes et d'enregistrement, qui étaient aussi à la charge de l'acquéreur.

V. — LA MARANDIÈRE

De toutes les anciennes habitations de Montravers, la Marandière est une de celles sur lesquelles nous avons le moins de documents. Toutefois, nous pouvons affirmer, d'après une pièce découverte par le savant Bélisaire Ledain aux archives du Poitou, qu'elle existait dès l'an 1351. On écrivait alors la Morendière. Dans tous les actes paroissiaux de Montravers où l'on a eu occasion de mentionner ce village, on lit le nom de Morandière. Il est à croire que le premier maître s'appelait Morand.

Le bâtiment le plus remarquable, qui sert aujourd'hui (1910) de maison d'habitation à Louis Guitton et à sa famille, n'a pas été, assurément, bâti pour un simple fermier. Dira-t-on que vers la fin du xviiᵉ siècle, ou dès le commencement du xviiiᵉ, des maçons du nom de Hurtaut vinrent y fixer leur demeure et qu'ils ont bien pu avoir la pensée de se bâtir une maison plus solide, plus grande et plus belle que celles où habitaient d'ordinaire les petites gens à cette époque ? A cela il faut répondre d'abord que la maison occupée par Louis Guitton remonte, selon toute apparence, à une époque antérieure à l'an 1700. D'autre part, un papier conservé jusqu'à ces derniers temps parmi les archives paroissiales de Montravers portait que vers cette époque (1708) les maçons de la Marandière gagnaient seulement *sept sous* par jour. Le moyen, avec un si maigre salaire, de se bâtir des maisons se distinguant des habitations communes ?

Quoi qu'il en soit, nous pouvons faire remonter assez haut la liste des propriétaires de la borderie de la Marandière. Nous disons la *borderie*, car il est à croire que pendant assez longtemps toutes les terres de la Marandière furent possédées par le même maître et exploitées par le même cultivateur. Ou bien cette expression désignait peut-être une simple portion des terres de la Marandière, et le reste, c'est-à-dire la partie principale, se serait appelée la *métairie de la Marandière*. Toujours est-il que, en 1730, François Coudrin, charron à la Tallerie, acheta la borderie de la Marandière dans les conditions indiquées par la pièce suivante, dont l'original sur beau parchemin, mais à l'écriture un peu effacée, se conserve chez Joseph Billy, conseiller municipal de Montravers et cultivateur à la Cottencière. Voici le contenu de cette pièce : « Le quatrième jour du mois de décembre mil sept cent trente, avant midi, par-devant les notaires de la ville et baronnie de Mauléon soussignés ont été présents en leurs personnes établis en droit et duement soumis, Mᵉ Pierre Peyroux, maître de comptes de Maulévrier, y demeurant, tant en son nom privé que comme porteur de la procuration [1] générale et spéciale de damoiselle Perrine Destain, sa belle-mère, veuve de M. François Brouillet, sieur de Lisle, et de damoiselle Françoise Brouillet, qu'il a autorisée à cet effet, demeurant lesdites damoiselles Destain et Brouillet en la ville dudit Maulévrier, avec ledit Mᵉ Peyroux... d'une part ;

« et François Coudrin, charron, demeurant à la Tallerie, paroisse de Mautravers, d'autre part ;

« Lequel dit Mᵉ Peyroux audit nom délaisse, quitte, cedde et transporte audit Coudrin... acceptant tant pour lui que pour ceux qui auront de lui droit et cause à perpétuité... savoir est la borderie de la Morandière, située paroisse de Mautravers, avec ses appartenances et dépendances, sans aucunes réserves, tout ainsi qu'en a joui et en jouit encore à présent Louis Sicaud, laquelle borderie ledit Coudrin a dit bien savoir, connaître, spécifier, comme provenant et échue à *Mˡˡᵉ Destain* de la succession de sa sœur, laquelle

---

1. Cette procuration avait été passée à Maulévrier le 4 septembre 1730 par Jean Chaillou, notaire du comté dudit Maulévrier, résidant en la ville dudit lieu, en la maison des parties, en présence de René Cognard, maître sellier, et Michel Malnoys.

l'avait reçue de la succession de messire *Georges Deslain*, *sieur de Beauregard*, ci-devant sénéchal des baronnies de la Chassée et de Fief-l'Evêque, aux Aubiers, et damoiselle Françoise Cousinot, ses père et mère, ainsi qu'il résulte du contrat de partage des domaines, effets de succession des défunts *François Cousinot*, sieur de Longueville, et de Marie-Anne Boyers, père et mère de la dite Françoise Cousinot, reçu ledit partage par Pierre Cotillon, qui a la minute, notaire en la châtellenie de Cerizay, le huit juin mil six cent soixante-trois, ainsi qu'il nous est apparu par la grosse en parchemin que ledit Peyroux nous a présentée, et qu'il a retenue par-devers lui, en ayant besoin pour la justification de la propriété...

« Faitte la présente vendition, cession... et transport pour et moyennant le prix et somme de quatre cents quarante livres, laquelle somme ledit acquéreur a payée en notre présence au dit vendeur en écus de six livres et autres monnaies de poids et prix des derniers règlements royaux. Laquelle somme ledit vendeur a prise, serrée, s'en est contenté et contente, en a quitté et quitte ledit acquéreur, le relevant de toutes charges, preuves, au moyen duquel payement ledit procureur audit nom s'est dévêtu et dessaisi de la propriété de toutes et chacunes desdites choses ci-dessus et en a vêtu et saisi le dit acquéreur des dits biens par l'échange et la tradition des volontés, voulant et consentant qu'il soit mis en possession et tenu pour acquéreur des biens déterminés. La dite borderie relevant du fief et seigneurie de la Jaquelinicre [1], l'acquéreur sera tenu rôturièrement d'y faire les certes et obéissances et acquitter les cens, rentes, charges, devoirs dus et accoutumés à être payés pour raison de la dite borderie, pour l'avenir, quitte des arrérages du passé, comme aussi d'entretenir le bail à ferme consenti par le dit vendeur audit nom audit Sicault, pour ce qu'il reste à expirer de

---

1. A la suite de la procuration et sur le même parchemin que l'acte de vente et la procuration s'y rapportant, on lit ces quelques mots : « J'ay reçu de François Coudrin ses ventes (droits de vente) dues à cause du contrat cy-dessus, comme relevant de la Jaquelinière ; dont quitte, fesant grace pour le surplus à sa faveur. A la Jaquelinière ce onze septembre mil sept cent quarante quatre. *Duchaigneau.* »

la même manière que le dit vendeur aurait dû faire...
grosse duquel bail en forme le dit Sicault, pour ce présent établi et soumis, a promis mettre es-mains dudit acquéreur. .

« Le tout ayant ainsi été voulu et consenti, stipulé et accepté par les dites parties, qui, à l'entretenir et garder sans y contrevenir en aucune manière, à peine de tous dépens, dommages et intérêts, ont obligé, hypothéqué tous et chacun leurs biens meubles et immeubles, présents et futurs quelconques...

« Fait et passé audit Mauléon, étude de Daniel, l'un des notaires, lesdits jour et an susdits et ont lesdites parties signé ainsi :

<table>
<tr><td>François COUDRIN,</td><td>Louis SICAUD,</td></tr>
<tr><td>P. PEYROUX.</td><td>DANIEL, notaire.</td></tr>
</table>

« Contrôlé et insinué au greffe des insinuations laïques au bureau de Mauléon le 4 décembre. Reçu huit livres et six sols. »

Après la mort de François Coudrin, le premier du nom qui posséda la Marandière, cette terre avec les bâtiments s'y rattachant dut passer à son fils François, qui épousa en 1738 Jeanne Soulard, de Pierre-Couverte ; car vers la fin du même siècle deux fils de ce dernier, Pierre et Louis, étaient installés à la Marandière, le premier comme maréchal, et le second comme cultivateur. Après eux la Marandière tomba aux mains des deux familles de Montravers qui en descendent : la famille Guitton, qui descend de Pierre Coudrin par sa fille Marie-Geneviève, et la famille Billy, qui descend de Louis Coudrin par Marie-Jeanne Coudrin, sa fille également. Il y a quelque vingt ans, la famille Guitton a aliéné la portion qui lui était restée, au profit de Mlle Deniau, propriétaire à Geay, canton de Saint-Varent (D.-S.).

VI. — LA CHIRONNIÈRE

Les bâtiments actuels de ce hameau indiquent clairement qu'il a été le séjour d'une ou plusieurs familles aisées. Il n'y a pas encore très longtemps, on accédait à la Chironnière par une large avenue plantée de peupliers, qui occupait une portion du champ de forme triangulaire situé devant les bâtiments et qui aboutissait à ces mêmes bâtiments.

Les archives paroissiales nous ont conservé les noms des deux propriétaires de la Chironnière qui épousèrent successivement la même femme, Mlle François, au commencement du xviiie siècle. Le premier, qui était le neveu d'un curé de Mautravers, M. Guilbault, s'appelait Messire Michel Guilbault, sieur de la Loge. Il mourut le 22 janvier 1707 à l'âge de trente-six ans. Il fut inhumé dans l'église de Mautravers en présence de Me Mathurin Guilbault, sieur de la Fichaudière et syndic perpétuel de la paroisse de Cerizay, et de Mre Pierre Buignon [1], sieur de Bonne-Mort, de la paroisse de la Ronde (aujourd'hui de la paroisse de Saint-Marsault), ses cousins.

La veuve de Messire Guilbault de la Loge convola à de nouvelles noces, après un veuvage de trois ans environ, le 17 octobre 1709. Son second mari s'appelait Joseph Motteau. Il n'avait que vingt-deux ans, tandis que Mlle François, la veuve de Michel Guilbault, en avait trente et un. Il était fils de M. René Motteau, maître chirurgien, et il habitait avec son père à Poitiers, paroisse Saint-Etienne, paroisse qui a été supprimée par le Concordat de 1801 et incorporée à la paroisse Notre-Dame-la-Grande [2]. Voici l'acte de mariage de M. Joseph Motteau et de Mlle Catherine François, veuve Guilbault.

« Le quatorze octobre mil sept cent neuf, après les fiançailles et la publication des bans faites, sçavoir celle qui a etté faite par M. le Curé de St-Ethienne de la ville de Poictiers, dont le certificat est en date du six du mois

---

1. La famille Buignon dont il est question ici était originaire de Mirebeau en Poitou. Elle a fourni un maire et des échevins à Poitiers. Un autre de ses membres, qui est d'ailleurs nommé plus haut dans ce travail, René Buignon, écuyer, seigneur de la Touche, vivait en 1651. Guy Buignon, sieur de l'Ecurie, fit aveu à Claude Pellot pour la borderie de la Faverie, en 1669. Les armes de la famille Buignon étaient : *D'azur à trois biguets (alias besants) d'or.* On voit que Michel Guilbault était bien apparenté.

2. L'église Saint-Etienne existe encore à Poitiers. Elle est située à l'angle de la rue Mexico et de la Grand'Rue. Elle a été bien défigurée sans doute, et il est fort regrettable qu'elle soit devenue une vulgaire maison de commerce. La porte principale, en style du xve siècle, a

présent, signé Poudret, curé de St-Ethienne de Poictiers et légalisé par Mr Bessay[1], vicaire général de Mr l'Evêque dudit Poictiers, scellé de ses armes, signé Bessay, et qu'il ne s'est trouvé aucun empêchement canonique, je curé soussigné de Mautravers, ay receu le consentement mutuel de mariage de Joseph Motteau, âgé de vingt et deux ans, fils légitime de René Motteau, Mre chirurgien et de défunte Anne Dousson, de la paroisse de St Ethienne de la ville dud. Poicttiers, assisté de Mre Joseph Richou, Sr de Laurière[2], de Cerizay, son beau-frère, et de damoiselle son épouse, sa sœur.

Et de damoiselle Catherine François, âgée de trente et un ans, veufve de defft Michel Guilbault, assistée de Mre Pierre Durand, Sr de la Courolière, nore royal, demeurant à la Pommeraye et de Charles Aumond et de plusieurs de ladite paroisse de la Pommeraye tous soussignés cy dessous, dont le certifficat est approuvé.

MOTHAU,   Joseph RICHOU,

Marie MOTHEAU,   DURAND,

Catherine FRANÇOIS,   Charles BARRION,

Charles DES ESSARDS-AUMOND,   MORNA,

Jeanne TURQUAND,   Marie-Suzanne MORNA,

Françoise-Perrine MORNA,

P. MORIN, *curé de Mautravers.* »

été murée ; mais il est facile cependant d'en découvrir les lignes principales. La rue qu'elle longeait, sans doute dans le sens de sa longueur, portait encore à la fin du xixe siècle le nom de rue Saint-Etienne. Aujourd'hui elle porte le nom de Grand'Rue.

1. M. Louis-Melchior de Bessay, vicaire général de Poitiers, était à cette époque abbé commendataire du prieuré de la Grande-Boissière, situé paroisse de Saint-Aubin-de-Baubigné. Quelques années auparavant, ce prieuré avait été visité canoniquement par Mgr l'Evêque de la Rochelle, qui en était le supérieur hiérarchique. On estima alors (7 janvier 1700) qu'il valait 2.000 livres de revenu. Dès 1664, il appartenait à titre de commende à la famille de Bessay, en la personne de l'écuyer Louis de Bessay, demeurant aussi à Poitiers.

2. Nous pensons que c'est le village actuel de la Rivière, qui s'appelait autrefois Laurière. Il n'y a pas à Cerizay d'autres villages dont le nom ressemble mieux à celui de Laurière. Au reste, jusqu'à ces derniers temps, il y avait à la Rivière des restes de constructions assez importantes, et, aux environs du village, on voit encore dans les haies quantité de ce buis à larges feuilles qui annonçait autrefois l'approche d'une gentilhommière.

Du mariage de Joseph Motteau et de Catherine François naquirent plusieurs enfants, qui furent tous baptisés à Mautravers. L'un de ces enfants eut pour parrain Messire François de la Court, écuyer, seigneur de la Roche, et pour marraine Suzanne Morena, épouse de M. le Sénéchal de Cerizay et de Saint-Mesmin, demeurant aux Marmenières. M. Motteau était ainsi en relations avec un grand nombre de familles notables du pays, ce qui prouve qu'il était lui-même, tant au point de vue de l'éducation qu'à celui de la fortune, dans une situation avantageuse. Quoi qu'il en soit, il n'était pas appelé à mener longue vie. Ainsi que l'atteste le registre paroissial, Joseph Motteau mourut à la Chironnière, et il fut enterré *dans l'église* de Mautravers le 15 mai 1723. Après lui, nous ne voyons plus d'habitants notables à la Chironnière. Le 23 octobre 1724, Catherine François, veuve en secondes noces de Joseph Motteau, mariait une fille qu'elle avait eue de son premier mari. Marguerite Guilbault (c'était le nom de cette enfant) épousait un neveu de son défunt beau-père, M. Joseph Richou de Laurière. A cette époque, elle demeurait encore avec sa mère à Mautravers. Passé cette date, les registres paroissiaux ne font plus mention ni de Mlle François ni de sa famille. Il n'est pas improbable que la mère ait suivi la fille à Laurière (ou plutôt à la Rivière) en la paroisse de Cerizay.

VII. — LE MILLAU

Il est question de ce hameau dans le registre paroissial de Mautravers à propos d'un baptême de l'année 1637, où figura comme marraine « damoiselle Louise Bureau, dame de la Gallière, et femme de Claude Audebaut, Sr de Mautravers ». Il est dit dans l'acte certifiant ce baptême que l'enfant est né au bordage du Millau. N'était-ce pas alors une portion du domaine de Louise Bureau, qui serait devenu, par suite du mariage de celle-ci avec Messire Claude Audebault, une dépendance du château de Mautravers ? Nous avons lieu de le supposer, car à l'époque de la Révolution, cette borderie fut mise sous séquestre comme appartenant au même propriétaire que le château de Mautravers. Elle fut ensuite vendue nationalement, à peu près au même moment que le château de Mautravers et le moulin du Guy. Pendant le séquestre, la ferme de cette borderie fut payée au bureau de l'enregistrement de Châtillon. Voici la reproduction de la pièce relative au Millau qui se trouve aux archives des Deux-Sèvres (série Q, 67) :

« La borderie du Millau, même provenance (c'est-àdire provenant de Neuf-Chaise, émigré, comme le château de Montravers), bâtiments incendiés et jardin de 2 boisselées, 20 boisselées de terre labourable, 6 en pâtis, et 5 journaux de pré, avec une chaussée ou portage appelée Villerit, sur la rivière de Sèvre, où il se fait une pêche considérable d'anguilles, adjugée à Alexandre Richou, cultivateur, demeurant commune de Bressuire, pour cinquante et un mille francs (16 germinal an VI). »

Par suite de la mort (30 septembre 1899) d'un descendant du premier acquéreur, qui en était le propriétaire, le Millau passa à l'Etat. Chose extrêmement rare, M. Alexandre-Victor Vay, dit Richou, qui possédait le Millau depuis de longues années [1], le donna à l'Etat par testament, avec ses autres biens. Après l'expiration du bail courant, la borderie du Millau fut mise en vente, puis adjugée à Mlle de Beauregard pour 20.000 francs. On a prétendu que cette acquisition avait été faite à de dures conditions. Que penser, par conséquent, de celle d'Alexandre Richou ? Il est évident que de grandes facilités avaient été accordées à celui-ci pour choisir son mode de paiement.

VIII. — LA TALLERIE

Le village de la Tallerie doit tirer son nom d'une carrière de pierres de taille qui aura été située aux environs. La ressemblance des noms *Tallerie* et *taille* est déjà un indice en faveur de cette opinion ; mais nous en avons d'autres qui nous invitent à l'émettre à peu près sans

---

1. Il mourut à 85 ans. C'était un enfant naturel reconnu par son père. Il est hors de doute que c'était le petit-fils du premier acquéreur.

crainte. Dans le village même, ainsi qu'aux alentours, on trouve de gros blocs de granit très compact, et qui sont sans doute les restes d'un gisement plus considérable qui aurait été exploité autrefois très largement.

La Tallerie possédait anciennement une petite habitation seigneuriale, qui, d'après une tradition très acceptable, aurait été incendiée par erreur au temps de la Révolution. Les bandes républicaines chargées de punir les citoyens encore attachés aux anciennes institutions françaises avaient, paraît-il, reçu l'ordre de mettre le feu à la *Grand'Maison*[1] *de la Tallerie* (c'était le nom donné alors à la principale habitation de la famille Coudrin). Or la personne qui fut mise en demeure de la désigner aurait montré ce qu'on appelait à ce moment le *château de la Tallerie*[2], maison qui appartenait à un libéral (style de l'époque), que le gouvernement d'alors n'avait pas l'intention de molester. Il y a cinquante ans, on voyait encore à la Tallerie des masures qui étaient des restes de l'ancien château. Dans la haie qui entoure le jardin situé au nord du village, on voit encore un certain nombre de pieds du buis qui annonçait autrefois une gentilhommière.

Au xviiie siècle, fut apposée au bas d'un des actes du registre paroissial cette signature : *Martin de la Tallerie*. Ce nom était sûrement celui du propriétaire du château de la Tallerie.

Disons un mot maintenant d'une famille qui habite la Tallerie depuis deux siècles et au delà, la famille Coudrin. En 1685[3], François Coudrin, qui était veuf de Marie

---

1. Cette maison existe encore, et dans le même état qu'à l'époque de la Révolution. Elle est aujourd'hui (1910) occupée par Joseph Merlet et sa famille. La duchesse de Berry, qui passa une nuit à la Tallerie, lors du soulèvement de 1832, dut connaître cette maison. C'était alors la plus confortable de tout le village, et, en ce temps-là, la famille Coudrin, qui la possédait, était particulièrement dévouée à la cause légitimiste.

2. Le château de la Tallerie occupait au milieu du village l'emplacement qui est aujourd'hui entouré d'une haie de sureau et qui sert à déposer des fagots de bois ou d'épines. Les servitudes auraient été où se trouve maintenant la maison occupée par Frédéric Boissinot.

3. François Coudrin habitait Mautravers dès l'année 1674. Le 15 août de cette année-là, en effet, il fit baptiser dans l'église de Mautravers une fille qu'il avait eue de Marie Gaborit. Le parrain de cet enfant fut Mathurin Coudrin, probablement le frère de François. De

Gaborit, et qui avait déjà sa résidence à Mautravers depuis onze ans au moins, convola à de secondes noces le 25 du mois de juin. Sa seconde femme se nommait Jacquette Perreau, et elle habitait le village de la Tallerie. Il est à croire que François Coudrin se transporta à la Tallerie aussitôt après son second mariage. Toujours est-il que c'est dans ce village que naquit. en février 1693, une fille que lui enfanta Jacquette Perreau. Il eut aussi de son second mariage plusieurs garçons [1]. L'un de ces derniers reçut le nom de François, apprit le métier de charron et l'exerça jusqu'à sa mort dans le village de la Tallerie, d'où il est probable qu'il ne sortit jamais. C'est ce François Coudrin qui est l'ancêtre commun de tous les habitants de Montravers qui comptent des ascendants du nom de Coudrin. Il se maria en 1738 avec Jeanne Soulard, du village de Pierre-Couverte.

Voici le contrat qui fut passé à cette occasion par les notaires, de Cerizay :

« Par devant nous notaires de la châtellenie de Cerizay, soussignés... ont été présents et personnellement établis

---

là on peut inférer non sans raison.que la famille Coudrin habitait la contrée dès cette époque. En 1680, lors du baptême d'un autre de ses enfants, François Coudrin demeurait à la Charantonnière. C'est dans ce village sans doute que mourut Marie Gaborit. le 25 juin 1683.

1. Dans les dernières années de sa vie, François Coudrin avait fait à Mautravers plusieurs acquisitions importantes. En 1730, en particulier, il avait acheté la borderie de la Marandière dans les conditions qu'on a vues plus haut. La même année il acquérait aussi un cinquième de la borderie de la Tallerie, qui avait appartenu jusque-là à ses beaux-frères et belles-sœurs : Pierre Perraud, texier (*hoc est* tisserand) à Mortagne ; Pierre Brémaud, époux de Marie Perraud, journalier à la Petite-Boissière ; Jean Cailleton. époux de Perrine Perraud, bordier à la Bréchoire, paroisse de Saint-Amand. Avec la portion de ses beaux-frères et belles-sœurs, il achetait aussi la part qui s'y trouvait afférente de la rente de onze boisseaux de blé due à toute la borderie en question par les propriétaires du surplus dudit village. L'acquéreur devait reconnaître les droits de la seigneurie de Châteaumur, dont étaient *mouvantes* les terres et autres propriétés qu'il achetait. Vis-à-vis des vendeurs il s'engageait à payer la somme de cent livres, condition dont il s'acquitta séance tenante, en donnant à chacun d'eux la part qui lui revenait en écus de six livres et autres monnaies des poids et prix des derniers règlements royaux. Les vendeurs reconnaissaient que les bâtiments de la borderie en question étaient en ruines par vétusté. L'acte fut passé à Mauléon, dans l'étude de Daniel, l'un des notaires présents.

en droit et duement soumis, François Coudrin, charron,
fils majeur de défunt François Coudrin et de Jacquette
Perreau, demeurant au village de la Tallerie, paroisse de
Mautravers, d'une part,

« Et François Soullard, bordier, et Claude Tricot, sa
femme, de lui bien et duement autorisée pour le fait des
présentes, et Jeanne Soullard, leur fille, qu'ils ont aussi
duement autorisée pour le fait et validité des présentes,
demeurant ensemble au village de Pierre-Couverte, sur la
paroisse de Mautravers, étant tous présents en ce lieu,
d'autre part ;

« Entre lesquelles parties ont été faits les accords, convenances, promesses, obligations et conventions matrimo-
niales qui ensuivent, toutefois les solennités de notre
mère sainte Eglise catholique, apostolique et romaine, sur
ce préalablement gardées et observées. Lesquels dits
François Coudrin et ladite Jeanne Soullard proparlés à
marier ont promis se prendre à mari et femme, époux et
épouse, toutes fois et quantes que l'autre en sera sommé
et requis. Lesquels dits futurs, proparlés à marier, tant de
leur vouloir et consentement qu'assistés et autorisés,
savoir ledit proparlé, de ladite Jeanne Perreau, sa mère,
de Jacques Gounord et Perrine Perreau, sa femme, ses
cousin et cousine germaine ; en l'estoc maternel dudit
proparlé, de Jacquette Coustant, veuve de Nicolas Fontenil,
aussi sa cousine germaine ; en même estoc et de la part
de la dite proparlée, desdits François Soullard et Tricot,
sa femme, ses père et mère déclarés, Soullard, son frère,
de Pierre Tricot, son oncle ; en l'estoc paternel de la dite
proparlée, de Pierre Bodin, aussi son oncle, en l'estoc
paternel ; de Louise Tricot, veuve de Jean Peault, aussi sa
tante en l'estoc maternel, étant leurs proches parents et
amis pour ce assemblés, en cette faveur et considération
qu'autrement n'aurait été fait ni accompli. Les susdits
proparlés à marier entreront en communauté tant de leurs
biens meubles que revenus de leurs immeubles échus ou
à échoir généralement quelconques, dès le jour de leur
bénédiction nuptiale, suivant notre coutume de ce pays
de Poitou ;

« A ces causes et considérations ladite Jacquette Perreau,

mère dudit François Coudrin proparlé, a par lesdites présentes associé et associe lesdits proparlés en sa communauté mobilière et revenus de ses immeubles tant échus qu'à échoir pour deux cinquièmes parties au total, Louis et Marie ses deux autres enfants, absents, pour deux autres cinquièmes parties aussi au total, et elle pour l'autre cinquième partie, dont les cinq font le total, ensemble jusqu'à dissolution de communauté, se réservant néanmoins deux charges [1] de blé seigle à elle dues de rente sur les villages du Puygleaume, la Fillolière et la Jacquelinière, en ladite paroisse de Mautravers, en cas de dissolution, pour en disposer du revenu ainsi qu'elle avisera.

« A ces causes et considérations lesdits François Soullard et Claude Tricot, sa femme, à l'autorité ci-dessus, ont par les présentes promis et promettent de donner, bailler à ladite Jeanne Soullard, leur fille, en avancement d'hoirie sur leur future succession, rapportable et présentable venant à icelle, la somme de trois cents livres en argent payable dans le jour de la bénédiction nuptiale desdits proparlés, à peine de tous dépens, dommages et intérêts, de laquelle somme il en entrera celle de deux cents livres dans la communauté mobilière dudit proparlé, sa mère, et ses frère et sœur, les autres cent livres tiendront lieu de propre à ladite proparlée, dont ledit proparlé sera obligé de les mettre en acquêt, et le revenu restera en la communauté générale ci-dessus contractée. Et à faute par ledit proparlé de mettre la somme de cent livres en acquêt, en constitue dès à présent rente sur tous et chacun des biens présents et futurs, tant sur ses meubles que sur revenus des immeubles au denier vingt, ladite Perreau, mère du proparlé. Et lesdits proparlés s'en sont contenté et contentent pour l'acquittement des trois cent livres ci-dessus promises par lesdits François Soullard et Claude Tricot, conjoints, à ladite proparlée... »

Manquent les formules finales, mais non la date :

---

1. Il y a lieu de croire qu'il s'agit de deux charges de blé seigle dues par chacune de ces terres. On verra par ailleurs, en effet, que la Jaquelinière devait à elle seule, en 1806, cette rente aux enfants des susdits François Coudrin et Jeanne Soullard.

17 juillet 1738. Cet acte, sur parchemin, figure parmi les papiers de la veuve Louis Boissinot, de la Tallerie.

Voici maintenant l'acte de mariage de François Coudrin et de Jeanne Soullard, tel qu'il se trouve sur le registre paroissial de Mautravers pour l'année 1738 :

« Le vingtième aoust 1738 ont receus de moi prêtre curé soussigné la bénédiction (nuptiale) François Coudrin, majeur, et Jeanne Soullard, fille mineure de François Soullard et de Claude Tricot, à laquelle bénédiction ont assisté, du costé de l'espoux Louis Coudrin, frère, et Jacques Gounord, Bodin, Paul Chevalier, cousins germains et voisins. Ont assisté du costé de l'espouse François et René Soulard, et Pierre Marot, frère et cousin, et plusieurs autres qui ont déclaré ne scavoir signer, fors les soussignés.

P. Soullard, P. Chevalier.

Jacque Gounord.

Jaguet, *curé de Mautravers.* »

De l'union de François Coudrin avec Jeanne Soullard naquirent six enfants, dont voici les noms : *Marie*, née en 1739 et qui épousa un nommé Berteau, dont elle n'eut pas d'enfants ; *René*, qui naquit en 1742 et épousa Marie Baudin ; *François*, né en 1749, et qui se maria pour la première fois en 1802 avec Jeanne Brémaud, de la Petite-Boissière (laquelle mourut après deux mois de mariage), et, un an après environ, avec Louise Grolleau, personne de trente-deux ans, qui lui donna sept enfants[1] ; *Pierre*, qui naquit en 1752, et *Louis*, qui naquit en 1757 : ils épousèrent deux filles Albert, qui étaient sœurs ; *René*, qui était le frère jumeau de Louis et qui épousa Jeanne Roy[2].

---

1. Cette année encore (1910) vivait à la Tallerie une femme qui était la propre belle-fille de François Coudrin. Deux générations en cent soixante ans, voilà un fait qui n'est pas banal.

2. Louis et René (2e) Coudrin furent baptisés tous les deux par « Jacques Warren, religieux prêtre, cordelier irlandais ». Cet ecclésiastique se trouvait alors en résidence à Mautravers, où il était venu pour attendre la cessation ou la diminution de la fureur impie avec laquelle on persécutait les catholiques dans son malheureux pays. M. le curé de Mautravers fut heureux, en bien des cas, de recourir à son obligeance.

Tous les enfants de François Coudrin et de Jeanne Soullard se marièrent, mais il y en eut deux : Marie et René (2e) qui n'eurent pas d'enfants. Voici l'arbre généalogique de chacun des quatre autres.

1) RENÉ (Ier)

FRANÇOIS, époux de Marie Bodin, maire de Montravers (1816-1826).

ROSE	LOUISE	MARIE	JEANNE
épousa François Cornuault, qui fut le père de Claudine Cornuault, laquelle épousa Louis Vion.	épousa Jean Boissinot, qui fut le père de Félix, Louis, Frédéric, Hortense.	épousa Jean Guillet de Saint-Mesmin.	épousa Jacques Fillon, alors de Montravers, et plus tard de Cerizay.

2) FRANÇOIS

LOUIS	JEANNE	LOUISE	MARIE	FRANÇOIS	JEAN	AUTRE
épousa Rose Michenot. Ménard : enfants et petits-enfants.	épousa J.-B Boissinot. Boissinot : enfants et petits-enfants.	épousa Pierre Giraud. Devaud : enfants et petits-enfants.	épousa le cordonnier Puaud.	épousa Augustine Baudin. Coudrin, Barbot : enfants et petits-enfants.	épousa Angélique Ferchaud. Coudrin, Racaud : enfants et petits-enfants.	mort en bas âge.

3) PIERRE

MARIE-GENEVIÈVE, épouse de Joseph Guitton.

JOSEPH.   LOUIS, etc.

Henri, Gustave.   Emile, Louis, etc.

Gustave, Gustave.

Joseph, Madeleine, Claudine, Jean, Louis, etc.

4) LOUIS

MARIE-JEANNE, épouse de Jacques Billy.

LOUISE, LOUIS, APOLLINE, etc.

Joseph, Auguste, Louis, Jean, Honorine.

Ainsi les familles habitant actuellement Montravers et qui descendent sûrement de François Coudrin et de son épouse, Jeanne Soullard, sont toutes celles qui portent les noms de Coudrin, de Boissinot, de Coutant, de Guitton, de Billy, la famille Vion du Puy-Guillaume, la famille Ménard de la Tallerie, les familles Gagnier, Puaud, Normand, Banchereau, Hérault, Devaud, Bobin, Racaud et Tisserand.

Tout le village de la Tallerie, à l'exception d'une seule

maison et de la borderie qui en dépend, appartient à des
membres de la famille Coudrin. En fait de vieilles constructions, on n'y trouve qu'une maison d'habitation qui
soit antérieure à la Révolution. C'est celle qu'on appelait
autrefois la *Grand'Maison* de la Tallerie. Tout porte à
croire qu'elle fut bâtie par le second François Coudrin.
En 1730, tous les bâtiments de la borderie du père François Coudrin étaient en fort mauvais état. Mais à cette
époque le propriétaire était très âgé. Il ne pouvait songer
à bâtir. Il dut se contenter de faire office de David, laissant à son fils le rôle de Salomon.

Un membre de la famille Coudrin, François, fils de
René Coudrin et de Marie Baudin, prit les armes, à
l'époque de la Révolution, pour la cause de la religion et
de la royauté bourbonienne, comme on le verra plus loin.
Pour ce fait, il reçut du gouvernement de la Restauration
un fusil d'honneur, qui fut longtemps conservé dans la
famille Guillet, de la Branle de Saint-Mesmin. Ce fut sans
doute aussi en cette considération qu'on lui confia les
fonctions de maire de Montravers de 1816 à 1825.

IX. — LA JAQUELINIÈRE

Le document le plus ancien qui nous ait été signalé par
rapport à la Jaquelinière est un aveu rendu en 1654 à
noble homme Claude Sicard, écuyer, sieur de la Brétinière [1]. En 1720, le fief et métairie noble de la Jaquelinière
était la propriété de Messire Charles Touzalin, écuyer,
seigneur de Lussabeau (paroisse de Champagné-Saint-
Hilaire, près Poitiers), capitaine d'infanterie au régiment
de Puymont. Messire Charles Touzalin tenait ce domaine
du chef de sa femme, Radegonde-Marie-Anne Grolleau,
fille de Jacques Grolleau, écuyer, sieur de la Brétinière [2],

1. Cet aveu était rendu par un certain Guilloteau, pour une maison
située à la Brétinière et dépendant de Claude Sicard, à cause de ses
métairies nobles de la Jaquelinière et de la Mornerie. Ce renseignement nous a été fourni par M. l'abbé Théophile Gabard.

2. Le titre que nous avons eu entre les mains et qui a servi à nous
fixer sur ce point, porte : « sieur de la Berthonnière. » C'est évidemment
une faute commise par le scribe : c'est Bertinière ou Brétinière qu'on

garde du corps de Monseigneur fils de France (1694), duc
d'Orléans, et de Marguerite de la Vau, demeurant à la Guérivière, paroisse du Temple (D.-S.)[1].

L'aveu qui fut fait en 1720 pour la Jaquelinière ne peut
pas, dans l'état où il existe à présent, nous renseigner sur
le seigneur de ce fief. C'est assurément un document
fruste. Tel qu'il est, toutefois, il est capable d'intéresser.
Il en résulte, en effet, qu'à cette époque le village de la
Jaquelinière consistait : 1º dans un grand corps de logis,
composé de deux chambres basses et deux chambres
hautes, et renfermé en avant et en arrière par une petite
cour close elle-même par des murailles ; 2º dans un autre
bâtiment nommé la *Boulangerie*, sur lequel il y avait un
grenier ; 3º dans une autre maison faite à faix ; 4º en des
masureaux à la place desquels il y avait autrefois deux
maisons. Ces bâtiments avaient pour complément une
grange, ainsi que des étables pour bœufs, vaches et tau-
reaux, une autre pour les brebis et deux autres pour les
pourceaux. Ils étaient situés *à main droite* de la grand'-
route de la Pommeraye à Bressuire. Il en était ainsi d'un
petit jardin [2], qui touchait d'un bout à cette route et de
l'autre à la cour du logis [3]. Cela donne à supposer que la
route de la Pommeraye à Bressuire ne passait point en ce

a dû lui dire, et il aura mal entendu. Il n'y avait pas à cette époque
de village portant le nom de Berthonnière à Montravers. L'acte fut
rédigé à Poitiers par les notaires Cuisinier et Bourbaut. — L'étude de
Mᵉ Bourbeau, qui fut longtemps héréditaire, était située rue du Petit-
Maure et est occupée aujourd'hui par Mᵐ Chauveau. Celle de Cuisinier, qui fut aussi héréditaire l'espace de trois générations, était
située rue du Gervis-Vert. Elle a cessé d'exister. Les minutes ont
dû être transportées étude Chauveau.

1. Ce titre de garde du corps de Mgr le duc d'Orléans était simplement un titre honorifique pour Jacques Grolleau. Dans ce temps-là,
comme aujourd'hui, on devait continuer à être dénommé d'après les
fonctions honorables qu'on avait remplies antérieurement.

2. Ce jardin contenait le terrain suffisant pour semer un boisseau de
graine de lin, mesure des Deffends. Telle était aussi la contenance
d'un autre jardin attenant à celui-ci. En outre, il y avait à la Jaquelinière, à la même époque, un autre jardin appelé le *grand jardin*, et
qui contenait le terrain à semer huit boisseaux de graine de lin. Il
touchait d'un côté au toit aux bœufs, d'un autre au chemin de Saint-
Mesmin à Mauléon, d'un autre au champ du Châtaignier, d'un autre
au petit pré appelé le Clousy.

3. Les bâtiments, cours et ruages du village occupaient l'emplacement suffisant pour semer six boisseaux de graine de lin.

temps-là à côté de l'abreuvoir actuel de la Jaquelinière ;
mais qu'elle passait de l'autre côté du village, pour aller
rejoindre la route qui vient du Bois-Neuf et de Cerizay et
qui se termine à présent tout près de la Bertinière, au
point où cette route rencontre le chemin de Saint-Mesmin à Châtillon. Ce chemin, qui n'était déjà plus intact il
y a cent ans, devait se confondre un instant avec le vieux
chemin dont une portion se déroule derrière le village de
la Jaquelinière et, après avoir dessiné une courbe assez
capricieuse, aller rejoindre la route qui mène à Pierre-Couverte vers le pont de bois. Au reste, le chemin actuel de la
Pommeraye à Bressuire, dans le temps où n'existait pas
encore le pont de pierre jeté sur le ruisseau qui baigne
la vallée voisine, dans le temps où le coteau qui s'élève
entre le ruisseau de la Jaquelinière et Montravers avait
deux mètres de plus de hauteur et présentait çà et là
d'énormes rochers qui émergeaient du sol notablement,
était impraticable pour les transports en chariot, et il
n'était guère possible de l'utiliser pour les voyages à
cheval.

Quoi qu'il en soit, en 1720, les propriétaires de la Jaquelinière dépendaient pour ce domaine d'un autre seigneur
auquel étaient dus à chaque fête de Noël vingt deniers
de cens [1].

Les seigneurs de la Jaquelinière comptaient, à ce titre,
dans leur mouvance, la terre de la Bertinière, comme
nous le verrons bientôt. Ils avaient aussi des droits sur
celle de la Marandière, comme nous l'avons vu dans l'acte
d'acquisition de ce dernier domaine par François Coudrin
en 1730.

Une pièce qui porte la date de 1788 nous apprend qu'à
cette époque la Jaquelinière avait pour seigneur, et sans
aucun doute aussi pour propriétaire, M. Maurice Desgrais, sieur du Tail. En tout cas la Jaquelinière avait sûrement pour propriétaire, en 1806, M. Maurice Majou du Tail.
Cette année-là, une reconnaissance pour une rente de blé

---

1. L'aveu qui donne tous ces détails est signé Charles Touzalin de
Lussabeau, Cuisinier et Bourbeau. Il porte la date du 3 avril. Il fut
contrôlé à Poitiers le lendemain, et il fut payé vingt-quatre sols pour
le contrôle.

seigle, dont il a été parlé plus haut, et qui était due à
Pierre et à Louis Coudrin, fut signée Majou du Tail. Y
aurait-il eu dans l'intervalle vente ou succession ? M. Majou aurait-il été le gendre de M. Desgrais ? Ces suppositions peuvent se faire. Il est à remarquer toutefois que
M. Desgrais ainsi que M. Majou portent l'un et l'autre le
prénom de Maurice. Il nous paraît donc plus probable
qu'il y a bien identité de personne entre Desgrais et Majou.
Mais pour une raison qui n'est pas connue aujourd'hui, il
y aura eu changement de nom occasionné par les troubles
de cette malheureuse époque.

Quoi qu'il en soit, par acte passé par Me Juchaut, notaire
à Chantonay, le 11 novembre 1821, Me Marguerite Beaulieu, veuve de M. Maurice Majou du Tail, propriétaire
demeurant au Tail, commune de Saint-Germain-de-Prin-
çay, donna à ferme la métairie de la Jaquelinière, pour
350 fr. d'argent et plusieurs menus suffrages. Le preneur
était Jean Guillet [1], qui cultivait déjà la Jaquelinière depuis une trentaine d'années, et qui devait y rester encore
près de vingt ans. Avant son départ pour la Chironnière,
il eut à changer de maître. Ce fut pour lui l'occasion d'une
augmentation de son prix de ferme. A partir de 1835, il
dut payer 500 fr.

La métairie de la Jaquelinière avait cessé d'appartenir
à la famille Majou du Tail depuis un an. L'acte constatant
la vente dont elle fut l'objet à cette époque avait été passé
à Pouzauges (Vendée, le 4 octobre 1834, par les notaires
Gourin et Brunet. Le vendeur était M. Joseph Maignen,
propriétaire, demeurant au Fournil, commune de Chantonay, arrondissement de Bourbon-Vendée, agissant, en l'espèce, au nom et comme fondé de pouvoirs de dame Hono-

---

1. La famille Guillet était à la Jaquelinière dès le temps de la Révolution. A cette époque, elle donna asile plusieurs fois à des prêtres de
passage. C'est ce qui explique pourquoi les additions au registre paroissial mentionnent le baptême de Marie Guillet, administré le 23 août
1793, par M. Séguin, vicaire de la Tour-Landry (Maine-et-Loire), et,
à la date du 27 septembre 1797, le baptême de Jean Guillet, donné par
M. François, prêtre, dont le titre officiel n'est pas indiqué au registre
La famille Brillanceau, actuellement résidante à la Chironnière,
descend d'un autre Guillet, Louis (frère de Marie et de Jean), par Flavie
Guillet, épouse de Marie Brillanceau.

rine-Clémentine Majou du Tail, son épouse. L'acquéreur
était M. Charles-Armand Gouraud, avocat et propriétaire,
demeurant à la Fillolière, commune de Montravers, arrondissement de Bressuire. L'entrée en propriété et en jouissance devait dater du jour même de la signature du contrat.

La Jaquelinière passa ensuite à Mme Vve Gouraud
jeune, qui la laissa plus tard à son second mari, Louis-
Hippolyte Brunet. Presque aussitôt après la mort de M. Bru-
net, c'est-à-dire dès le commencement de l'année 1874, la
Jaquelinière entra dans le domaine de la famille de
Beauregard, qui la possède encore, en la personne de
Mlle Berthe de Beauregard.

La Jaquelinière est une ferme de 26 hectares 50 ares.

X. — LA BERTINIÈRE

Le village qu'on désigne maintenant par ce nom à
Montravers a été parfois dénommé la Brétinière, et même
la Bretonnière, comme le prouvent plusieurs des documents utilisés pour la rédaction de l'article précédent.
Toutefois, les plus anciens documents relatifs à ce hameau,
en particulier les actes paroissiaux du xviie et une pièce du
xve siècle conservée aux archives départementales de la
Vienne, portent la Bertinière. D'après cette dernière, la
Bertinière était, en 1460, une seigneurie dépendant du château de Mautravers. Au moment de la reconstruction de la
maison d'habitation, il y a quelque quarante ans, on a eu
l'heureuse idée de conserver le blason des seigneurs de la
Bertinière. Le titre de sieur de la Bertinière était encore reconnu au milieu du xviie siècle, comme on a pu s'en convaincre par l'aveu auquel nous avons fait allusion, dès les
premières lignes que nous avons consacrées à la Jaquelinière. Mais il est à croire qu'il ne désignait alors qu'un simple
propriétaire. L'aveu qui fut rendu en 1654 à Claude Sicard,
pour une maison située à la Bertinière, lui fut rendu
comme seigneur de la Jaquelinière et de la Mornerie. En
1788, le propriétaire de la Bertinière (terres et bâtiments)
dut faire, de ce chef, aveu de vassalité à celui qui était

alors le seigneur de la Jaquelinière, M. Maurice Desgrais, sieur du Tail.

En 1720, la Bertinière appartenait à la famille Touzalin, la même qui possédait [1] à cette époque la Jaquelinière.

En 1737, Messire Charles Touzalin ordonna une visite de la métairie de la Bertinière, sans doute à la requête à lui adressée par les nouveaux métayers, Lussault père et fils. Dans l'acte qui s'y rapporte il n'est pas question du métayer antérieur. En tout cas, le chargé d'affaires de M. Touzalin en cette occasion fut un certain Augustin Durand [2], lequel s'engagea à dédommager les métayers actuels par la concession d'une somme de soixante-dix livres et par l'abandon immédiat des fruits des arbres de la métairie : poires, châtaignes, pommes et raisins [3].

En 1760, en vertu d'un acte notarié passé par Guynoiseau, notaire à Châtillon, une rente équivalente à 29 décalitres 11 litres de seigle, et payable chaque année au 15 août, fut constituée sur la Bertinière par M. Touzalin, au profit de la Mornerie, qui appartenait alors à M. Daniel Desgrais, lequel était sans doute le père de M. Maurice Desgrais dont il a été question déjà à propos de la Jaquelinière [4].

---

1. A titre de propriétaire, et non à titre de seigneur.

2. Durand s'était adjoint comme expert un nommé Jean Siraudeau, charpentier, et les Lussault avaient choisi Menanteau, laboureur à la Coussaye.

3. Il est dit incidemment dans cette pièce que le bled (seigle) valait alors 17 livres la charge.

4. Cette année-là fut fait un inventaire du bétail de la Bertinière qui ne peut qu'intéresser ceux qui aiment à comparer le passé au présent. On y voit qu'alors le gros bétail de la métairie de la Bertinière était estimé 519 livres. Voici le détail des chiffres qui formaient cette somme :

Deux bœufs de trois ans, estimés.	140 livres.
Deux autres de même âge.	120
Deux autres aussi de même âge.	110
Deux veaux de deux ans.	80
Une vache de trois ans.	33
Plus un (mot illisible)	36
	519

A ces chiffres il fallait ajouter ceux de 440 livres d'une part et de 79 livres d'autre part, qui se rapportaient sans doute au reste des bestiaux de la métairie. Cela faisait seulement 1.038 livres. Il y a lieu de penser qu'il y a bien aujourd'hui dans la même métairie pour

En 1772, Charles-Remy Touzalin (probablement le fils de Charles Touzalin), écuyer, capitaine au régiment des grenadiers royaux d'Ailly et demeurant à Poitiers, afferma la Bertinière à Louis Peault, qui exigea, lui aussi, une visite de la métairie au détriment de Jacques Barraud, le métayer précédent. L'acte qui fut dressé à cette occasion ne comporte aucune conclusion. Il est à croire que le demandeur en fut pour ses frais.

C'est ici qu'il faut placer une pièce assez curieuse, que nous avons trouvée parmi les titres de propriété relatifs à la Bertinière. Nous allons la reproduire telle quelle et *in extenso*.

« Sachent tous que de vous Messire Louis-Noël Perreau, prêtre, curé de Saint-Hilaire-de-Voult, prieur du prieuré de Saint-Martin de la Pommeraye-sur-Sèvre, Maisonpré, la Chapelle-de-Sainte-Madeleine-du-Désert, et fiefs en dépendants et y annexés,

« Je, Louis Peault, laboureur demeurant à la Brétinière, paroisse de Montravers, au nom et comme fondé de procuration de Messire Charles-Remy Touzalin, chevalier, capitaine des grenadiers royaux du régiment d'Angoumois, chevalier de l'ordre royal et militaire de Saint-Louis, suivant la lettre missive du deux du présent mois, signée Charles-Remy Touzalin, laquelle sera controllée et demeurera jointe à l'original des présentes, pour y avoir recours au besoin,

« Tiens et advoüe audit nom tenir roturièrement de vous mon dit seigneur, à cause de votre dit prieuré de Saint-Martin-de-la Pommeraye-sur-Sèvre, au-dedans du fief et tennement de Pierre-Couverte en la dite paroisse de Montravers les domaines qui suivent, dépendant de la métayrie de la Brétinière.

« 1° Premièrement une pièce de terre labourable contenant huit boëcellées, ou environ, appelés le *champ de Pierre-Couverte*, tenant d'une part au chemin qui conduit du dit lieu de la Bretinière à Pierre-Couverte, à main gauche, au pré du nommé Fuzeau, d'autre à la terre de

---

10.000 francs de bestiaux. Au reste, le bétail a environ dix fois plus de valeur aujourd'hui.

Soullard et Coudrin, et d'autre à la terre dudit Fuzeau ;

« 2° Item une autre pièce de terre labourable appelée *le grand champ de la Rouère* [1], contenant neuf boicellées ou environ, tenant d'une part au chemin qui conduit dudit village de la Brétinière au dit lieu de Pierre-Couverte à main gauche, d'autre au petit champ de la Rouère cy-après confronté, d'autre au pasty de la Dorbelière ;

« 3° Item une autre pièce de terre labourable appelée *le petit champ de la Rouère*, contenant cinq boicellées ou environ, tenant d'une part au chemin qui conduit du dit lieu de la Brétinière à Pierre-Couverte, à main gauche, d'autre au grand champ de la Rouère cy-dessus confrontée, d'autre au pasty de la Dorbelière, et d'autre à la terre du dit Fuzeau ;

« 4° Item une autre pièce de terre en pasty, appelée *le pasty Motard*, contenant sept boicellées ou environ, tenant d'une part au chemin qui conduit de la Pommeraye à Bressuire [2], à main gauche, d'autre aux terres d'Augustin Rousseau, d'autre aux prés du dit Fuzeau, et d'autre au pasty de Soullard et Coudrin.

« Lesquelles terres labourables cy-dessus confrontées sont, à l'exception du pasty Motard, sujettes envers vous, mon dit seigneur, à la *sixte* [3] *partie des fruits* y croissant, pour droit de terrage, rendable et portable à votre dit prieuré de la Pommeraye-sur-Saivre et en oustre, avec le dit pasty Motard, aux rentes nobles, féodalles, foncières, sollidaires et indivisibles, portant, ainsi que le dit terrage, lief et juridiction de *vingt-trois boiceaux de bled seigle*, mesure de Châteaumur, à chaque feste de Notre-Dame en aoust et *trois livres en argent* à chaque feste de Noël, le tout rendable et portable à chaque terme à votré dit prieuré de la Pommeraye-sur-Saivre, desquelles rentes ledit seigneur de Touzalin paye pour sa contribution

---

1. *Rouère* est un mot qui veut dire ruisseau et qui, dans l'espèce, se rapporte au ruisseau qui descend du moulin de la Lande vers la Sèvre. Ce ruisseau était nommé en ce temps-là le ruisseau du Reau.

2. La position de ce chemin est très difficile à déterminer : nous avons toutefois émis à ce sujet, dans l'article précédent, une opinion qui nous semble très probable. Voir la carte ci-dessus.

3. *Sixte* veut dire sixième : pour ceux qui savent le latin, la signification saute aux yeux (*sextus*).

le nombre de quatre boiceaux, sans vous préjudicier ce
pendant à la sollidité.

« Qui sont tous les domaines que je tiens et advoüe tenir
roturièrement audit nom de vous mon dit seigneur, au de
dans du dit fief et tennement de Pierre-Couverte et que je
vous rends au dit nom par la présente déclaration à la
quelle je fais arrest sous ma protestation de droit et que
j'ay fait écrire et signer au dit nom à ma requête aux
nottaires royaux héréditaires en Poitou, que j'ay au dit
nom priés et requis de me juger et condammer du juge
ment et condamnation de leur ditte cour royalle, ce que
nous dits nottaires avons fait après lecture donnée par un
de nous au dit avouant qui y a au dit nom persisté et
déclaré ne savoir signer de ce enquis et interpellé suivant
l'ordonnance.

« Ce jourd'hui vingt-trois aoust mil sept cent soixante-
dix-neuf.

« JUÉNIN *not*re   TURPAULT,
     royal.   *not*re *royal.*

« L'original est contrôlé à Pouzauge le 30 août 1779.

J. MAZEUREL. »

Voici encore une autre pièce intéressante, qui se rap
porte à la Bertinière. C'est un aveu de 1788.

« Déclaration des domaines et héritages roturiers que
je, messire Charles-Remy Touzalin [1], chevalier, seigneur
de Lussabeau, chevalier de l'ordre royal, militaire de
Saint-Louis, capitaine au régiment des grenadiers royaux
de l'Orléanais, demeurant au château de Lussabeau,
paroisse de Champagné-Saint-Hilaire.

« Tiens et advoüe tenir roturièrement de vous. Monsieur
Charles-Morice Desgrais, sieur du Tail, à cause de votre
fief et seigneurie de la Jaquelinière et Mornerie, en
la paroisse de Mautravers, les domaines qui suivent qui
dépendent et font partie de ma métairie de la Brétinière
en la ditte paroisse de Mautravers et qui consistent :

____

1. C'est assurément le même qui est mentionné dans l'aveu à M. le
curé de la Pommeraye, ou son fils.

« 1) Premièrement en *un grand corps de logis* contenant trois travées ou environ, composée de deux chambres basses, deux greniers par là dessus, une chambre en apentif à costé, une cour [1] renfermée de murs au-dedans de laquelle est la boulangerie et les toits à cochons, le tout couvert en tuille, contenant l'emplacement du tout à semer un boiceaux [2] de grenne de lin ou environ, avecq une grange à foin au bout de la dite maison et y joignant, tenant d'une part au chemin qui conduit de Saint-Mesmin à Châtillon à main droite, d'autre à la maison du nommé Marot et d'autre aux jardins cy-après confrontés.

« 2) Item les toits à bestiaux..... tenant le tout d'une part au chemin qui conduit de Veillerit à Pierre Couverte à main gauche...

« 3) Item un petit jardin appelé *le jardin de la Cave* [3]...

« 4) Item le *grand jardin*... tenant... au toit à bestiaux, .. d'autre (part) au jardin du nommé Soulard.

« 5) Item ledit *Préneuf*, contenant un journal ou environ, tenant d'une part au grand jardin .. d'autre aux terres de votre métairie de la Jaquelinière [4]...

« 6) Item une pièce de pré... cinq journaux... anciennement appelée *le Chef-Dupré* et allias le *pré Girardeau*...

« 7) Item une autre pièce de pré appelé le *pré du Magné*... tenant d'une part au pré neuf cy-dessus confronté d'autre au pré de la métairie de la Coutancière, d'autre au pré de la métairie de Pierre-Couverte...

« 8) Item une pièce de terre labourable appelée *le champ de la fontaine*, contenant quinze boicelées... tenant d'une

1. Cette cour existe toujours et elle est entourée des mêmes bâtiments. C'est d'ailleurs, avec la fontaine, tout ce qui reste à la Bertinière des constructions antérieures à la Révolution.

2. Il est bien entendu que nous respectons et reproduisons sans modifications l'orthographe des pièces que nous donnons ici. Il est à remarquer dans plusieurs de ces morceaux non seulement que l'orthographe diffère de la nôtre, mais encore que les mêmes mots ne sont pas toujours écrits de la même manière.

3. Aujourd'hui, on l'appelle l'Ouche de la Cave. Il est situé au-dessus de la fontaine monumentale dont l'ouverture donne sur la cour plus haut mentionnée. Cette fontaine dut être primitivement une cave.

4. Par cette expression, il est facile de voir que la Jaquelinière était à cette époque la propriété véritable et proprement dite de M. Desgrais du Tail.

part au grand chemin de Bressuire à la Pommeraye à
main gauche, d'autre à cellui qui conduit de Mautravers à
Pierre-Couverte à main gauche, et d'autre à la fontaine
du dit village.

« 9) Item une autre pièce de terre labourable, appelée
le petit champ de la Croix, contenant neuf boicellées...

« 10) Item une pièce de terre labourable appelée *la
Madelle*... deux boicellées...

« 11) Item une autre pièce de terre labourable appelée
la Grespe... huit boicellées...

« 12) Item une autre pièce de terre labourable appelée
le Pendant... huit boicellées...

« 13) Item une autre pièce en pasty appelée *la Nouhe*...
trois boicellées... tenant aux terres cy après confrontées.

« 14) Item deux pièces de pré... l'une appelée *le Croizy*
et l'autre *le Grand Pré*, contenant au total neuf journaux...
tenant au ruisseau Reau, qui dessend du moulin de la
Lande...

« 15) Item une *petite fillée*, tenant d'une part à la planche
de la Brétinière, d'autre au chemin qui conduit de Pierre-
Couverte à Mautravers, à main droite...

« 16) Item une pièce de terre labourable appelée le
Grand champ de la Croix... douze boicellées ou environ,
tenant d'une part aux terres de la grand métairie du
seigneur de Mautravers, d'autre au grand chemin de Bressuire à la Pommeraye à main gauche et d'autres aux terres
de la Coutancière.

« 17) Item une autre pièce de terre labourable appellée
l'Ouche de la Fontaine, tenant d'une part au grand chemin
de Mautravers audit lieu de la Brétinière à main droite, et
d'autre à la nouë cy après confrontée.

18) Item la dite *nouhe* contenant un demy journal...
tenant d'une part à l'ouche cy-dessus confrontée, d'autre
au jardin de la cave... d'autre à la boulangerie...

« 19) Une autre pièce de terre labourable appellée *la
Nouhe*, contenant dix boicellées, tenant d'une part aux
terres de la Coutancière et d'autre au chemin de Châtillon
à Saint-Mesmin à gauche.

« 20) Item une pièce de terre appellée le *Grand Lopin*,
séparée en deux par une baie, contenant en tout dix-huit

boicellées, tenant d'une part à la terre de la Coutancière, d'autre au chemin de Châtillon à Saint-Mesmin à main droite...

« 21) Item le *champ de la Vallée*, contenant douze boicellés..., tenant d'une part au pré de la Coutancière... au Grand Lopin... au champ du Pendant...

22) Item le dit *champ du Pendant*... quatre boicellées... tenant au chemin... de la Brétinière à Pierre-Couverte à main droite.

« 23) Item une autre pièce de terre appelée *les Chaumes*... quatorze boicellées... séparée en quatre pièces par des hayes, tenant... au chemin de la Brétinière à Pierre-Couverte, d'autre à celui de Châtillon à Saint-Mesmin à main droite...

« 24) Item une petite ouche appellée *l'Ouche du Châteigner*.. cinq boicellées, tenant ..au chemin. . de la Brétinière à Pierre-Couverte à main gauche, d'autre au jardin et grand pré cy-dessus confronté.

« 25) Item une autre pièce de terre ou pasty appelée *le Pasty de la Nouhe*... trois boicellées.. tenant d'une part au grand chemin de Saint-Mesmin à Châtillon à main gauche, d'autre aux terres de la Coutancière [1]...

« Tous lesquels domaines cy-dessus déclarés sont à la mesure des Deffands...

« Sur lesquels domaines messieurs vos auteurs percevoient autrefois mondit sieur les terrages, rentes et dixmes qui étoient anciennement dus sur la ditte métairie de la Brétinière, rendables à votre ditte seigneurie de la Jaquelinière, qui ont été aboully par acte passé sous la cour de la baronnie de Bressuire le quinze octobre mil-six cents quatre-vingt-douze, reçu par Allaire et Soullard, nottaires, et seulement sujets envers vous mondit sieur de la rente noble, féodalle et foncière portant fief et juridiction de vingt deniers rendable et portable à votre dite seigneurie de la Jaquelinière à chaque feste de Noël.

---

1. Ceux qui connaissent actuellement la terre de la Bertinière pourront se servir de cet aveu pour comparer le passé au présent. Ils y trouveront sûrement quelques changements, soit pour l'étendue des pièces de terre, soit pour leur nom. Cette constatation ne sera pas sans les intéresser.

« Qui sont tous les domaines que je tiens roturièrement
de vous, mon dit sieur, et que je vous rends par la présente déclaration... que j'ai fait écrire et signer à ma
requête aux nottaires de la ville et marquisat de Saint-
Mesmin soussignés aveq lesquels je me suis soussigné ce
jourd'hui dix juin mil sept cents quatre-vingt-huit.

CHARDON,   TURPAULT,
       no^{re}.   no^{re}.

Controllé à Pouzauges le 12 juin 1788.

Receu quinze sols.

GENTILZ. »

Au temps de la Révolution, les bâtiments de la Bertinière furent, comme tant d'autres, la proie des flammes.
Il y a deux ou trois ans, à l'occasion de réparations
qu'exigeait l'ancienne boulangerie, on découvrit plusieurs
pièces de bois à demi dévorées par le feu. C'était un des
derniers vestiges de l'incendie allumé à la Bertinière par
les bandes farouches du cruel Grignon.

La famille Touzalin resta propriétaire de la Bertinière
jusqu'à l'année 1837. A cette époque, une convention intervint, qui fit passer la Bertinière presque tout entière
des mains de Mme Radegonde-Félicité de Touzalin, veuve
de M. Charles-René Ague de la Voûte, fils aîné, chef de
bataillon [1], en celles de M. Charles Gouraud, propriétaire
et avocat, demeurant commune de Mautravers. L'acte fut
passé à Châtelleraut, le 15 mars, par M. Dupont et son
collègue, notaires en cette ville. M. Gouraud se fit représenter à cette occasion par M. Galletier, notaire à Jaulnay
(Vienne). La transaction avait pour objet la métairie de
la Bertinière, plus une rente perpétuelle de dix livres
tournois (c'est-à-dire neuf francs quatre-vingt-huit cen-
times de notre monnaie actuelle), due le 23 avril de chaque
année sur deux maisons situées à la Bertinière et deux
pièces de jardin y situées. L'acte porte que cette propriété

---

1. Mme de la Voûte demeurait pour lors à Châtellerault, rue des Cordeliers.

était échue à Mme Ague de la Voûte de la succession de
son père, M. Charles-Remy Touzalin, décédé en mil huit
cent un. L'entrée en jouissance devait suivre la signature de
l'acte. L'acquéreur prenait à sa charge deux rentes passives dont depuis longtemps était grevée la métairie de la
Bertinière, savoir : 1° une rente de huit décalitres soixante-
quinze centilitres de seigle, payable à M. Balin chaque
année le quinze août ; 2° une rente de vingt-trois décalitres dix-huit centilitres de seigle (représentant dix-huit
boisseaux mesure de Châtillon), payable chaque année,
le 15 août également, à M. Majou du Tail.

De plus, la vente fut consentie moyennant le paiement
d'une somme de vingt mille francs. Cette condition fut
remplie séance tenante ; M. Gouraud versa cette somme
en numéraire entre les mains de Mme Ague de la Voûte.

Le changement de propriétaire occasionna le changement de fermier, et le prix de ferme passa d'un seul coup
de six cents à neuf cents francs.

La Bertinière a toujours eu, depuis cette époque, le sort
de la Jaquelinière, du moins quant à la propriété de l'im-
meuble. Elle a toujours été cultivée par la même famille
depuis 1842. La contenance de la métairie est de 31 hectares 50 centiares.

XI. — LA DORBELIÈRE

La Dorbelière était sûrement autrefois une gentilhommière La maison de maître de ce hameau, qui a été
démolie il y a une cinquantaine d'années, l'indiquait suffisamment [1]. De plus, on voit dans l'acte de vente de la
métairie du Puy-Guillaume de l'année 1778 que la borderie du même village, dont le vendeur s'était réservé la
propriété, était une terre noble dépendant du fief de la
Dorbelière [2].

---

1. Toutes les haies extérieures des terres de la Dorbelière appar-
tiennent à cette ferme, qui consiste surtout en prairies et en pâturages.
2. A cette époque, la Dorbelière appartenait à M. de la Pastelière. Il
y a environ quarante ans, elle est passée des mains de M. de la Pastelière en celles de M. Henri Savary de Beauregard.

Au milieu du xviiᵉ siècle habitait à la Dorbelière « dame Renée Vexiau », laquelle était sûrement d'une condition au-dessus du vulgaire, comme l'indique déjà le titre de *dame*, dont on faisait précéder son nom toutes les fois qu'elle était mentionnée dans les registres paroissiaux de Mautravers. Car, à cette époque, on n'avait pas coutume de prodiguer ce qualificatif aux personnes du sexe.

Renée Vexiau épousa Nicolas le Bascle, sieur de la Touche-Vielle [1]. En quelle année eut lieu ce mariage ? On ne saurait le dire au juste ; mais il faut affirmer cependant qu'il remonte au moins à l'année 1625.

En effet, dans l'acte de partage passé à Saint-Mesmin entre tous les enfants de Macé Vexiau, le 18 décembre 1625, on voit figurer Nicolas le Bascle en qualité d'époux de Renée Vexiau. Il nous paraît important de reproduire en partie ce document. Les données générales et ce qui regarde spécialement Renée Vexiau sont de nature à intéresser les lecteurs de cet ouvrage. Qu'ils veuillent donc le lire attentivement.

« Sachent tous que en droict par devant nous notaires jurez soubz la cour du scel establiz aux contractz en la chastellenye de Sainct-Mesmin ont comparu en leur personne M. Léon Vexiau, demeurant en la maison noble des Nouhes, parroisse de Sainct-André sur Sayvre ; Toussainct Vexiau, sieur de Sainct-Nicolas, demeurant à Brilsac en en Jou [2] ; René Barrion, sʳ de la Corrionnière et dame Françoise Vexiau, sa femme, de luy bien et dhuement octorizée pour l'effaict du contenu des présentes, demeurant au lieu de l'Ouscheneuf, parroisse dudict Sainct-André-sur-Sayvre ; Nicollas le Bascle, sieur de Touche-vielle, et dame Renée Vexiau, sa femme, de luy bien et dhuement octorisée pour l'effaict du contenuz desdites pré-

---

1. La Touche-Vielle n'était autre que le village de Saint-Mesmin qu'on nomme aujourd'hui simplement la Touche. Ce village est désigné aussi sous le nom de Touche-Vielle dans deux actes de baptême du registre de Mautravers (5 septembre 1617 et 7 septembre 1618).

2. Ce passage est un des plus difficiles à lire dans l'original. Pour le comprendre, il faut nécessairement avoir entendu parler de la ville de Brissac en Anjou. — Toussaint Vexiau est l'ancêtre de la famille de Vexiau dont le chef habite Réaumur et est conseiller général du département de la Vendée.

sentes et octorisé aussi chascun desdits Le Bascle et sa
femme, de Me Nouel Ussault, leur procureur et curateur [1]
en la cause et faict du partage sy après mentionné, aussy
sy présente en sa personne, tous lesdicts Léon, Toussainct, Françoise et Renée Vexiau, enfans et héritiers des
deffunctz Macé Vexiau et Hellenne Pommeray et Philippe
Vexiau [2], comme aussi ont comparu en leurs personnes
André Martin, marchand, sieur de la Lunière, demeurant
au dict lieu de la Lunière paroisse de Saint-Mesmin-le-
Vieux, et M. Helly Desayvre, marchand, Sr de la Vergne,
demeurant au lieu du Breil-Barret, lesquelz dictz Martin
et Desayvre ont unanimement dict et déclairé auxdicts
Léon et Toussainct Vexiau, Barrion, Le Bascle et leurs
femmes et au dict Ussault, procureur et curateur desdicts
Le Bascle et sa femme, que comme par l'acte enregistré de
la cour de Sainct Mesmin du siziesme jour des présents
moys et an ils eussent été commis pour partager et diviser
en quatre lotz et portions esgalles les biens immeubles des
successeurs desdictz deffunctz Vexiau et Pommeray, ils
ont despuis veu et visitté en présence de chascun des
dicts Léon et Toussainct Vexiau, Barrion et Le Bascle et
leurs femmes et du dict Ussault procureur et curateur
desdictz Le Bascle et sa femme, tous les biens immeubles
que lesdictz Léon et Toussainct Vexiau, Barrion et Le
Bascle et leurs femmes et le dict Ussault curateur leur ont
dict être à eux et ont affirmé s'être enquis sur les lieux
des charges et debvoirs tant simples fonciers que féodaulx
dheuz pour raison des dictz immeubles, des rapports
de fermez que faisoist chascun des dicts immeubles par
année commune, ont faict mesurer et arpanter tous iceulx
dictz immeubles et toutes choses considérer au mieux qu'il
leur a esté possible, ont le tout divisé et partagé en quatre
lotz et portions, lesquels lotzs et portions ils auroist
employé en quatre divers billetz ou mémoriaux de tout
l'ung desquelz qu'ilz auroist nommé *premier lot*, contient
les choses qui ensuivent :

1. Il est à croire que les époux Nicolas Le Bascle et Renée Vexiau
n'avaient pas atteint l'âge de la majorité lors du partage en question.
2. Il est à croire que Philippe Vexiau, ici nommé, était l'aïeul des
héritiers et le père de Macé Vexiau.

« Premièrement la maison du *Sensif*, sise dans le bourg de Saint-Mesmin.....

« L'aultre desdictz lotz... contient la mestairye noble des *Brelutières*... paroisse de Menomblet.....

« L'aultre desdictz lotz qu'ils auroist nommé troisiesme lot contient les choses qui ensuyvent :

« Premierement les neuf vingtiesme partyes (les vingt faisant le tout) de la mesteryie et tenement de la *Dorbelière* en la parroisse de Mautravers, consistant en maisons, loges, tetz [1], dans lesquelles maisons y a chambres basses, selliez et aultres commodittez avecque les droictz à la dicte raison ès ayres, ayraulx, quéreux, quernages, jardins, prez, boys, pastis, terres labourables et aultres, tout ainsy que en jouist à tiltre de ferme Jehan et Louys Guilloteaux.

« Item les troys cars d'un grand pré appelé le pré de *la Barboire*, joignant la dicte mesterye de la Dorbelière et la rivière de la Sayvre, contenant tout le dict pré environ douze journaulx.

« Item *un autre petit pré* contenant environ deulx journaulx, joignant le dict grand pré sy dessus et à la dicte rivière de Sayvre, lesdictz deulx prez sy dessus en ladicte paroisse de Mautravers.

« Item la *moytié en troys cars* de la mesterye de Villecrue [2] parroisse de la Pommeraye-sur-Sayvre, consistant en troys maisons, loges, ayres, ayraulx, quéreux, jardins, prez, boys, pastis, terres labourables et aultres, tout ainsy que en jouissent à présent à tiltre de ferme Mathurin et Nicollas Guilletz.

« Item *la moytié du bordage* sis dans et *pres le bourg de Co(u)llonge Thou(a)rsois*, consistant premièrement en maisons, dans l'une desquelles il y a un pressoir à vin ; plus en ayres et jardins y joignant devant et derrière, en ousches et terres labourables, vignés dénommées cars du fief appellé la Brosse et Mareschaulle, ainsi que parest droict ès dixmes qui en dépandent, dans lequel bordage est à présent demeurant bordier Phelibert Savary.

---

1. On dit encore souvent, dans la région, un *tet*, mot qui vient du latin *tectum*, toit, pour désigner une étable quelconque.
2. On dit aujourd'hui Villecreux.

« Item la *rante foncière de demye charge de seigle* dheue sur la mesterye de la Brenclière [1], en la parroisse de Srizav.

« Item la *rante demy boiceau seigle* dheue sur une pièce de terre apartenant à Mathurin Desbarres, du village des Barres, paroisse de Pouzauges.

« Item la *cinquiesme partye* ou ung peu moins *dung bordage au village du Bois-Borgnet*, paroisse de la Pommeray, exploitée par Mathurin Brethelot.

« Item la rante foncière *d'une charge de seigle* dheue sur le tenement de la Grossière et Terinière, parroisse de Saint-Mesmin-le-Vieux.

« L'aultre desdictz lotz que ils auroist nommé quatriesme et dernier lot contient.. la mesterye noble de la *Passedonifière*, située en la dicte paroisse de Sainct-Mesmin-le-Vieux...

« Lesquelz dicts quatre lotz lesdicts Desayvre et Martin ont dict estre esgaux et de mesme valleur, scelon leur jugement, congnaissance et conscience, ce que entanduz par chascun desdicts Léon et Toussainct Vexiau, Barrion et sa femme, Le Bascle et sa femme et le dict Ussault leur curateur, et ayant chascun d'eulx bien supputé et considéré lesdicts lotz desdicts biens immeubles, ont déclaré tenir lesdicts lotz et partages pour bien et esgallement faictz et accordé de tirer entre eux au sort iceulx dicts lotz, à la charge de faire paier et acquictter par chascun d'eulx tous et chascun les debvoirs, cens et rantes tant simples fonciers que féodaulx dheuz pour raison des choses contenues au lot qui eschoira. Et à cet fin ont esté faictz quatre petits bultins de papier, en l'ung desquelz a esté escrit *premier lot* ; en l'autre a esté escrit *deuxiesme lot* ; en ung aultre a esté escrit *troisiesme lot* ; et en ung aultre a esté escrit *quatriesme lot*.

« Et ont esté lesdicts quatre bulletins mis et meslés ensemble en ung chappeau, pour en estre tiré ung pour chascun des dicts Léon, Toussainct, Françoise et Renée Vexiau, et pour apartenir à chascuns d'eulx les choses

---

1. Aujourd'hui on dit la Bernelière. Ce village est tout près de Beauchêne (commune de Cerizay).

contenues au lot marqué au billet que ils feront tirer scelon
que le contenuz desdicts lotz est sy dessus dé(tai)llé.

« Et ce faict du consentement desdicts Léon et Toussainct
Vexiau, et desdicts Barrion et sa femme et à l'octoritté
et par l'advis desdicts Le Bascle et Ussault curateur susdict la dicte Renée Vexiau a faict tirer pour soy dudict
chappeau par la main de Jehanne Denis, demeurant au
Puyglaume, aagée de quinze ans, fille de Pierre Denis et de
Magdelenne..... que elle a pour ce voulluz employer, ung
desdicts bultins et en lequel c'est trouvé escrit *troisiesme
lot*. Et la dicte Françoise Vexiau aussy du consentement
desdicts Léon et Toussainct Vexiau et de l'advis et à l'octoritté dudict Barrion son mary a faict tirer pour soy du
dict chappeau par la main de René Drochon, aagé de
quinze ans, filz de Georges Drochon et de Renée Audaye
ung aultre desdicts bultins, en lequel c'est trouvé escrit
premier lot. Et le dict Toussainct Vexiau, du consantement
du dict Léon Vexiau, a aussy faict tirer pour soy dudict
chappeau par la main du dict Drochon ung autre desdicts
bultins en lequel c'est trouvé escrit *quatriesme et dernier lot*.
Et l'aultre desdicts bultins (*le 2e*) qui estoict demeuré au
dict chappeau en a esté tiré encore par le dict Drochon
pour ledict Léon Vexiau.

Et sont à chascun desdicts Léon, Toussainct, Françoise
et Renée Vexiau demeuré pour leurs partz et portions des
immeubles desdittes successions les choses dessus déclarées et rapportée estre contenues ès lotz remarqués par
lesdicts motz *premier, deuxiesme, troisiesme* et *quatrieme
lotz*, scellon que lesdicts lotz, leurs seroist escheus par
lesdicts bultins tiré dudict chappeau, dont chascun
d'eulx c'est tenuz pour comptant et suffisamment lotté et
partagé.

. . . .

« Tout ce que dessus a estez faictz, déclaré, consanty,
voullu et accordé, stippullé et accepté présent Mre Léon
Pommeray, Pierre de la Barboire appelé et présent tant à
la visitte desdicts dommaynes estimation et lotz d'iceulx
par lesdicts Le Bascle et sa femme, tant par les dicts
Martin et Desayvre commissaires pour faire le dict partage que par chascun desdicts Léon et Toussainct Vexiau,

Barrion et sa femme, Le Bascle et sa femme à la dicte
octoritté, ont promis respectivement l'entretenir, garder et
accomplir et dict faire, donner les foys et serments de
leurs corps, obligés et ipotecqués tous et chascun leurs
biens meubles et immeubles présents et futurs quelconques...

« Fait et passé au bourg de Sainct-Mesmin-le-Vieux, après
mydy, en la maison du dict lieu du Sensy (f), où réside la
dicte Françoise Gazeau y vendant vin, le dixhuictiesme
jour de décembre mil six cent vingt-cinq.

« Ainsy signé à la minutte des présentes : L. Vexiau,
R. Barrion, N. Le Bascle, T. Vexiau, R. Vexiau, F. Vexiau,
N. Ussault, Desayvre, Pommeray, A. Martin. Pour grosse :

<table>
<tr><td>J. DRUETEAU,
no^{re}.</td><td>GAULTREAU,
no^{re} (J'ay la minute [1]). »</td></tr>
</table>

Renée fut la seule personne de la famille Vexiau qui
habita Mautravers. Elle y fit réellement un long séjour.
On ne saurait dire au juste en quelle année elle y vint ;
mais il est certain toutefois qu'elle y avait son domicile
en 1634, puisque le 13 avril de cette année-là fut baptisé à
Mautravers un enfant né à la Dorbelière et qui était fils de
Nicolas Le Bascle et de Renée Vexiau [2]. Elle était sûrement à la Dorbelière en 1655, puisque la liste des communiants de Mautravers pour cette année la désigne
ainsi : *Dame Renée Vexiau*. En 1674, elle assistait comme
témoin à un mariage célébré à Mautravers. Elle habitait
évidemment la Dorbelière deux ans plus tard, et c'est là

---

1. Les parties contractantes, ainsi que les témoins, n'ont signé que
la minute ; mais les notaires ont signé aussi la grosse qui s'est conservée jusqu'ici dans la famille de Vexiau, à Réaumur. Cette pièce est
sur parchemin fort. L'écriture, qui est de l'époque, est assez lisible.

2. Le parrain de cet enfant fut René Barrion. Bien que l'acte de
baptême n'en fasse pas mention, nous pouvons bien affirmer que
c'était son oncle, le sieur de la Corrionnière, qui est donné dans l'acte
de partage ci-dessus comme habitant non loin de là, à l'Ouche-Neuve,
sur la paroisse de Saint-André. — L'acte de baptême de René Le
Bascle indique bien comme lieu de naissance de l'enfant la Durbelière ; mais il est évident que c'est une erreur. L'acte a été rédigé par
le vicaire de Mautravers, qui était dans la paroisse depuis assez peu
de temps.

qu'elle dut mourir le 6 avril 1677, puisque le 8 des mêmes mois et année elle fut, d'après le registre paroissial, inhumée dans l'*église* de Mautravers. Il est à croire que son mari était mort depuis longtemps. La liste des communiants de Mautravers de 1655 n'en fait pas mention. Pour une raison qui nous échappe absolument, Renée Vexiau préféra toujours son propre nom à celui de son mari. Ses enfants (elle en eut au moins deux) ne durent pas lui survivre. Toujours est-il qu'un acte de baptême du 19 février 1696 donne comme sieur de la Dorbelière François Bisson. Cet acte se rapporte à un enfant Guilloteau, né à Dorbelière, et qui, eut pour parrain François Bisson. Ce qui prouve que François Bisson habitait Mautravers à cette époque, (et où pouvait-il habiter ailleurs qu'à la Dorbelière ?) c'est que l'année suivante il mourut en cette paroisse. Il était sûrement considéré comme un notable du lieu puisqu'il eut, lui aussi, l'honneur d'être inhumé dans l'église. Au reste, son acte de décès lui donne un autre titre, celui de sieur de la Maigreboire. Rien n'empêche qu'il n'eût possédé simultanément les deux terres de la Dorbelière et de la Maigreboire.

XII. — DOLLEBEAU

A côté de la* Dorbelière, sur les bords de la Sèvre, il y avait autrefois un moulin du nom de Dollebeau. La tradition en a gardé le souvenir. Au reste, à l'endroit où il était bâti, il y a encore quelques matériaux de construction : un tas de moellons, plusieurs pierres taillées, etc. Les chemins qui conduisaient à ce moulin (car il y en avait probablement deux) sont détruits en partie ; mais il serait assez facile de les reconstituer sur le papier L'un devait contourner le village de la Dorbelière et aller rejoindre le chemin de Montravers à Pierre-Couverte vers le pont de la Bertinière. L'autre devait monter dans la direction du N -E. et se confondre à mi-côte avec un chemin, à peu près impratiqué aujourd'hui, qui conduit de la grand'-route à la Fillolière.

Le registre paroissial nous fournit deux documents incontestables sur le moulin de Dollebeau. Le premier est

un acte de baptême. Le voici : « Le 20 may 1620 a esté
baptizé Pierre filz de Louis Brouard et Georgette Gavé,
demeurant à Dollebeau. Les parrains [1] ont été Pierre
Bodin et Claude Morin, et la marrine Perrine Gavé, par
moy Missire J. Rochereau (vic.) » Le second est aussi un
acte de baptême, qu'il paraît utile de donner intégralement. « Le 26 septembre 1626 a esté baptizée Jacquette
fille de Louis Buiault et Marie Peaut du moulin de Dollebeau. Les parrain et marrine sont Jean Grolleau et Jeanne
Le Bascle, par moy Morice Guérin (curé). »

On voit par ces deux actes qu'il y avait à cette époque
deux familles distinctes à Dollebeau, ou bien qu'il y eut
entre 1620 et 1626 changement d'occupant au moulin
ainsi nommé.

XIII. — LA FILLOLIÈRE

Le fief de ce nom existait sûrement au xviie siècle.
Dans un acte de mariage de l'année 1675, on voit figurer,
en qualité de témoin, messire Jean Guilloteau, sieur de
la Fillolière. Le même Jean Guilloteau mourut la même
année et fut enterré dans *l'église* de Mautravers, ce
qui prouve qu'il était considéré comme un notable de la
paroisse. En 1778, le fief de la Fillolière appartenait à
noble homme Houdet, sieur du Gravier, avocat en parlement, sénéchal de la ville et marquisat de Pouzauges et de
la baronnie du Puy-du-Fou. M. Houdet du Gravier habitait alors au Puy-Trumeau, en la paroisse Saint-Jacques
de Pouzauges. Il avait plusieurs enfants, dont l'un était
prêtre. C'est ce dernier qui, étant vicaire au Boupère, en
1784, fit opposition, en son nom et au nom de ses frères et
sœurs, à la vente de la Faverie par les d^{lles} Turquand à
M. Durand, docteur médecin à la Pommeraye. La raison de
cette opposition était la sauvegarde des droits que possédait sur la Faverie la famille Houdet du Gravier Dans
l'intervalle de 1778 à 1784 était survenu le décès de
M. Houdet père. Voilà pourquoi la réclamation occasionnée
par la transaction survenue au sujet de la Faverie fut

---

1. On remarquera ici que l'enfant, parce qu'il est du sexe masculin
a deux parrains avec une marraine.

La Fillolière (logis).

faite par M. Daniel-Jacques-Marie-Timothée Houdet du Gravier. M. Durand paya ce qu'il devait, et M. l'abbé Dugravier, devenu chanoine de Luçon, lui en délivra quittance le 15 juin 1785.

Le *Pré Gras*, qui faisait, en ce temps-là comme aujourd'hui, partie de la métairie du Puy-Guillaume, devait, lors de la vente de cette terre en 1778, dix sols de cens annuel au fief de la Fillolière.

La maison de maître de la Fillolière fut incendiée, au temps de la Révolution, par une des colonnes dites *infernales*, qui avaient reçu pour mission de mettre tout le pays à feu et à sang. Il paraît toutefois que ce fut par erreur : c'est, dit la tradition, la Dorbelière qui aurait été désignée au chef de la colonne.

Vers 1830, M. Charles-Armand Gouraud, avocat, vint se fixer à la Fillolière. Il était, par sa mère, le petit-fils ou l'arrière-petit-fils du sénéchal de Pouzauges. C'est donc par voie de succession que la Fillolière tomba entre ses mains. Quelques années plus tard, il épousa Mlle Louise Jolly, de Poitiers. Il mourut en 1845, laissant toute sa fortune à l'enfant que son épouse devait mettre au monde peu de temps après. La mort de cet unique enfant, survenue trois ans plus tard, fut l'occasion d'un changement de propriétaire pour la Fillolière. Mme Gouraud mère se montra aussi obligeante que possible pour sa belle-fille : elle voulut donner à celle-ci la part qui lui revenait en sa qualité de représentant unique des ascendants paternels de l'enfant. Mais Mme Gouraud jeune ne voulut rien prendre hormis ce que la loi lui concédait, c'est-à-dire la moitié du tout. La Fillolière retourna donc à Mme Gouraud mère. Celle-ci était déjà avancée en âge. Aussi elle ne manqua point de disposer de ses biens de Montravers (comme des autres, sans aucun doute) par un testament en bonne et due forme. Après sa mort, la Fillolière, avec le bois dit le *Bois-Neuf*, passa à M. Barbot, médecin à Châtillon et neveu de Mme Gouraud mère. De M. Barbot la Fillolière passa à sa fille, Mme de la Guépière. Celle-ci, par testament, donna à M. Charles Barrion, docteur médecin à Châtillon, la Fillolière et presque tous ses autres biens.

Le 11 août 1898, M. Charles Barrion mourut à la Fillolière, où il habitait depuis une quinzaine d'années. Dans son testament il donna par préciput et hors part la Fillolière à sa filleule et nièce, Mme Charlotte Leroy, épouse de M. Arthur Fruchard, industriel à Paris.

Depuis la Révolution, la Fillolière a subi, à des intervalles assez rapprochés, beaucoup de travaux de construction, de terrassement et de plantation, qui en ont fait une habitation bourgeoise des plus confortables ; et il semble que le dernier mot ne soit pas dit.

XIV. — LA PIQUEMINIÈRE

Aujourd'hui, on désigne ordinairement sous le nom de Piquemière le village que les actes publics les plus anciens nomment régulièrement la Piqueminière. C'est, à n'en pas douter, ce dernier nom qui doit être officiellement employé.

Le village de la Piqueminière ne présente au point de vue architectural aucune curiosité qui soit digne de l'attention des chercheurs ; mais en revanche on y trouve une famille qui est une des plus anciennes de Montravers, et en même temps une des plus riches en glorieuses alliances, la famille Jadault. Nous croyons bien pouvoir affirmer qu'elle est à Montravers depuis trois siècles au moins. A chaque instant, pour ainsi dire, dans le cours du xviie siècle, les registres de Montravers présentent le nom de Jadault. Mais s'il est difficile de montrer le lien qui existe entre les premiers Jadault et ceux qu'on trouve à leur suite, il n'en est pas ainsi depuis Jacques Jadault [1], qui mourut à la Fillolière en 1709. Il avait épousé en premières noces Louise Tisseau, qui mourut en 1698, et il se remaria, en 1701, avec Laurence Blanchard. Il n'eut qu'un enfant (une fille) de sa seconde femme. Sa première femme lui avait donné au moins cinq garçons : Jacques, Louis, Pierre, Jean et Antoine. Jacques Jadault habita successivement la Bertinière et la Fillo-

---

1. Il est mentionné pour la première fois au registre de Mautravers en 1694, à l'occasion du baptême d'un de ses fils, Jean. Il habitait alors la Bertinière. Pour cette époque, malheureusement, les registres sont remplis de lacunes : plusieurs des années (4 ou 5 en 20 ans) font totalement défaut.

lière, y exerçant le métier de tailleur d'habits. Son fils
Antoine, qui prit sa succession en qualité de tailleur, fut
l'aïeul de tous les Jadault qui habitent Montravers actuellement. Par l'acte de baptême de l'un de ses enfants, nous
voyons qu'il était établi à la Piqueminière dès 1724. Les
papiers de la famille Jadault nous apprennent qu'il dut
payer à la châtellenie des Deffends 18 livres comme « droits
de rachapt. lods, etc. », à l'occasion de plusieurs acquêts
territoriaux faits par lui à la Piqueminière. Ils montrent
aussi qu'Antoine Jadault fit l'acquisition d'une rente de
7 livres, en 1743, et que, en 1752, il amortit une rente
passive de 66 livres 13 sols imposée sur une maison
qu'il possédait déjà à la Billière, paroisse de Combrand.
Il mourut en 1772, à l'âge de 80 ans. Un de ses fils,
Jean, fit choix du métier de tailleur, qu'il exerça à Montravers jusqu'à la fin de sa longue vie. Il mourut à 98 ans.
Il s'était marié deux fois à 52 ans d'intervalle : une première fois à l'âge de 20 ans, en 1749, et une seconde fois
à l'âge de 72 ans, en 1801. Il ne laissa point de postérité
masculine. Le nom de Jadault devait se perpétuer à Montravers par un autre fils d'Antoine Ce dernier s'appelait
Louis. Il apprit le métier de charron et habita, lui aussi,
la Piqueminière. Il y a lieu de penser qu'il s'occupait,
entre temps, de la culture de l'héritage paternel ; car un
acte de l'époque, dans lequel il est mentionné incidemment, le donne comme bordier. Il se maria deux fois,
comme son frère. Sa seconde femme s'appelait Madeleine
Tiraqueau, et elle était née à Saint-Philbert-du-Pont-Charrault (Vendée). De cette union naquirent plusieurs enfants,
dont un, Jean, prit part à l'insurrection vendéenne et eut
l'honneur de donner sa vie pour la noble et sainte cause
de la religion catholique : il fut tué dans un combat près
de Luçon en 1793. Un autre fils, nommé Louis, qui se distingua également dans l'armée vendéenne, avait adopté la
profession de cultivateur. Il alla exploiter une terre à
Saint-Amand, et il fut le père de deux garçons, qui revin-
rent plus tard habiter Montravers et y faire valoir le bien
de famille. L'aîné, Louis, était de 1808. Il se maria dans
un âge assez avancé ; mais il eut cependant trois enfants :
deux garçons et une fille. Le plus jeune, Marie, qui naquit

en 1820, épousa une personne alliée à la famille Barrion, de Bressuire, et à la famille de Vexiau, de Réaumur. Ces deux branches de la famille Jadault ont encore aujourd'hui des représentants à Montravers.

Nous avons tout à l'heure prononcé le nom de Tiraqueau. Il est bon de dire en quelques mots ce qu'il y a de glorieux pour la famille Jadault d'être rattachée à ce nom illustre. On ne peut mettre en doute, en effet, la liaison qui existe entre la famille Jadault de Montravers et celui qui a rendu à jamais célèbre le nom de Tiraqueau.

Madeleine Tiraqueau était de Saint-Philbert-du-Pont-Charrault, localité où il n'y a jamais eu qu'une famille de son nom. Longtemps après elle, la famille Jadault avait encore du bien à Saint-Philbert, et elle regardait comme ses parents ceux qui y portaient le nom de Tiraqueau. Jehan Tiraqueau[1] avait quitté Saint-Philbert vers la fin du xve siècle, pour aller s'établir comme notaire à Fontenay. Là, il eut quatre fils : André, qui devint un célèbre jurisconsulte ; Aubin, qui choisit la profession de son père; François, qui embrassa la carrière du barreau ; et Nicolas, qui revint à Saint-Philbert pour y exercer le négoce et y perpétuer le nom de Tiraqueau jusqu'au milieu du xixe siècle. « En 1840, dit le *Magasin pittoresque* (année 1874, p. 151-152), un magistrat vendéen entra à Saint-Philbert, dans une pauvre maison habitée par un vieillard et ses trois filles. Frappé du nom de ses hôtes, il les interrogea, et apprit d'eux que la tradition du pays les disait alliés à de puissants seigneurs. Une liasse de titres, enveloppés dans un fragment du traité sur la loi *Si unquam*[2], lui fut montrée et lui prouva qu'il avait devant lui les derniers héritiers du plus jeune frère de notre grand jurisconsulte, les seuls[3] représentants de la famille Tiraqueau. »

---

1. Jehan Tiraqueau possédait à Saint-Philbert un petit fief noble, la Doit A cette occasion on lui donne quelquefois le titre de *seigneur de la Doit*, bien qu'il fût toujours un simple bourgeois. André, le plus illustre de ses fils. a cru pouvoir se féliciter d'être le premier gentilhomme de sa famille. François, un autre de ses fils, fut, lui aussi, anobli.

2. C'est le nom qui fut donné à une loi romaine célèbre.

3. Les Jadault de la Piqueminière se souviennent d'avoir entendu dire à leurs pères, qui étaient nés au commencement du xixe siècle, qu'ils avaient à Saint-Philbert des parents du nom de Tiraqueau.

Traçons maintenant à grands traits la vie de celui qui illustra le nom de Tiraqueau. Il naquit vers 1480. Il reçut le nom d'André. Son père l'envoya à Poitiers [1] pour y étudier le droit. Après de brillantes études, il fut reçu docteur en cette science. A cette occasion, il gagna la bienveillance d'André de Vivonne, grand sénéchal de la province, qui le fit nommer juge prévôtal et lieutenant au siège judiciaire de sa ville natale. Son installation dans ses fonctions coïncida avec l'arrivée de Rabelais au couvent des Cordeliers de Fontenay. André Tiraqueau ne tarda pas à faire sa connaissance et à se lier d'amitié avec lui. Ensemble ils étudièrent la langue grecque, sous la direction du célèbre helléniste Pierre Amy, religieux qui habitait le même couvent que Rabelais. André Tiraqueau resta toujours lié avec Rabelais, qui l'appelait parfois « le bon, le docte, le sage, le tant humain, tant débonnaire et équitable Tiraqueau ». Il acquit bientôt la réputation d'un auteur distingué ; d'illustres personnages se firent un devoir de le protéger et de porter son nom jusqu'à la cour ; et Théodore de Bèze se plaisait à l'appeler « le Varron de son siècle ».

Il avait des fréquentations avec un grand nombre de savants de son temps. Il faut bien dire qu'il ne paraissait pas se soucier des principes religieux de ses amis ; aussi son orthodoxie a-t-elle été quelque temps mise en doute. Ne peut-on pas affirmer que c'est dans le but de réagir contre cette opinion qu'il se montra sévère, en sa qualité de magistrat, contre les premiers adeptes du protestantisme qui parurent dans les limites de sa juridiction ? C'est lui qui prononça la sentence de la première personne qui fut brûlée vive, à Fontenay, pour cause d'hérésie. Cette sentence, qui fut portée contre une paysanne des Essarts, Marie Bécandeau, eut pour résultat de le laver du soupçon de protestantisme qui pesait sur lui.

Il avait épousé Marie Cailler, fille du magistrat Arthus Cailler, avec laquelle il vécut très heureux pendant 43 ans.

---

1. L'Université de Poitiers, où l'on enseignait, avec le droit, la théologie, la médecine et les beaux-arts, avait été fondée en 1431. La bulle d'érection porte la date du 29 mai, veille du supplice de la B. Jeanne d'Arc.

Son épouse lui donna de très nombreux enfants. D'aucuns vont jusqu'à dire qu'elle en eut une trentaine ; les plus modérés lui en donnent au moins 17 ou 18. Toujours est-il qu'il y en avait encore 11 de vivants à la mort du père.

Tout en remplissant, à la perfection, les devoirs d'époux et de père, André Tiraqueau ne négligeait pas les travaux de l'esprit. Il menait de front l'étude du droit et celle des écrivains de l'antiquité. Son premier ouvrage parut en 1515. Il avait pour titre : *De rebus connubialibus et jure maritali*. Ce premier-né de ses veilles, qui avait trait, comme on le voit, au mariage ainsi qu'aux lois s'y rapportant, fut la première assise de l'édifice de sa réputation. Ce qui distinguait cet ouvrage et en faisait un objet d'admiration, c'était, a-t-on dit, « une science profonde des lois, le langage des législateurs, une latinité pure, et une érudition prodigieuse ». Plus de 750 auteurs ou ouvrages divers y sont cités.

Le succès étonnant de cet ouvrage valut à son auteur la nomination de conseiller au parlement de Bordeaux. Les historiens se plaisent à faire remarquer que le jeune élu (il n'avait que 35 ans) recueillit en cette occasion l'unanimité des suffrages. On croit qu'il n'alla jamais occuper son poste à Bordeaux : il préférait le séjour de Fontenay et la vie d'études qu'il pouvait y mener. Toutefois il crut devoir témoigner sa reconnaissance à l'illustre compagnie qui l'avait honoré de sa confiance, et, en 1534, il lui dédia un autre de ses ouvrages, un traité sur la loi : *Si unquam... de revocandis donationibus*. C'était là sûrement une œuvre de haute valeur, puisqu'elle eut pour effet d'attirer sur son auteur l'attention de François Ier. En effet, le 14 juin 1541, André Tiraqueau fut appelé par le roi lui-même à siéger, en qualité de conseiller, en la grand'-chambre du Parlement de Paris. Il fut installé dans cette fonction le 22 novembre de la même année.

Les honneurs dont il était comblé ne lui faisaient pas perdre le goût de l'étude. De 1541 à 1558, il donna au public au moins douze ouvrages importants. Dans ce nombre il faut remarquer surtout le *Commentaire de la coutume du Poitou* ; le traité qui avait pour titre : *De utroque retractatu municipali et conventionali*, ainsi que le livre sur

la noblesse et le droit d'ainess, qui fut dédié au roi
Henri II.

Ses œuvres sur le droit, qui dénotaient une science et
des recherches capables d'effrayer les érudits les plus la-
borieux de notre temps, formaient cinq volumes in-f° de
l'édition de 1574. Elles étaient toutes écrites en latin.
Elles firent longtemps autorité dans les écoles. Le nom de
Tiraqueau y était vénéré à l'égal de celui de Cujas, et le
professeur ne le prononçait jamais sans se découvrir [1].
Saint Alphonse du Liguori a cité Tiraqueau dans sa théologie morale.

En 1552, sans doute à l'instigation de Rabelais, André
Tiraqueau, malgré son âge avancé (72 ans), entreprit le
voyage de Rome. Les historiens s'accordent à dire que ce
voyage eut pour effet de développer son goût pour les
beaux-arts et les objets antiques. En tout cas l'illustre
vieillard en profita pour faire graver sa physionomie sur
le bronze. Il reste encore trois exemplaires du médaillon
qui nous rappelle les traits d'André Tiraqueau. L'un d'entre eux a été légué par son possesseur, M. Faustin Poly
d'Avant, au cabinet des médailles. Cette gravure nous représente A. Tiraqueau avec une figure énergique et bien-
veillante, des yeux expressifs, un nez long, une bouche
fine. L'exergue de la médaille est celui-ci : *A. Tiraquellus,
senat Par. Romæ 1552* : « André Tiraqueau, conseiller au
parlement de Paris. Rome, 1552 [2]. »

Tiraqueau avait trouvé dans le travail la fortune et la
renommée. La vente de ses ouvrages lui avait permis d'a-
cheter un domaine pour chacun de ses nombreux enfants.
Au reste, quand il mourut (1558), ces enfants étaient
presque tous placés, et très honorablement. Le plus illustre fut son fils Michel, qui se fixa à Fontenay où il fit bâtir
une belle maison dans l'enclos de Bele-bat. En 1544, sur
la demande de son père, la lieutenance de Fontenay fut
transformée en sénéchaussée de 2e ordre, et ce fut Michel

---

1. Le professeur se faisait un devoir en même temps d'employer la
formule : *Tiraquellus noster* : notre Tiraqueau.

2. André Tiraqueau avait fait faire une première fois son portrait
sur toile. Cette œuvre d'art et ce souvenir d'une gloire locale fut conservé longtemps au tribunal de Fontenay, dans la salle du conseil.

Tiraqueau qui en fut le premier président. D'après le savant de Sainte-Marthe, André Tiraqueau compte des descendants dans les familles de Noailles, d'Escoubleau de Sourdis, d'Aubigné, de Gontaut, de Froulay, de Beaudeau, etc. L'antiquaire Benjamin Fillon a donné une liste aussi complète que possible des descendants de Tiraqueau [1]. Cette liste, qui occupe une place importante dans les opuscules de Fillon, se trouve à la bibliothèque de la ville de Poitiers.

XV. — LE PUY-MENANTIER

Il ne reste au Puy-Menantier aucune trace d'habitation seigneuriale, hormis la haie de buis gigantesque qui entoure, en formant l'hémicycle, l'aire de la ferme actuelle. A la fin du xviie siècle, habitait au Puy-Menantier, et très probablement à titre de seigneur et maître, Pierre Auréreau, fils de Jacques Auréreau. Une fille de ce nom, Jacquette Auréreau, épousa en 1702, d'après Bauchet-Filleau, Jacques-Hilaire Debelhoir [2], qui devait être le proche parent de Pierre Debelhoir, procureur syndic perpétuel de la paroisse de Mautravers à cette époque et dont il a été question antérieurement.

En tout cas, les titres relatifs à une des borderies de la Piqueminière permettent d'affirmer que, en 1772, cette borderie relevait de la seigneurie et fief du Puy-Menantier. Au reste. donnons intégralement cette pièce, pour mettre le lecteur à même de se faire à cet égard une conviction par lui-même.

« C'est la déclaration que de vous   Chauvin, seigneur

1. Une fille d'André Tiraqueau, Catherine, fut la bisaïeule du maréchal Catinat, qui fut nommé par Louis XIV lieutenant général des armées française, en 1688. Une fille d'André II T. Marie, savait le latin, le grec, l'hébreu et les sciences de son époque. Cf. opuscules de B. Fillon et l'*Histoire de Saint-Aubin de-Baubigné*, p. 206.
2. Jacques-Hilaire Debelhoir était fils de Jacques Debelhoir, procureur au présidial de Poitiers vers 1640. Il était lui-même, d'après le dictionnaire Bauchet-Filleau, écuyer et sieur de la Fond.

du Puy-Menantier et du fief du dit lieu, nous, Jeanne-Marie
Boisdon, veuve du sieur Michel Turquand, vivant bourgeois, au nom et comme mère tutrice de leurs enfants,
demeurant à la Faverie, paroisse de Montravers, — Jean
Jadault, tailleur d'habits, — Louis Jadault, bordier [1], et
Jean Gâtard, aussi bordier, demeurant à la Piqueminière,
même paroisse de Montravers, tenons et avouons tenir de
vous mondit seigneur, à cause de votre dit fief du Puy-Menantier, roturièrement les domaines ci-après, savoir, moi
dite Boisdon, veuve Turquand, au dit nom, le tiers d'une
borderie sise au dit lieu de la Piqueminière, dont le surplus appartient au dit Jean Jadault, lequel tiers consiste
en un petit champ à semer environ un boisseau de blé
mesure des Deffends... plus un autre champ appelé le
champ de la Boisselée, contenant à semer environ un
boisseau de blé, même mesure... plus un autre champ
appelé actuellement le champ du Milieu, contenant environ
trois boisselées et demie à semer blé, susdite mesure,...
plus la dite pièce de jardin formant le tiers du jardin
appelé l'Ouche,... plus cinq pièces de jardin dans le Jardin-
Neuf, à contenir ensemble à semer environ deux boisseaux
et demi de lin susdite mesure,

   « moi dit Jean Jadault,

   « moi dit Gâtard,

   « moi dit Louis Jadault,

qui sont toutes les choses que nous tenons et avouons roturièrement tenir de vous, mondit seigneur, à cause de
votre fief du Puy-Menantier, et sur lesquelles vous avez
droit de percevoir, dans les terres labourables, le terrage
à la sixième partie des fruits rendables et la dîme au douze
dans les jardins, et sur lesquelles vous est encore dû en
solidité trois sous huit deniers de cens par chacun an, au
terme de   et que nous vous rendons par la présente notre
déclaration à laquelle nous faisons arrêt, sauf à la corriger
si faire se doit, et en foi de quoi nous l'avons signée, fors
moi dit Gâtard, qui ne le sais pas, et l'avons fait écrire aux
notaires de la ville et duché-pairie de Châtillon-sur-Sèvre

---

1. C'est très certainement le même qui est donné ailleurs comme
charron.

et de la châtellenie des Deffends [1], ce jourd'hui 23 mars 1772.

« Jeanne-Marie Boisdon, veuve Turquand.

« Jadault, Jadau [2].

« Chasseriau, no^re, Gouraud, notaire passeur pour tout registre.

« Contrôlé à Châtillon, le 23 mars 1772, Haufran. »

« La présente déclaration a ce jourd'hui 23 mars 1772 été reçue par Me René-Antoine Germond, notaire royal et procureur fiscal du Puybenoitier [3], sauf les peines, s'il y échoit et sous la réserve générale de tous les droits féodaux et seigneuriaux du dit seigneur du Puybenoitier, dont il lui est dû par les susdits rendants vingt-neuf années d'arrérages. »

C'est à cette époque que vint s'établir au Puy-Menantier la famille Vion. Le chef de cette famille, *Pierre Vion* (1) avait épousé Jeanne Caillaud. Il habitait encore à Rorthais en 1773, puisque c'est dans cette paroisse que naquit Marie Vion, sa fille, qui épousa plus tard Philippe Turquand. Mais il était métayer à Montravers en 1775, comme en fait foi l'acte de baptême de son fils Pierre. Dans le registre de 1779, il est porté comme métayer au Puymenantier. Il mourut dans ce hameau en 1785, à l'âge de 50 ans. Il avait eu, depuis son arrivée à Montravers, au moins trois enfants : l'un d'eux avait reçu au baptême le nom d'Etienne, et l'autre, ceux de *Jean-Marie* (2). Ce dernier devait être la souche de toutes les familles de Montravers qui portent le nom de Vion. Il eut pour enfants : *Pierre* (3), Etienne, Joseph, Louis, Jean et Joséphine. Pierre tout seul devait finir ses jours au Puy-Menantier. Il eut pour enfants un autre Pierre, Louis, Etienne et Marie,

1. On voit par là que les mêmes notaires étaient aux ordres de la duché-pairie de Châtillon et de la châtellenie des Deffends.

2. On peut remarquer ici deux frères qui n'écrivent pas leur nom de la même manière.

3. Nous avons ici un premier spécimen des méprises dont le Puy-Menantier a été l'objet. On en verra plus loin un autre plus ancien encore. Mais hâtons-nous de dire que nous n'avons trouvé que deux fois le nom de Puybenoitier en des actes notariés se rapportant évidemment au Puy-Menantier. D'où vient cette erreur ? Il serait difficile de le deviner à une pareille distance. En tout cas, on ne trouve jamais, dans le registre paroissial, d'autre nom que celui de Puy-Menantier.

épouse de Joseph Billy. De ces derniers, c'est *Pierre* (4) qui devait se fixer au Puy-Menantier. Il y fut le père de cinq enfants, qu'il eut la satisfaction d'élever : *Auguste*(5), Henri, Gabriel, Marie, Isabelle, et d'un autre Pierre, qui mourut en bas âge. Auguste Vion, qui a toujours habité le Puy-Menantier, est le père de deux enfants dont l'aîné se nomme lui aussi *Pierre* (6). On peut remarquer que le nom de Pierre figure à toutes les générations, dans la famille Vion, depuis son établissement au Puy-Menantier.

Revenons un peu en arrière. En 1828, les deux frères Pierre et Jean-Marie Vion avaient acquis solidairement un quart de la métairie du Puy-Menantier, pour la somme de trois mille trois cents francs, de François-Modeste Chauvin (le fils ou le petit-fils du seigneur du Puy-Menantier ci-dessus mentionné). M. Fr.-M. Chauvin habitait Angers. Il avait recueilli cette portion de domaine dans la succession de sa sœur, Rosalie Chauvin, veuve Le Breton. Les trois autres quarts de la même métairie furent encore achetés par les frères Pierre et Jean-Marie Vion. La vente fut consentie en 1835, par la propriétaire, Mme Gauthier, née Marguerite Chauvin, moyennant le payement de la somme de douze mille francs. Mme Gauthier avait acquis elle-même cette propriété dans les conditions suivantes : la moitié de la métairie dans la succession de dame Urbaine Toquet, veuve de François Chauvin, décédée en 1812, et le quart restant dans la succession de Rosalie Chauvin, sa belle-sœur. Mme Gauthier, au moment où elle vendit sa part de la métairie du Puy-Menantier, habitait au bourg de Couture, canton de Gennes, arrondissement de Saumur (Maine-et-Loire).

XVI. — LE PUY-GUILLAUME

Le hameau que l'on désigne ordinairement à Montravers sous le nom de Peûillâme est assurément celui dont le nom a subi le plus de modifications. Le cadastre lui donne le nom de Peuliame. Sur une tombe, dans le sud-ouest de l'Angleterre, on trouve le nom de Puyliaume, qui se rapporte sûrement à notre hameau. La liste des communiants de Mautravers en 1655 cite le Puylaume.

Dans plusieurs actes notariés on trouve écrit le Puillaume. Un parchemin de 1615, relatif à la métairie de la Faverie, parle plusieurs fois du Puy-Glaume, comme confinant les terres de la Faverie. Mais plusieurs fois aussi nous trouvons dans les registres de la paroisse de Mautravers le nom de Puy-Guillaume. C'est le nom qu'employait le curé Jean Guilbault, après avoir passé au moins vingt-cinq ans à Mautravers. Au reste, le nom de Puy-Glaume, qui se rencontre le plus fréquemment dans les registres des xviie et xviiie siècles, est certainement la corruption du mot Puy-Guillaume. De nos jours encore dans certaines régions de la Bretagne, en particulier dans les Côtes-du-Nord, on appelle Glaume ceux qui ont reçu au baptême le nom de Guillaume. Les autres mots sont un peu moins ressemblants ; mais quand on a étudié les transformations subies par certains noms propres, on n'est pas du tout étonné d'apprendre que, de Puy-Guillaume, on a fait successivement Puy-Glaume, Puylaume, Puyliaume, Puillaume, Peuliâme et Peùillâme.

Le Puy-Guillaume est une ancienne gentilhommière. Les bâtiments actuels, qui ne ressemblent point à ceux des simples fermes de l'ancien temps, ont environ trois siècles d'existence. Ce hameau était sûrement habité en 1625. Un habitant du Puy-Guillaume prit une certaine part, cette année-là, au partage des biens laissés par Macé Vexiau et Hélène Pommeray, comme on l'a vu plus haut. En 1655, habitait au Puy-Guillaume une personne qu'on nommait tout simplement « Mlle du Puylaume ». Cette personne était-elle mariée ? Nous le croyons, malgré le titre de demoiselle dont on faisait précéder son nom ; car, à cette époque, une personne de famille noble, mais dont le mari n'était pas au moins chevalier, conservait le titre de demoiselle, même après son mariage, et, à plus forte raison, pendant son veuvage, s'il y avait lieu. Mlle du Puylaume avait d'ailleurs deux filles, qui figurent avec elle sur la liste des communiants de 1655. Son mari n'y est pas mentionné ; il était donc mort à ce moment, car on ne peut pas supposer qu'il y avait alors à Mautravers des hommes de

Le Puy-Guillaume (logis).

bonne famille ne faisant pas au moins leurs pâques [1].

Que devint ensuite la maison principale du Puy-Guillaume, jusqu'au milieu du xviiie siècle ? Nous ne saurions le dire avec assurance. Nous supposons toutefois, et non sans de bonnes raisons, qu'elle fut, dès le commencement du xviiie siècle, la demeure de la famille Barrion. En effet, un certain Charles Barrion, de la paroisse de Mautravers, y fut parrain en 1707 d'un enfant posthume de M. Guilbault de la Loge, qui venait de mourir à la Chironnière. Un acte de baptême de 1710 mentionne Mlle Charlotte Barrion comme étant de la paroisse de Mautravers. En 1722, se maria à Mautravers avec le procureur fiscal des Epesses, Perrine Barrion, fille de « M. Louis Barrion, et de demoiselle Perrine Durand, de cette paroisse (de Mautravers) ». On ne saurait dire sans doute où demeurait alors, dans la paroisse de Mautravers, la famille Barrion [2]. En tout cas il y eut certainement, un peu plus tard, au Puy Guillaume une demoiselle Charlotte Barrion, qui avait épousé M. Charles Grabot de Bord. Elle était propriétaire du fief de ce nom [3]. En mourant, elle donnait la jouissance viagère de ce domaine à son mari, qui le posséda jusqu'à sa mort (1763). Mais Charlotte Barrion avait une fille, qui ne semble point toutefois avoir eu pour père Charles Grabot de Bord. Cette fille dut jouir de la borderie du Puy-Guillaume après la mort de M. de Bord. Elle mourut en 1767, laissant à ses héritiers naturels (ses cousins germains) le Puy-Guillaume et ses dépendances. A ce sujet,

---

1. Dieu merci, on peut dire que Montravers n'est pas déchu sur ce point de ce qu'il a dû être autrefois. Tous les hommes y font au moins leurs pâques. Un assez grand nombre même communient sept ou huit fois par an.

2. Il n'y a pas lieu de supposer, en effet, qu'il y eût alors à Mautravers plusieurs familles Barrion. Louis Barrion, ici mentionné, était mort en 1698 et avait été enterré, sur sa demande, dans le cimetière de la Pommeraye. Il était donc d'une autre paroisse.

3. Seule, la borderie du Puy-Guillaume qui comprenait huit hectares de terre, d'après notre manière de mesurer, était noble ; la métairie de ce nom ne l'était pas. En 1863, M. Henri Savary de Beauregard acheta des descendants de Marie-Alexandre Barrion environ la moitié de la borderie du Puy-Guillaume, avec tous les bâtiments ; le reste est demeuré la propriété des enfants de Marie Jadault et de Marie Puaud, qui sont aujourd'hui les seuls représentants de M. A. Barrion à Montravers.

les petits-enfants de Louis Barrion et de Perrine Durand,
qui formaient alors trois représentations : les enfants de
Perrine Barrion, qui avait épousé en 1722 Alexandre Boisseau, procureur fiscal des Epesses ; les enfants de Charles
Barrion de la Marionnière, dont plusieurs habitaient en ce
temps-là la paroisse Notre Dame de Cholet, et les enfants
de Léon Barrion de la Corrionnière (lequel habitait de son
vivant aux Epesses), dont l'un fut plus tard chirurgien-major et habita Nantes, rue de Rennes et paroisse Saint-
Similien[1], et un autre, Marie-Alexandre, procureur du roi
et notaire de la baronnie de Châteaumur, s'assemblèrent
au Puy-Guillaume. Déjà Marie Alexandre Barrion y avait
fixé sa demeure. Dès 1766, son épouse, Marie Morna, y
avait mis au monde une fille, Marie-Aimée, qui devait se
perpétuer à Montravers dans une branche de la famille
Jadault. L'acte de partage de 1767 dit que la borderie du
Puy-Guillaume, avec ses appartenances et dépendances,
forme le seul objet dépendant de la succession de feu
demoiselle Charlotte Barrion. Il y est dit aussi que le
domaine en question est noble et parvenu à la quarte mutation. En raison de quoi Marie-Alexandre Barrion, par
représentation de Léon Barrion, vivant sieur de la Corrionnière, son père, fait observer qu'il est fondé en droit,
suivant la coutume du Poitou, de prendre son préciput et
d'avoir les deux tiers dans le surplus. Ses cohéritiers
ayant reconnu ses droits, on procéda à l'estimation du domaine qui faisait l'objet de la succession. En raison du peu
d'importance de la part qui devait revenir à chacun des
cohéritiers de Marie-Alexandre, il fut convenu que celui-
ci aurait la propriété du domaine [2], à la charge de servir
annuellement à chacune des deux autres représentations
la somme de seize livres treize sols quatre deniers rendable à Châteaumur, pour les héritiers de Charles Barrion,
et aux Epesses, pour les héritiers de Perrine Barrion.

1. Il signait ordinairement Barrion du Châtelier, s'attribuant ainsi
les avantages honorifiques qui pouvaient se rattacher à la terre du
Châtelier, située paroisse de Cirières, que sa famille posséda assez
longtemps.

2. A cette époque, la borderie du Puy-Guillaume, avec ses bâtiments
et dépendances, était censée valoir 130 livres de revenu.

Déjà les mêmes personnes s'étaient réunies une première fois (le 23 juillet 1761) à Châteaumur à l'effet de se
partager un autre héritage, celui de leur tante Marie-
Anne Barrion, qui était de son vivant propriétaire de la
borderie du Châtelier, située paroisse de Cirières, et de la
métairie de Bède (terre noble pour une portion), située
paroisse du Vieux-Pouzauges. Pour épargner les frais et
pour éviter les inconvénients d'un partage qui n'eût été
avantageux à aucune des parties intéressées, il fut convenu que les représentants de Charles Barrion et de Perrine Barrion, femme Boisseau, auraient en partage la
borderie du Châtellier et que Marie-Alexandre, qui avait
droit encore à prélever un préciput dans ces biens [1],
comme aîné de la branche aînée, aurait la métairie de
Bède, à la charge par lui de payer certaines rentes déter-
minées à ses cohéritiers.

En 1772, Marie-Alexandre Barrion, qui préférait avoir
toutes ses propriétés à proximité de sa résidence, s'en-
tendit avec M. Houdet du Gravier, sénéchal de Pouzauges,
pour échanger la métairie de Bède contre celle du Puy-
Guillaume. Mais il ne garda cette dernière que six ans.
En 1778, étant atteint de paralysie et ne pouvant plus sans
doute remplir ses fonctions de notaire et de procureur, il
vendit [2] la métairie du Puy-Guillaume à M. Jean-Baptiste
Ménard, boulanger à Châtillon. Voici l'acte de vente :

« Aujourd'hui vingt-trois septembre mil sept cent
soixante-dix-huit, par-devant les notaires de la châtellenie
des Deffends, dont la juridiction s'exerce à Châtillon-sur-
Sèvre, en Poitou, soussignez, furent présents en leurs

---

1. Dans la partie de ces biens qui était noble, il avait droit à prendre
un préciput et à s'attribuer les deux tiers de ce qui restait. En tenant
compte de ses droits, on fit un arrangement à l'amiable.

2. Marie-Alexandre Barrion garda peu de temps la métairie du
Puy-Guillaume, mais il n'eut pas à se repentir d'en avoir fait l'acquisition. Il la revendit en effet 1.440 livres plus cher qu'il ne l'avait
achetée. Lors de l'échange intervenu entre lui et M. du Gravier, la
métairie du Puy-Guillaume avait été estimée 2.600 livres, et M. Ménard
dut la payer 4.040 livres. Aussi dans une lettre qu'il adressait à
M. Ménard en 1783, M. Charles Barrion de Châtellier émettait l'opinion qu'il avait fait une mauvaise opération en cette occurrence. On
ne peut pas en dire autant de la transaction qui intervint en 1862, au
sujet de la métairie du Puy-Guillaume, entre les trois petits-fils de
M. Ménard, curés dans le canton de Châtillon, et M. de Beauregard.

personnes, établis en droit et duement soumis, M^{tre} Alexandre-Marie Barrion de la Corrionnière, notaire et procureur ès juridiction de Saint-Amand, Saint-Mesmin et la Pommeraye, et demoiselle Marie-Jeanne Morna, son épouse, qu'il autorise pour l'effet et validité des présentes, demeurant au Puyliaume, paroisse de Montravers, ès juridiction de ladite châtellenie des Deffends, lequel dit M^{tre} Barrion de la Corrionnière et ladite demoiselle Morna son épouse, sous sa dite autorité, ont solidairement l'un pour l'autre et un d'eux seul pour le tout, renonçant au bénéfice de division, discussion, fidéjussion, ordre de droit et éviction de personne, et biens,... vendu, cédé, quitté, délaissé,... avec toute espèce de garanties... au sieur Jean-Baptiste Ménard, maître boulanger, et demoiselle Jeanne-Marie Caillaud, sa femme... demeurant en la ville dudit Châtillon, paroisse Saint-Melaine... le lieu et la métairie du dit Puyliaume, située en ladite paroisse de Montravers, avec toutes et chacunes ses appartenances et dépendances, sans réserve, actuellement exploitée par les nommés René et Pierre Maudet, fermiers, laquelle consiste en maisons, toits... plus dans les rues, et ruages, ayres et ayraux... plus dans deux jardins, dont l'un est appelé le jardin de la *Porte*, qui touche au champ de l'*Humeau*, et l'autre le jardin du *Doit* (lavoir), auquel doit les vendeurs se réservent le droit d'y laver quand ils en auront besoin ; — plus dans la totalité des deux prés *Gras* [1] ; — plus dans le pré de la *Guierche*, situé de l'autre côté de la Sèvre... ; — plus dans le *grand Pré*,... le pré du *Vergne*,... le pré de la *Faverie*,... — plus dans *deux pastys* .. de grandeur d'environ 23 boisselées, mesure de cette cour ; — plus dans la première herbe du pré de la *Teste-au-loup*, dépendant de la métairie de la Terrinière... ; — plus dans... le *champ des Vallées*, touchant au champ de la Sèvre ; — plus dans le *champ de l'Humeau*... ; — plus dans l'ouche [2]

---

1. Le pré *Gras* relevait du fief de la Fillolière, auquel il devait dix sols de cens. Cette charge fut estimée, d'accord avec le seigneur de la Fillolière, M. du Gravier, valoir 300 livres.

2. Tous ceux qui sont nés au Bocage vendéen savent que dans cette région on donne le nom d'*ouche* à un petit champ clos (par des haies ordinairement).

du *champ du petit Tré* (tertre)... ; — plus dans une ouche appelée *champ du Préciput*... ; — plus dans la totalité du *champ de l'Ouzenic* (buis, mot dérivé d'*hosanna*)... ; — plus dans une pièce de terre appelée le *Champ blanc*... ; — plus dans le *champ de la Piqueminière*... ; — plus dans deux *chaudettes*... ; — plus dans le *champ du Chardon*... ; lequel champ les vendeurs s'en réservent la jouissance jusqu'à la fin de la ferme des dits Maudet, laquelle doit finir à la Saint-Georges 1784. . ; — plus dans le *champ du Puy*... ; — plus dans trois petits champs appelés les *trois petites bourses*... ; plus dans le champ du *Clouc*... ; — plus dans le champ appelé *le Marga*... ; lequel doit le terrage [1] en partie au prieuré de la Pommeraye à la sixième partie des fruits croissants ; — plus dans le *grand* et le *petit Boudault*. . ; — lesquels doivent également le terrage audit prieuré de la Pommeraye au six un ; — plus dans *deux petites ouches* se joignant, lesquelles touchent au pailler dudit lieu du Puyliaume... ; — finalement dans *toutes les hayes* qui dépendent des pièces de terre cy-dessus spécifiées...

« La présente vente est faite à la charge par les acqué-reurs d'entretenir le bail desdits Maudet... comme aussi de payer et acquitter les cens, rentes, charges et devoirs qui suivent, lesquels consistent :

« 1° Dans une charge de bled seigle, mesure de Châtillon, duë au nommé Jadaud, de la Piqueminière, au terme de my-aoust ;

« 2° Dans une charge et demie de même bled, et même mesure, duë au même terme au nommé Chasseriau, de Saint-Amand ;

« 3° Dans une autre charge du même bled et de même mesure duë au même terme à la veuve Lhommedé, de Saint-Michel ;

« 4° Plus dans dix boisseaux deux tiers de même bled dus audit terme de my-aoust à la seigneurie de Loudrière, paroisse de Saint-Mesmin, laquelle rente fait partie de plus grosse rente, le surplus devant être acquitté par les ven-deurs, laquelle rente est duë à la mesure de Châteaumur ;

---

1. Le terrage était un droit seigneurial attaché à une terre.

« 5° Plus dans six boisseaux de même bled, mesure de cette cour, dus audit terme au seigneur des Deffends ;

« 6° Plus dans quatre boisseaux de même bled et pareille mesure des Deffends dus à la cure de Montravers pour gros de dixme ;

« 7° Plus dans dix-huit boisseaux de menue avoine dus à pareil terme de my-aoust à la dite seigneurie des Deffends, laquelle rente fait partie de plus grosse rente, le surplus devant être acquitté par les vendeurs ;...

« 8° Plus dans la rente en argent de trois livres duë à la Touche-Villele, paroisse de Saint-Mesmin, au terme de Saint-Michel, pour abonnement du biain et corvée, toutes lesquelles rentes cy-dessus sont foncières ;

« 9° Plus dans différentes parties de rentes amortissables montantes en tout à quatre-vingt-quatorze livres dix-huit sols deux deniers duës au terme de my-aoust au sieur Dugravier, de Pouzauges ;

« 10° Plus dans vingt-deux livres quatorze sols cinq deniers de rente amortissable duë à la demoiselle Barrion de la Pommeraye, dont moitié lui est duë à la feste de Saint-Georges et l'autre moitié à la feste de la Toussaint ;

« 11° Plus dans une pareille rente de vingt-deux livres quatre sols cinq deniers aussi amortissable duë au sieur Barrion, chirurgien à Nantes [1], dont moitié lui est également duë au terme de Saint-Georges et l'autre moitié au terme de Toussaint ;

« 12° Et finalement dans celle aussi amortissable de dix livres duë au nommé Blanchard de Rouhadan, au terme de my-aoust...

« Outre les charges cy-dessus, la présente vente est encore faite pour et moyennant les prix et somme de quatre mille quarante livres, de laquelle somme lesdits sieur et demoiselle Ménard ont versé sur-le-champ entre les mains

---

1. Charles-Augustin-Jean Barrion, chirurgien-major, avait d'abord habité Mortagne. En 1783, il demeurait à Nantes rue de Rennes, paroisse Saint-Similien. Sur la proposition de M. Ménard, il lui écrivit, le 1er novembre de cette année, pour lui dire qu'il consentait à l'amortissement de la rente qu'il possédait sur la métairie du Puy-Guillaume, et dont les arrérages ne lui avaient pas été payés depuis longtemps. Il note, sans doute pour excuser son correspondant, qu'il a entendu dire qu'il lui était dû beaucoup de pain. (Archives du Deffend.)

desdits sieur et demoiselle Barrion treize cent soixante livres en espèce et monnaye ayant cours, le reste devant être payé à deux créanciers de M. Barrion, savoir : deux mille quatre cents livres à M. Dugravier, de Pouzauges, et trois cents livres à la d[lle] Turpault, de Châtillon [1]...

« La fontaine sera commune entre lesdits sieur Barrion et les fermiers de ladite métairie du Puyliaume...

« Fait et passé ces présentes en la maison et demeure desdits sieur et demoiselle Barrion, sise au Puyliaume, susdite paroisse de Montravers, où nous notaires soussignés à la résidence de Châtillon, nous nous sommes transportés pour recevoir le présent acte, ayant été requis par les parties pour le rédiger lesdits jour et an que dessus. Lu, ont les parties signez avec nous notaires soussignés, fors ledit sieur Barrion, qui a déclaré ne le pouvoir, à cause d'une *paralysie* qui lui *a tombé* sur la moitié du corps, du costé droit. »

La minute de l'acte fut déposée chez Ferchaud, l'un des notaires, qui a signé Ferchaud, no[re] passeur L'acte fut contrôlé à Châtillon, le 25 septembre 1778, par de Désiremont. Il fut payé 65 livres 8 sols pour frais d'actes, et 140 livres 7 sols pour contrôle.

Cette acquisition causa plus tard à M. Ménard de graves ennuis. L'administration des domaines du roi prétendait que la métairie du Puy-Guillaume était noble et elle voulait faire payer un droit spécial à M. Ménard à ce titre-là. La première réclamation fut adressée à l'intéressé en 1784. Comme celui-ci n'en tint pas compte, une autre lui fut envoyée en 1788 par Dumain, vérificateur des domaines. Elle fut portée au domicile de M. Ménard par le sergent [2], qui la remit, comme il le rapporta lui-même ensuite, à la servante de M. Ménard. La somme réclamée, qui avait grossi avec le temps, s'élevait alors à 790 livres 5 sols 9 deniers. Ordre était donné, sous la menace d'en-

---

1. Quelques pièces de terre appartenant à la borderie et fief du Puy-Guillaume étaient comprises dans la vente. Pour qu'elles fussent à l'avenir exemptes de tout cens et qu'elles n'eussent pas à payer les droits de franc-fief, ces pièces de terre avaient été, dans la circonstance, arroturées. Toutefois, les lods et ventes étaient reportés, pour cet objet, au fief de la Dorbelière.

2. Huissier.

courir les peines portées par le droit, de payer cette somme dans le délai de trois jours. M. Ménard, dans sa détresse, dut avoir recours à M. Coudraye, notaire royal et apostolique à Châtillon. Celui-ci en référa à M. Richard, procureur au présidial de Poitiers, qui répondit par la lettre [1] suivante, que nous croyons devoir reproduire tout entière, à cause de la lumière qu'elle jette sur la situation financière de l'époque et du mécontentement qu'elle accuse :

« Monsieur,

« Les financiers sont aujourd'hui nos plus cruels ennemis. Jamais les Anglais, les Espagnols, les Normands n'ont tant ravagé la France et ne l'ont été à un pareil excès. Tous ces vérificateurs sont autant de sangsues qui fouillent dans l'intérieur des familles et qui cherchent à les dévorer. Sous un dehors de bonhommie, ils savent séduire les particuliers et, sous prétexte de leur être propices, ils tirent d'eux ce qu'ils veulent savoir. En un mot, Monsieur, cet excès est porté à un si haut point qu'il n'est pas possible que la nation puisse le souffrir longtemps. M^r votre vérificateur est un bon travailleur : il s'est acquis de la réputation dans son parti. Mais pourquoi fait-il son tout-puissant ? Qui lui a donné ordre de faire les avertissements, sinon l'envie de se procurer des connaissances qui présomptivement lui manquaient ? Ces messieurs sont bien de braves gens, mais le moins de se fier en eux est bien le meilleur. Il a dû trouver sur son sommier qu'en 1783 il y a eu contrainte de décernée contre les Ménard ; il devait donc faire suite de la contrainte ou solliciter une ordonnance, qu'il aurait sans doute facilement obtenue. Il n'en est pas de même du public qui, quand il s'agit de refuser finance, n'a jamais raison. Mais enfin, vu que

---

1. L'original de cette lettre se conserve actuellement au château du Deffend parmi les titres de propriété. — Le nom de l'auteur, M. Richard, figure sur la liste des procureurs au présidial que nous avons trouvée dans un almanach de 1782. A côté du nom, il y a le domicile du procureur, rue Saint-Cybard, rue qui depuis quelques années seulement (10 ou 11 ans) porte le nom de Sylvain-Drault. Jusque-là elle s'était appelée rue Saint-Cybard. (Cf. *Almanach paroissial et historique du Poitou pour l'an de grâce 1782.*

pour la forme, on fait passer par le cérémonial d'une quittance, il fallait donc en attendre la décision.

« Il y a apparence, Monsieur, qu'à la direction, ici, on avait demandé à votre vérificateur de répondre à nos moyens et que, ne pouvant les détruire, il a rusé au moyen de faire venir la partie intéressée pour la faire jaser et voir si, dans ses différentes pièces, il ne pourrait rien découvrir pour la mordre ou la blesser à mort.

« Si vraiment le domaine était noble et qu'il n'ait point été ar(r)oturé, point de doute qu'il faudra payer les droits. Mais attendons la réponse du directeur, pour y calquer la nôtre. Si à la direction on eût regardé qu'il dût sortir de l'argent de cette affaire, on ne l'aurait pas laissé traîner depuis 1783 jusqu'à présent.

« La copie du contrat du 23 septembre 1778, le commandement du 3 mars 1783 sont, à la direction, joints à la requête qui y a été présentée... à M. l'Intendant. J'ai bien la copie de la requête. Il faut, Monsieur, laisser faire et attendre qu'il y ait une ordonnance de rendue, ce qu'on fera signifier aux Ménard par huissier. Inutilement irai-je demander qu'on jugeât cette affaire : je l'ai trouvée dans bien d'autres circonstances. Ils sont les maîtres du public : ils le mènent comme ils veulent. La finance regarde le peuple comme un troupeau de brebis. Bientôt, Monsieur, il faudra payer tout ce qu'on demandera et tout ce qu'on aura. Le parti sera plus court ; car que gagne-t-on à se défendre, puisque jamais on ne peut avoir raison. Il me semble qu'il vaudrait mieux jeter le manche après la cognée, s'il ne restait pas encore une lueur d'espérance qu'enfin ces oppressions auront un terme. Je vais voir s'il n'y a point d'ordonnance de rendue, quoiqu'au fond on ne manquera pas d'en instruire la partie de la manière dont je vous l'ai déjà annoncé, parce qu'on n'appelle personne lorsqu'elle est rendue.

« J'ai l'honneur d'être, Monsieur, votre humble et très obéissant serviteur.

« RICHARD, procureur au présidial,
près Saint-Cybard[1] (Poitiers). »

---

1. L'église Saint-Cybard, qu'on entend désigner ici, était une église

Nous ne saurions dire comment se termina cette affaire ; mais nous avons tout lieu de penser que M. Ménard suivit le conseil qui lui était donné par M. Richard. Il attendit, et sur ces entrefaites éclata la Révolution, qui abolit tous les droits seigneuriaux (actifs et passifs) et fut avantageuse, à ce point de vue, à M. Ménard.

Non seulement le Puy-Guillaume des Ménard n'était pas une métairie noble, mais il dépendait lui-même roturièrement, pour certaines parcelles de terre, du prieuré de Saint-Martin de la Pommeraye, comme en font foi deux aveux rendus aux curés successifs de la Pommeraye par M. Ménard. L'un de ces aveux, qui fut rendu en 1780, était adressé à M. Noël Perreau, curé de Saint-Hilaire de Voust [1]; l'autre, qui date de 1784, était adressé à M. Emmanuel-Clément Bruget, docteur en Sorbonne, procureur général du collège Mazarin, en même temps que prieur de la Pommeraye et fiefs annexés à ce prieuré, et demeurant à Paris, paroisse Saint-Sulpice.

La métairie du Puy-Guillaume resta la propriété de la famille Ménard pendant plus de 80 ans. J.-B. Ménard la transmit à son fils Pierre-Pascal, qui exerça, comme son père, la profession de boulanger à Châtillon et qui laissa le Puy-Guillaume à ses enfants [2]. Ceux-ci la gardèrent jusqu'en 1862, époque où ils la vendirent à M. Henri Savary de Beaurégard.

Revenons maintenant à la famille Barrion. M. Marie-

---

paroissiale avant la Révolution. Vers le milieu du xixᵉ siècle, elle a été relevée de ses ruines et est devenue la chapelle de la communauté des sœurs de la Miséricorde, sœurs gardes-malades dont la maison mère est à Séez (Orne).

1. C'est ainsi qu'on disait et qu'on écrivait à cette époque On dit maintenant Saint Hilaire-le-Vouhis. La commune de ce nom est située dans le canton de Chantonnay, à dix lieues environ de la Pommeraye.

2. Parmi les enfants de Pierre-Pascal Ménard, il y eut trois prêtres et une religieuse carmélite, qui passa tout le temps de sa vie religieuse au Carmel de Niort Les trois prêtres ont bâti quatre églises à eux trois. L'aîné, qui mourut le dernier, fonda deux écoles chrétiennes et il les dota ; il construisit une belle chapelle dédiée à saint Joseph, enfin il rebâtit son église à ses frais. Il dépensa pour cette dernière construction 132.000 francs de sa propre bourse. C'est dire la reconnaissance que lui doivent les habitants de la Chapelle-Largeault, dont il fut le pasteur pendant plus de 50 ans.

Alexandre Barrion eut six enfants, qui naquirent au Puy-Guillaume et furent baptisés dans l'église de Montravers. L'aîné des six, une fille, qui avait nom Marie-Aimée, était née en 1766 et avait eu pour parrain M. Gentil de la Roche-Gabard. Elle seule resta à Montravers, et on peut dire qu'elle y a survécu à elle-même jusqu'à ce jour en la personne des enfants de Marie Jadault et de Marie Puaud [1]. Un autre enfant de Marie-Alexandre Barrion, Pierre-René, était né en 1769 et avait eu pour parrain messire Pierre-René Perreau, seigneur de Réaumur et de Maunic [2], ancien capitaine du corps royal de l'artillerie et du génie, chevalier de l'ordre royal militaire de Saint-Louis. Une autre fille naquit à Marie Alexandre Barrion en 1771 ; elle reçut au ·baptême les noms de Marie-Adélaïde-Jeanne. Plus tard, on ne sait trop comment [3], elle épousa un officier de marine du nom de Duquesne. Il est plus que probable que celui-ci fut fait prisonnier par les Anglais au fameux combat naval de Trafalgar, et conduit dans le S.-O. de l'Angleterre, à Okehampton, avec beaucoup d'autres Français. Étant installé pour une durée indéfinie sur le sol d'Angleterre, il aura obtenu la faculté de faire venir son épouse, et il en aura usé. Ce qu'il y a de certain, c'est que, dans le cimetière d'Okehampton, au comté de Devon, en Angleterre, il existe une pierre tombale qui porte cette inscription en français : « Ci-gît Adélaïde

1. Marie Puaud était fille de Marie Geoffrion, laquelle était fille de Marie-Aimée Barrion. Marie-Aimée Barrion s'était mariée le 4 pluviôse an VI avec Pierre Geoffrion cultivateur, qui s'établit au Puy-Guillaume et en cultiva jusqu'à sa mort la borderie dont il était propriétaire du chef de sa femme. Il avait été un certain temps adjoint au maire de Montravers.

2. Il y a sur la paroisse de Saint-André-sur-Sèvre un village du nom de Maunic. Il est très probable que là se trouvait le domaine qui valait à M. Perreau le titre de seigneur de Maunic.

3. Marie-Adélaïde-Jeanne Barrion avait un oncle à Nantes. Lors de la mort de son père, il est probable qu'elle fut à même de se retirer chez lui ; et sa mère, qui se trouvait à la tête d'une fortune très douteuse, n'aura pas fait trop de difficulté pour la laisser partir. A Nantes, elle aura pu facilement avoir l'occasion de faire la connaissance de Bernard Duquesne ; car celui-ci était de Machecoul, dans le pays nantais, et l'oncle de M.-A.-J. Barrion était chirurgien-major, ce qui devait le mettre en rapport avec bien des personnes non seulement de Nantes, mais encore des environs.

Barrion du Puyliaume, de la commune de Montravers, dép[t] des Deux-Sèvres, née le 30 avril 1771 [1], décédée à Okehampton le 18 février 1811, fille légitime d'Alexandre Barrion, no[re] et procureur, épouse de Mre Bernard Duquesne, de Machecou, ca[ne] de na[re]. Ici reposent la mère et l'enfant. » Cette inscription nous fut d'abord fournie par un journal de Nantes, le *Petit Phare de la Loire*. Pour nous assurer que le renseignement qu'il donnait à cet égard était bien exact, il nous a paru indispensable d'interroger là-dessus le chef de l'administration communale d'Okehampton. Nous avons eu l'avantage d'avoir affaire en cette occasion à un homme des plus obligeants. Voici ce qu'il nous a répondu :

« Devon (Angleterre), 7 juin 1907.

« RÉVÉREND MONSIEUR,

« Aujourd'hui même je me suis rendu à l'église de notre paroisse et j'ai trouvé dans le registre des décès pour l'année 1811 le nom d'Adélaïde Duquesne, qui a été enterrée le 18 février. Etant allé au cimetière, j'ai trouvé une pierre tombale avec une inscription qui correspond exactement à celle de votre lettre.

« Bernard Duquesne fut probablement un des prisonniers de guerre français qui résidèrent à cette époque dans notre ville.

« Je ferai mon possible pour découvrir quelque chose de plus, au sujet de la femme en question, en interrogeant mes concitoyens les plus âgés, et si je trouve quoi que ce soit d'intéressant, je vous écrirai de nouveau.

« Ce sera toujours un plaisir pour moi de vous obliger.

« Il m'est en réalité très agréable d'être utile à quelqu'un de votre profession et de votre nationalité.

« Très sincèrement vôtre.

W. BEERMAN,

Maire. »

---

1. L'acte de baptême de Marie-Adélaïde Duquesne-Barrion se conserve encore aux archives locales de Montravers. La date de naissance est la même exactement sur la pierre.

Pour satisfaire ceux qui connaissent l'anglais, nous allons leur donner maintenant le texte même de la lettre du maire d'Okehampton.

« Devon. England. June 7/1907.

« REVEREND SIR,

« I have this day been to our parish church and find in the register of deaths for the year the 1811 the name of A. Duchaine who was buried on the 18th day of February.

« On going into church-yard [1] I found a memorial stone with an inscription which exactly corresponds with the one in your letter.

« Bernard Duquesne was probably one of the french prisoners of war who was at that time resident in our town.

« I will endeavour to find out more about the woman, from our oldest inhabitants, and if I find any thing of interest, I will again communicate with you.

« It will at all times be a pleasure to me to be able to serve you.

« It is indead agreeable to me to be useful to one of your profession and nationality.

« Yours faithfully.

W. BEERMAN,

Mayor. »

Encore un mot sur Marie-Alexandre Barrion. Il mourut au Puy-Guillaume, et il fut inhumé dans le cimetière de Montravers le 2 mai 1782. L'acte de décès porte qu'il avait reçu les sacrements de Pénitence et d'Extrême-Onction et qu'il était âgé de 58 ans. M Violleau assista à la sépulture, mais il ne la présida point : il laissa ce rôle au vicaire de la Pommeraye, J. Dumas. M. Violleau était sans doute le parent du défunt. A cette sépulture assistèrent aussi Jean-Augustin-Alexis Barrion, parent du défunt, ainsi que son

---

1. L'expression *church-yard* (cour d'église), employée par les Anglais pour désigner un cimetière, montre que chez nos voisins d'outre-Manche on ne redoute pas à l'excès ce qui est de nature à faire penser à la mort. Le cimetière d'Okehampton doit être contigu à l'église.

épouse, Renée-Françoise-Modeste Chesneau. Or Jean-Augustin-Alexis Barrion, qui remplissait alors les fonctions de fermier général aux Marmenières, paroisse de Saint-Mesmin, était le bisaïeul de M. Charles Barrion, qui décéda à la Fillolière le 11 août 1898 [1].

Essayons de reconstituer l'arbre généalogique de la famille Barrion.

1° *René Barrion*, sieur de la Corrionnière [2], époux de Françoise Vexiau, demeurant (1625) à l'Oucheneuf(ve), paroisse de Saint-André-sur-Sèvre.

2° *Pierre Barrion*, demeurant aussi à Saint-André en 1641. L'acte de baptême de sa fille Perrine lui donne le titre de M[r], et il donne à sa femme le titre de dame. Il eut sans doute au moins deux fils :

3° *Charles Barrion* [3] et *Louis Barrion*, sieur de la Parillère. Charles doit avoir été le père de Léon Barrion, sieur de l'Oujattière et procureur fiscal du marquisat de Saint-Mesmin, et de Charles Barrion, sieur de l'Ougouère, fermier de la terre de Saint-Mesmin d'abord, puis fermier aux Noues, paroisse de Saint-André.

4° De *Louis Barrion* est né, entre autres, *Léon Barrion*, sieur de la Corrionnière. — De Léon Barrion [4], sieur de

---

1. Il résulte de là que la famille du docteur Charles Barrion est alliée à la famille Jadault. On ne saurait dire à quel degré ; mais puisque J.-Aug.-Al. Barrion reconnaissait Marie-Alexandre Barrion pour son parent et que, à ce titre, il assista à sa sépulture avec son épouse, qui avait sûrement à cette époque des enfants en bas âge, il y a lieu de penser que la souche commune à ces deux branches de la famille Barrion n'était pas éloignée. — J.-Aug.-Alex. Barrion a mis deux fois sa signature sur le registre de Montravers : à l'acte de sépulture de Marie-Alexandre Barrion, et à l'acte de baptême de Jean-Félix Barrion, aussi son cousin, qui était né au Tour et qui avait pour père Alexis-Marie-Augustin Barrion de la Rousselière. — Barrion de la Rousselière mourut au Tour en 1785. — Sa fille, Marie-Madeleine-Louise-Aimée, qui épousa en 1797 Pierre Plumant, fut marraine en 1811, avec M. René-François Girard, fermier général au Deffend, d'une cloche, qui existe encore et qu'on sonne assez souvent, bien qu'elle ne soit pas accordée avec les trois autres cloches de Montravers.

2. La Corrionnière est située commune de Saint-Amand ; l'Oujattière (maintenant la Chattière) est située commune de Saint-André, et l'Ougauère (maintenant l'Augoire) est située commune de Saint-Mesmin.

3. Me *Charles Barrion* : il est ainsi désigné dans l'acte de baptême d'un enfant de René Buignon, procureur fiscal de la Pommeraye (1682).

4. Léon Barrion est mort dans le bourg de Saint-André, à l'âge de 57 ans, en 1737.

l'Oujattière, est né entre autres *Alexis Barrion*, qui mourut notaire du marquisat de Saint-Mesmin et qui fut le père de deux enfants : *Marie-Alexis-Augustin B.*, sr de la Rousselière, qui décéda au Tour, en 1785, et *Marie-Jeanne B.*, laquelle épousa le médecin Durand, de la Pommeraye ; de *Charles Barrion*, sieur de l'Ougouère, dut naître *Jean-Augustin-Alexis B.* ou son père.

5° C'est Léon Barrion, sr de la Corrionnière, qui fut le père de *Marie-Alexandre B.*, notaire au Puy-Guillaume. C'est aussi Léon Barrion qui a signé sur un livre vieux de trois siècles, conservé chez Jean Jadault à la Piqueminière. Ce livre a pour titre : *La Pratique judiciaire... par Jean Imbert, lieutenant criminel au siège de Fontenay*, et il a été édité chez Robert Fouet, à Paris, en 1609. C'est peut-être Léon Barrion qui l'avait introduit dans sa famille.

6° De *Marie-Alexandre B.* sont nés à Montravers six enfants dont deux seulement, *Marie* et *Adélaïde*, ont laissé des descendants ou au moins un souvenir. — De Jean-Augustin-Alexis est né, en 1778, un fils qui reçut au baptême les noms de *Amand-Constant*, épousa en 1799 ou en 1800 Louise-Augustine Berthelot (âgée de 17 ans et native de Cirières), résida ensuite à Saint-Mesmin où naquit [1] son premier enfant, Marie-Osile, et où il remplit certaines fonctions municipales, puis à Fontenay-le-Comte [2], ensuite à Cerizay où il fut notaire [3], enfin à Bressuire où il exerça simultanément les fonctions de notaire, de maire et de conseiller général des Deux-Sèvres. Le gouvernement de la Restauration l'avait décoré du titre de chevalier de Saint-Louis. Il mourut à Bressuire en 1860. Il avait eu dix-sept enfants, dont l'un, *Auguste-Firmin*, fut médecin, et père du docteur *Charles Barrion*, que tout le monde a connu à Montravers [4].

---

1. Il demeurait au village de la Balière lors de la naissance de sa fille.

2. On disait, en ce temps-là, Fontenay-le-Peuple.

3. Dans une famille de Montravers, la famille Billy, de la Cottencière, on conserve un contrat de mariage passé par M. Am.-Const. Barrion dans le temps où il était notaire à Cerizay (1808).

4. Il est à remarquer que les registres des paroisses de Montravers, la Pommeraye, Saint-André et Saint-Mesmin ne font mention que d'une seule famille Barrion, qui était d'ailleurs assez prolifique pour

LA FAVERIE

On peut dire sans exagération que le hameau de la
Faverie a eu son histoire. Les terres qui en dépendent
forment maintenant une seule métairie, mais autrefois il
y avait à la Faverie, outre la métairie, deux borderies [1],
dont l'une sûrement était une terre noble relevant du
château des Deffends. La pièce la plus ancienne que nous
connaissions au sujet de la borderie noble de la Faverie
porte la date de 1615 : c'est un aveu du tenancier Jehan
Cornuau au seigneur Antoine Mesnard de Toucheprès.
Le voici :

« Sachent tous que de vous hault et puissant Anthoyne
Mesnard, seigneur de Toucheprès, le Bois-Fichet, et des
chastellanyes, terres et seigneuries des Herbiers et les
Deffends, et accause de vostre motte, chastel et chastellanye, terre et seigneurye des Deffends,

« Je, Jehan Cornuau, greffier de la baronnye de Ch(âte)au-
meur, seigneur de la Faverye, tiens et advoue tenir de
vous mon dict seigneur à foy et hommage plain plect et
cheval de service quand le cas de mortemain y advient,
scelon la coustume du pays, scavoir est :

« Ledict lieu et hostel noble, mestayrie, tennement et
apparten(ances) de la Faverye estimée demye borderye de
terre herbergée ou environ, qui consiste premièrement en
ung corps de logis faict à faiz, conten(ant) quatre travées
de maison ou environ, en l'ung des pignons duquel il y a
un four.

« Item une petite grange contenant deux travées ou
environ.

« Item deux loges [2], plus les ayres, ayraults par le devant

envoyer des rejetons dans toutes les directions. On ne peut pas mettre
en doute que toutes ces différentes branches ne remontent à René
Barrion et à Françoise Vexiau. Une grande union régnait entre ceux
qui les composaient.

1. L'aveu qui va suivre parle bien de quatre propriétés distinctes se
rattachant à la Faverie. L'une des quatre devait consister seulement
dans une maison d'habitation et un jardin.

2. En ce temps-là, comme aujourd'hui, on devait désigner par ce
mot, dans les fermes du Bocage vendéen, une grange en appentis,

dudict logis, le paillier estant par le derrière de la dicte maison, contenant en emplassement à semer un boeceau de lin ou environ.

« Item le jardrin dudict lieu contenant douze boecellées à semer lin ou environ, le tout joignant l'ung l'aultre, tenant d'une part à l'ayrault de Mre Pierre Guillebault, une haye entre deulx à moy appartenant, d'aultres aux jardrins des héritiers feu Mre Loys Le Bâcle et au jardrin de Noel Ussault et ses cohéritiers, et d'aultre au chemin tandant de la maison dudict Guillebault au pré de Bas dudict lieu de la Faverye à main dextre.

« Item cinq journaulx et demy de pré ou environ, estant en deux loppins prins ou grand pré de Bas avecq ses hayes autour.

« Plus ung pasty froid contenant trois journaulx d'homme faucheux ou environ, le tout joignant l'ung l'aultre, tenant d'une part au pré du moulin du Gué, une haye entre deulx, et d'aultre à la rivière de Soipvre et des deux aultres partyes aux champs du Chironneau et de la Versayne et d'aultre au pré du dict Guillebault.

« Item le grand *pré de la Mestayrie*, contenant sept journaulx d'hommes faucheux ou environ, renfermé de ses hayes autour, tenant d'une part au grand chemin tandant dudict village au susdict pré à main senestre, d'aultre au pré de la mestayrie du Puy-Benoistier [1], et d'aultre au pré de vostre mestayrie du dict lieu des Deffends.

« Item deulx journaulx de pré ou environ estant en deulx loppins scituéz ou pré de Haut, tenant d'une part au pré du Puyglaume, d'aultre à la dicte rivière de Soipvre et d'autre au *pré au Seigneur* à vous appartenant.

« Item une pièce de terre labourable appelée *la pièce de derrière le vergier*, contenant cinq boecellées ou environ, tenant d'une part aux jardrins du dict village, d'aultre au chemin d'exploict tandant dudict village au champ du Chironneau et d'autre à la terre appelée la Minée.

---

fermée de façon rudimentaire, et destinée à abriter les charrettes, instruments aratoires, etc.

1. Il s'agit ici sans aucun doute du Puy-Menantier. Dans le temps où cette terre gardait encore toute son étendue, elle comprenait, en effet, un pré situé près de la Sèvre et près de la Faverie.

« Item ledict *champ du Chironneau*, contenant à semer
une charge et demye de seigle ou environ, tenant d'une
part à la pièce de terre dernière confrontée, d'aultre au
chemin tandant de la Pommeraye à Bressuyre et d'aultre
à la terre des dicts héritiers feu Le Bâcle.

« Plus une aultre pièce de terre appelée la *Grand' Versaine*,
contenant à semer une charge et demye de seigle ou environ, tenant d'une part au chemin susdict, d'aultre à la
terre du dict Guillebault, d'aultre à la terre des dicts héritiers feu Le Bâcle et d'aultre au pasty à moy appartenant.

Plus vingt boecellées de terre labourable ou environ
prinses ou *champ du Boys*, tenant d'une part au chemin
susdict et des trois aultres partz au bois et terres du dict
Ussault et ses cohéritiers.

« Plus une autre pièce de terre appelée le *grand champ du
Bois*, contenant à semer deulx charges de bled ou environ,
tenant des deulx partz au chemin tandant de la Pommeraye
à Combran, d'aultre au bois à moy appartenant, et d'aultre
à la terre dudict Guillebault.

« Item *mondict bois taillis* contenant à semer une charge
et demye de seigle ou environ, tenant d'une part au bois
à vous appartenant, mond. S^r d'autres es dicts champs du
Bois derniers confrontés, et d'autre au bois dudict
Ussault.

« Item une pièce de terre appellée le *champ de la Croix*,
contenant à semer demye charge de seigle ou environ,
tenant des deulx partz aux dicts chemins tandant de la
Pommeraye à Bressuyre et de la Pommeraye à Combran,
et d'aultre à la terre à vous appartenant mondict seigneur.

« Item une autre pièce de terre appelée le *champ Turpault*,
contenant à semer demye charge de seigle ou environ,
tenant d'une part à la terre du susdict Guillebault, d'aultre
au chemin tandant du susdict lieu de la Faverye au dict
chastel des Deffends, et d'aultre à la terre, jardin et ruage
dudict Ussault et ces dicts cohéritiers.

« Item une pièce de terre appelée les *Ouseniz*, contenant
à semer une charge trois boeceaux de seigle ou environ,
tenant d'une part au chemin tandant dudict lieu de la

Faverye à Bressuyre et d'aultre au chemin d'exploict tandant du dict village à la fontayne du dict lieu.

« Item une pièce de terre appelée le petit *Pasty de la fontayne* contenant cinq boecellées à semer bled ou environ, tenant d'une part aux dicts champs derniers confrontés, d'aultre au dict chemin tandant de la Pommeraye à Bressuyre, d'aultre au champ appellé la Chagnasse [1].

« Item la dite pièce de *la Chagnasse*, contenant sèze boecellées à semer bled ou environ, tenant d'une part au chemin susdit, d'aultre à la terre du Puyglaume et d'aultre à la terre appelée les Terriers.

« Item une pièce de terre appelée *le Marga*, contenant douze boecellées à semer bled ou environ, tenant d'une part au chemin susdict, d'aultre au petit Pasty à vous appartenant, mond. Sr, et d'aultre à la terre du Puyglaume.

« Item la dicte *pièce des Terriers*, contenant vingt boecellées à semer bled ou environ, tenant d'une part à la terre du dict lieu du Puyglaume, d'aultre à la terre desdicts Guilbault et Ussault, et d'autre à la terre appelée le Parquet.

« Item ledict *Parquet*, estant en pascage, contenant une boecellée ou environ tenant d'une part audict chemin tandant dudict village à la fontayne, d'aultre à la pièce de terre dernière confrontée et d'aultre auxdicts ruages du dict village.

« Item une pièce de terre appellée l'*Ousche de l'ayre*, contenant une boecellée à semer bled ou environ, tenant d'une part à l'ayre à moy appartenant, d'aultre à la terre des susdicts héritiers feu Le Bâcle et d'aultre à l'ouche de Bas.

« Item la dicte *Ousche de Bas*, contenant une boecellée à semer bled ou environ, tenant d'une part à la dicte ousche dernière confrontée, d'aultre à la terre des susdicts héritiers feu Le Bâcle, et d'aultre au jardrin du dict Guillebault.

---

1. Dans toute la région, ce mot veut dire *Chênaie*. — Quant au mot *Ouseniz*, employé dans le précédent alinéa, il veut dire buis, comme le mot plus usité *Ousenic*.

« Item six boecellées à semer bled ou environ, prinses ou[1] champ appellé *la Gaubretière*, tenant d'une part au champ du dict Ussault et cohéritiers, d'aultre à la terre dudict Guilbault, et d'aultre au pré à moy appartenant cy-dessus confronté.

« Item une pièce de terre appellée *le Vrignault*, contenant sèze boecellées à semer bled ou environ, tenant des deux parts à la terre dudict Guillebault, d'aultre à là terre du Puyglaume et d'aultre à la rivière de Soipvre.

« Pour raison desquelles choses, je vous suis c(on)tribuable avec les aultres teneurs du dict village à la rante de douze deniers de cens, plus trante-deux boeceaux avoine menue à mesure comble, rendable par chascun an, terme et feste de Nostre-Dame de meaougst[2] à la recepte de vostre dicte chastellanye ; — plus audict terme huict boeceaux de seigle à mesure raz, requérables sur lesdicts lieux, le tout à la mesure de vostre dicte chastellanye. Et oultre vous suis avec lesdicts coteneurs contribuable au biain par chascun an de charger et charroyer la moitié du foing de vostre dict pré appellé le pré au Seigneur, lorsqu'il est bon à charroyer, en estant semond, et icelluy mener en vostre chastel des Deffends à la charge que estes tenu, en faisant ledict biain, nous nourrir.

« Et se tiennent les dictes choses par moy cy-dessus dé-clarées et confrontées en son total d'une part à la rivière de Soipvre, d'autre au bois et terre à vous apparten(an)t, d'autre à la terre du Puyglaume et de toutes autres parts à la terre desdicts Guillebault, héritiers feu Le Bâcle et Ussault et ses cohéritiers, le tout en la paroisse de Maul-travers.

« Qui est tout ce que je tiens et advoue tenir de vous mond. S^r. à protestation touteffois d'icell. mond. fief et adveu accroistre, amander, corriger, modifier et plus à plain déclarer sy et quand il sera venu à ma notice et cognois-sance, sy trop ou peu y en avois employé ou obmis en icell. mond. fief et que m'en aurez adverty ou faict adver-tir par Messieurs vos officiers.

---

1. *Prinses ou* équivaut à *prises au.*
2. *Meaougst* veut dire *mi-août.*

« En tesmoing de quoy, pour plus grande approbation de ce que dessus, j'ay *marqué* (?) ces présentes de mon seing manuel et faict signer à ma requeste aux no^res soubzcripts, jurez ressortissant de la baroonye de Chasteaumeur, et faict apposer le scel de la dicte cour.

« Le deulxiesme jour de juing l'an mil six cens quinze.

J. CORNUAU,   N. USSAULT,
ROUGEON, à la requeste des partyes. »

Comme on le voit par ce document, il y avait alors à la Faverie quatre propriétaires : Jehan Cornuau, Pierre Guillebault et ses cohéritiers, les héritiers de feu Le Bâcle, Noël Ussault et ses cohéritiers. Quelles sont les terres qui formaient alors ce qu'on appelait la métairie de la Faverie ? il est impossible de le dire. Toujours est-il que la métairie n'était pas, au point de vue féodal, dans les mêmes conditions que la borderie [1]. Celle-ci était noble et dépendait de la châtellenie des Deffends, au lieu que la métairie était roturière et devait reconnaître pour seigneur temporel le prieur de Saint-Martin de la Pommeraye. Le 30 mars 1656, à la requête de Messire Jean Deschamps, prêtre, prieur de M. de la Pommeraye, un arrêt du Grand Conseil rendu contre dame Marguerite de la Béraudière, veuve de Messire René Mesnard, seigneur de Toucheprès, les Deffends et Châteaumur, débouta celle-ci des prétentions qu'elle faisait valoir sur la métairie de la Faverie. En conséquence, le propriétaire de ce domaine, Messire Hector Gentilz, chevalier, seigneur des Touches et aultres lieux, fit le 12 fév. 1657 un aveu roturier à Messire Jean Deschamps, prieur de la Pommeraye à cette époque.

1. A propos du procès engagé vers 1820 par le médecin Durand, contre le meunier X..., au sujet des îlots du Gué, M. Durand a écrit un billet sur lequel il déclare qu'un certain M. Morin-Chauvin, sans doute un notaire bien connu à l'époque, « a entre les mains une déclaration des borderies de la Faverie rendue à la châtellenie des Deffends par Jacques le Bâcle, le 26 juillet 1621 ». De là il résulterait que toutes les borderies de la Faverie dépendaient du Deffend. Au reste, l'aveu de 1615, qui vient d'être donné, l'insinue bien, puisqu'il parle des devoirs auxquels Jehan Cornuau est tenu envers le seigneur des Deffends, concurremment avec ses coteneurs de la Faverie.

Hector Gentilz était alors le propriétaire de la métairie de
la Faverie.

En vertu d'un échange intervenu le 3 novembre 1665
entre « Messire Ollivier Mesnard de Toucheprès, chevalier,
seigneur baron dudit lieu de Toucheprès, de Châteaumur
et les Deffends, demeurant au château de la Flocellière...
et René Guilbault, sieur de la Faverye, sénéschal de la
ville et baronnye dudict Châteaumur, demeurant audict
château des Deffends, paroisse de Mautravers », une portion des terres de la Faverie fut, comme on l'a vu plus
haut, aliénée en retour d'une pièce de terre dépendant de
la métairie de Pierre-Couverte. Messire Olivier Mesnard
de Toucheprès donnait sept boisselées de terre faisant
partie de sa métairie de Pierre-Couverte, et il recevait de
René Guilbaut, son sénéchal, seize boisselées de terre
prises sur une des borderies de la Faverie. L'échange
paraissant inégal, Messire O. Mesnard fit l'abandon des
« droits de dixmes qu'il prenait dans cinq ou six pièces
des jardins de la maison du Tour [1], appartenant tant audit
de la Faverye qu'à ses cohéritiers, desquels il (René Guilbault) s'est fait fort pour l'exécution des présentes. » A
l'avenir, les jardins en question, avec la maison du Tour
ainsi que les bâtiments, prés et jardins en dépendant seraient tenus envers le seigneur de Toucheprès, en raison
de sa châtellenye des Deffends, à payer pour tout devoir
noble et féodal, par chacun an, en la fête de Noël, un
denier de cens, rendable à la recette de la dite châtellenie.

La seigneurie des Deffends ayant passé à d'autres mains
en 1608, il fallait que les tenanciers de la Faverie fissent
hommage chacun de son domaine au nouveau seigneur.
René Guilbault possédait encore la borderie qui lui valait
le titre de sieur de la Faverie. Nous n'avons pas l'aveu
qu'il dut rendre en cette occasion ; mais nous possédons
celui d'un des coteneurs de la Faverie, Guy Buignon. Il
débute ainsi : « Sachent tous que de vous hault et puis-

---

1. L'acte dit que dès cette époque partie des jardins en question
avait déjà été mise en pré. Il dit aussi que partie de ces jardins ne
payait ci-devant aucun droit, prétendant en être exempte pour plusieurs raisons. Accord était fait sur ce point, tant au point de vue du
droit qu'au point de vue du fait existant.

sant Mre Claude Pellot, chevalier, seigneur de Port-David, Sandarts, Saint-Martin-Lars, les Deffands et autres places, conseiller du roy en ses conseils, maistre des requestes ordinaire de sa majesté ès généralité de Guyenne et pays qui en dépendent, Je Guy Buignon sieur de l'Escurye, accause de Marie Le Bascle ma femme, fille et héritière de deffunct Me Jacques Le Bascle, sieur de la Baradellière, tiens et advouhe tenir de vous mondict seigneur, accause de vostre motte, chastel, chastellenye, terres et seigneu-rye des Deffands rousturièrement et au(x) debvoirs cy-après les dhomaynes et hérittages sis au village de la Faverye et territoire environ, parroisse de Maultravers, la teneur par le menu s'ensuict [1]...

« Pour raison desquelles chauses vous doibs et suys contribuable avecq les aultres teneurs dudict village de la Faverye et avoue accoustumé vous payer par chascun an, scavoyr au terme et feste de my-aoust le nombre et quan-titté d'un septier avoyne menue, mezure de vostre chas-tellenye, vallant le septier trente-deux boisseaux à me-zure comble et un sol cinq deniers rendable à la recepte de vostre chastellenye, et oultre tenu de mouldre mes graines au moulin de vostre chastellenye, en faysant par le meusnier compte resonnable, suyvant la coustume. — Plus une muie seigle, vallant huict boisseaux raiz, sus-dite mezeure, quérable audict terme au dict lieu de la Faverye, — et une charrette attellée de six bœufs et hommes pour la conduire, pour ayder à charger et char-royer le foing du pré au Seigneur, et les tenneurs de Pierre-Couverte doibvent une aultre charrette, aussy attellée de six bœufs et hommes pour la conduire, pour ayder à la charger et charroyer ledict foing, estant nour-ris estans semondz par le sieur du Plessis-au-Provost ou aultre ayant de vous charge.

« Lesquels dhomaynes j'ay heu de succession acause de la

---

1. Il est à peu près inutile de reproduire la description des bâti-ments et des terres, le tout ayant été tellement remanié depuis cette époque qu'il est absolument impossible de retrouver dans le présent les vestiges du passé. Les constructions ont toutes été refaites, et les terres, par suite de la construction du château moderne du Deffend ainsi que du parc qui l'entoure, ont également subi une complète métamorphose.

dicte Le Bascle ma femme dudict feu Mre Jacques Le Bâcle
sieur de la Baradellière, mon beau-père, que je vous
rends par cette desclaration et protestation à icelle
accroistre, amander, corriger et plus à plain desclarer sy
et quand sera venu à ma congnaissance ou que m'en ayez
adverty ou faict advertir par messieurs vos officiers et que
tenu y soys.

« En tesmoing de quoy j'ay signé la présante desclaration et faict signer à ma requeste aux notaires de la
baronnye de Chasteaumeur subzsignez le vingt-septiesme
jour du moys de juillet mil six cens soixante-neuf, avent
midy.

GUY BUIGNON.
BROSSEAU *no^re*.   C. DURAND *no^re* [1]. »

Vers la fin du XVIIe siècle, les borderies de la Faverie
passèrent à un seul et unique propriétaire, M. Cyprien
Durand, notaire de la baronnie de Châteaumur. Nous en
avons la preuve dans l'en-tête de l'aveu suivant, qui fut
rendu en 1705 par le gendre et successeur (comme propriétaire à la Faverie) de Cyprien Durand :

« Sachent tous que de vous hault et puissant messire
Claude-François Pellot, chevalier, comte de Trévières,
Gallapeau, Port-David et aultres lieux, seigneur chaste-
lain de la Chastellenie des Deffands,

« Je Michel Turquand, sieur de la Pelle-Voisin, à cauze
de Perrine Durand, ma femme, fille et héritière de Me Cyprien Durand et de Perrine Texier, tiens et advoue tenir
rosturièrement et aux devoirs cy-après desclarés, à cauze
de votre mothe, chastel et chastelenye des Deffands, les

---

1. Au verso de l'acte, on lit ce qui suit : « La desclaration des autres
party a esté ressue en l'assise de la chastelenie des Deffands tenue à
chasteau du dit lieu par nous Louis Barbot, sieur de la Petitière,
advocat en parlement, séneschal de la dite chastelenie, du consentement du procureur de la cour, comparant par Mc David de Baguariguest, officier susdit, et à ces protestations y contenue, et sauve préju-
disse des droicts de Monseigneur de la dicte chastelenie…
« Ce jourd'hui vingt-neuf juillet mil six cens soixante-neuf.

LOUIS BARBOT.   DE BAGUARIGUEST.
FAVEREAU, *greffier*. »

dhomaines et hérittages qui ensuyvent, situés au village de la Faverye, paroisse de Mautravers..

... « Pour raison de quoy je vous doibs et suis contribuable avec les autres teneurs du dict village et avons accoustumé vous payer par chacun an au terme et feste de nostre dame en aoust le nombre de trante deux boisseaux combles de menue avoine mezure de vostre chastellenye et onze deniers de cens et rante randable en vostre chasteau des Deffands, — plus audict terme huict boiceaux raz de bled seigle à la susdicte mezure requérable sur le lieu, — plus sont tenus les teneurs de la Faverye tous de vous fournir annuellement une charrette attellée de six bœufs et des hommes pour la conduire, pour charger, charroyer et randre en vostre chasteau des Deffands la moitié du foing de voltre pré appelé *le pré au Seigneur*, les teneurs du village de Pierre-Couverte estant obligé(s) de serrer l'autre moitié, lors desquels charois vous nous devez nour(r)ir comme à l'accoustumé et nous les devons faire quand le sieur du Plessis-au-Provost, sergent féal de vostre chastellenye, nous semons, — plus sommes tenus faire moudre nos grains à vos moulins banaux suyvant et aux charges de la coustume de Poictou et de tenir le sep(tier) et mezure de vostre chastellenye, vos armes y estant apposées.

« Et tous lesquels cens, rantes, biens, portent fief et juridiction et sont solidaires et indivisibles à notre esgard. Lesquels d'hommaynes j'ai acquis [1] de damoiselle Hillaires Nicollas, veufve de M⁰ Ollivier Guilbault, sʳ de la Faverye et de Mᵉ Guy Buignon, sʳ de l'Escurye, et de Marye le Bascle son espouze, quy sont les choses que je tiens et que je vous rands par ma présante desclaration, à laquelle je fais arrest sauf de l'accroistre, diminuer et corriger sy faire ce doibt.

« En tesmoings de quoy je l'ay signée et faict signer à ma requeste aux notaires de la ville et baronnye de Bressuire

---

1. Michel Turquand parle ainsi au nom et personne de son beau-père, puisqu'il a dit en commençant qu'il est tenu à l'aveu en question à cause de sa femme, comme héritière de son beau-père, Cyprien Durand.

soubzsignés avant midy ce aujourd'huy quatriesme du
mois de juillet mil sept cens cinq.

M. TURQUAND,
.BERTHOMEAU *no*[rc].   MESNARD *no*[re].

« Controllé à Bressuire, le 5 juillet.

« Receu dix sols   BERTHOMMEAU. »

Cette déclaration fut reçue aux assises de la châtellenie
des Deffends en l'audience du 4 décembre 1720, et elle fut
à cette occasion contresignée Charles Massoteau et Favereau.

Dans l'aveu que nous venons de reproduire pour une
partie considérable, Michel Turquand prend le titre de
sieur de la Pelle-Voisin [1]. Cette seigneurie fut sûrement autrefois la propriété de la famille Turquand. Le
dernier propriétaire de la Pelle-Voisine (ou mieux Appel-
Voisin), M. Barbaud, qui vient de mourir archiviste départemental de la Vendée, a pu inscrire sur la liste qu'il a
dressée des propriétaires qui l'ont précédé, le nom de
Jean Turquand, parce qu'il figure à ce titre sur une pièce
qui porte la date du 31 janvier 1698 et à cause d'un contrat
« d'abonnement de rachat consenti le 4 janvier 1703 pour
la maison et seigneurie du Grand-Appel-Voisin [2], par
M. Gabriel de la Pastellières, seigneur des Touches
(paroisse de Chavagnes) et de l'Ouvrardière (paroisse de
Montigny), au profit de Jean Turquand, marchand à Bressuire. » Le Grand-Appel-Voisin dépendait alors au point de
vue féodal de la seigneurie de l'Ouvrardière (paroisse de
Montigny), et c'est à titre de seigneur de l'Ouvrardière que

---

1. Aujourd'hui on écrit généralement Appel-Voisin. Il existe plusieurs habitations seigneuriales de ce nom ; mais celle qui est visée en
cette pièce est sûrement la propriété que possédait en son vivant,
sur Cerizay, M. Barbaud, archiviste de la Vendée. C'est un joli castel
du xve siècle, qui a été restauré avec un goût parfait par M. Barbaud.
D'ailleurs sa position sur les bords de la Sèvre est de nature à en faire
une résidence des plus agréables.

2. Aujourd'hui encore on nomme Grand-Appel-Voisin le château de
ce nom ainsi que la métairie qui s'y rattache, et Petit-Appel-Voisin une
autre ferme attenante à celle du Grand-Appel-Voisin.

M. de la Pastellières possédait des droits sur Appel-Voisin.

Comment la seigneurie d'Appel-Voisin passa-t-elle de Jean Turquand à Michel Turquand ? Le premier la possédait encore en 1703, et il semble qu'elle appartenait déjà au second en 1705, et même dès 1704. En effet, dans son acte de mariage qui porte la date du 5 mai 1704, Michel Turquand[1] est qualifié sieur de la Pelle-Voisin, en même temps qu'il est donné pour le fils de Jean Turquand. Le père vivait encore lors du mariage du fils. Avait-il donc déjà fait l'abandon d'Appel-Voisin, ou bien accordait-il à son fils par avance un titre dont il devait jouir plus tard en qualité de fils aîné ? On ne saurait le dire. En tout cas, d'après un titre qui est encore ou qui a été entre les mains de M. Barbaud, le 26 octobre 1714, le Grand-Appel-Voisin aurait été vendu par Marie Turquand, épouse de Mtre Vuibert, à M. Alphonse de Lescure. A partir de ce moment les documents relatifs à la famille Turquand ne font plus mention de la seigneurie d'Appel-Voisin.

Il est à croire que Michel Turquand, après son mariage, retourna à Bressuire, où il habitait sans doute auparavant. Mais son fils, qui portait aussi le nom de Michel et qui avait épousé Marie-Anne Boisdon, vint se fixer à la Faverie peu de temps après son mariage. Le 12 février 1729, un enfant issu de l'union de Michel Turquand et de Marie-

---

1. Voici l'acte de mariage de Michel Turquand :

« Je soussigné certifie avoir reçu à la bénédiction nuptiale M. Michel Turquand, sieur de la Pelle-Voisin, fils de Mtre Jean Turquand, marchand, et de défunte Françoise Fradin, de la ville de Bressuire paroisse de Notre Dame, avec damoiselle Perrine Durand, fille de défunt Mtre Cyprien Durand, notaire de la baronnie de Châteaumur, et de Perrine Texier, en présence de Mtre Turquand père, de Mre Louis Turquand, curé de Vernoux, de Françoise Turquand, veuve de Mtre Paul Rouault, avocat, et Pierre Durand et (son épouse) Jeanne Turquand, tous frères et sœurs dudit Turquand, demeurant tous tant en la ville dudit Bressuire qu'au bourg de la Pommeraye, et aussi en présence de Mtre Alexis Durand, sr de la Berthonnière, avocat en parlement, et de Charlotte Durand, veuve de Louis Barrion, sieur de la Parillière frère et sœurs de la dite demoiselle Durand, de Mtre Guy Buignon, époux d'Anne Bonneau, son cousin germain, à cause de la dite Bonneau, demeurant tous au bourg de la Pommeraye, et autres parents et amis soussignés, ce jourd'huy cinq mai mil sept cent quatre.

MÉNARD, curé. »

Anne Boisdon fut baptisé dans l'église de Mautravers. Il
reçut les prénoms de Michel-René. Il était né à la Faverie.
Un autre de ses enfants, Pierre-Michel-Jean, duquel descendent les Turquand qui habitent actuellement Montravers, fut baptisé le 30 décembre 1741 par M. Durand,
curé de la Pommeraye, et cousin germain du père ou
de l'enfant. Un autre enfant, fruit du même mariage,
eut pour parrain M. Denys Ryan, curé de la paroisse, et
pour marraine dame Marie-Madeleine de Montsorbier de
Cadaran. Le baptême fut fait par M. Thaddée Moor, prêtre
irlandais réfugié à Mautravers. Michel Turquand et Marie-
Anne Boisdon eurent en tout huit enfants, dont cinq
vivaient encore à la mort de leur mère. Ils portaient les
noms suivants : Hyacinthe, Symphorien, *Pierre*, Julie-
Marie et Jeanne-Marie. Le père mourut relativement jeune
en 1752 : il n'avait que 47 ans.

Il est à croire que ce fut entre les années 1740 et 1750
que la métairie de la Faverie fut acquise par la famille
Turquand. L'acte de vente est perdu ; mais nous possédons à ce sujet une note écrite par le docteur Durand,
dans le temps où il procédait au sujet des flots du Guy,
avec un des copropriétaires de ce domaine. Dans cette
note, il est dit que la Faverie, après la mort de dame Char-
lotte-Marguerite Gentilz de la Chauvinière, fut l'objet d'un
partage entre MM. de Béjarry, Gréen de Saint-Marsault et
autres gentilshommes. L'acte de partage, qui était sous
seing privé, portait la date du 11 mars 1741. Ce domaine,
qui était, dit l'acte, tout roturier et sur lequel l'aîné ne
perçut aucun droit de préciput ni de carthommage, devait
naturellement être mis en vente. Au reste, nous savons
que la famille Turquand, un peu plus tard, possédait toute
la Faverie, tant la métairie que les borderies.

Une ordonnance de l'intendant du Poitou, rendue en
1755, déchargea Marie-Anne Boisdon du droit de franc
fief qu'elle aurait dû payer pour les terres nobles de la
Faverie

La famille Turquand devait avoir à cette époque une
fortune assez considérable, puisque toutes les terres de
la Faverie et celles qu'elle possédait alors à la Piqueminière devinrent, après la mort de Marie-Anne Boisdon,

veuve Turquand, la propriété exclusive de Julie-Marie et de Jeanne-Marie Turquand. Il est vrai qu'il fallait en retrancher un cinquième des deux borderies de la Faverie et de la Piqueminière, un cinquième de la métairie de la Faverie. le dixième d'un tiers d'une borderie située à la Piqueminière et une hypothèque de 3.562 livres mise sur la Faverie au profit de M. Houdet du Gravier, sénéchal de Pouzauges.

En 1780, les demoiselles Turquand, conjointement avec M. Houdet du Gravier, propriétaire d'un cinquième de la métairie de la Faverie, qu'il avait acheté de Pierre Turquand, font un aveu à M. Noël Perreau, curé de Saint-Hilaire-de-Voust, prieur de Saint-Martin, de la Pommeraye, Sainte-Madeleine-du-Désert, Maisonpré, etc. Dans cet aveu, il est reconnu que le prieur de la Pommeraye avait le droit de percevoir sur les maisons de la Faverie les dîmes d'agneaux, laines et *gorons*, et sur les jardins celles des lins et chanvres, seulement à raison de la douzième partie, et sur les terres labourables lorsqu'elles étaient emblavées, le terrage, à raison de la sixte (sixième) partie des fruits, fors le champ du Petit-Boudeau ; et que, en outre, lui étaient dues les rentes nobles, féodales et foncières qui suivent : 1° soixante sols en argent, payables moitié à la fête de Noël, moitié à celle de Notre-Dame de mi-août ; 2° deux jallais de vin, valant huit sols à la mesure du Pin ; 3° trois charges et un boiceau de bled seigle mesure des Deffends.

Mais la métairie de la Faverie ne devait pas longtemps être la propriété des demoiselles Turquand, comme le démontre la pièce qui suit :

« Par devant les notaires de la baronie de Châteaumur et le notaire royal en Poitou soussigné furent présents et soumis damoiselles Jeanne-Marie et Julie-Marie Turquand sœurs, filles majeures demeurantes ensemble à la Faverie, paroisse de Montravers, tant de leur chef, en qualité d'héritières du Sr Turquand et de la dame Boidon, leurs père et mère, que comme étant aux droits des sieurs Hiacynthe, Pierre-Michel et demoiselle Marie-Jeanne, leurs frères et sœur, par actes des 14 août, 26 octobre et 15 décembre 1776, reçus par Bouchet et son confrère no^{res} à

Mortagne, Fabre de la Grange et Baritaud son confrère, notaires du marquisat de Pouzauges, duement controllés aux bureaux desdits lieux, insinués à celui de Châtillon les 6 septembre 1776, 25 janvier et 1er mars 1777, et à celui de Bressuire les 12 octobre 1776 et 4 mars 1777, d'une part ;

« Me Pierre-Marie Durand, docteur en médecine de la faculté de Montpellier, et dame Marie-Renée-Jeanne Barrion, son épouse, qu'il autorise, demeurant au bourg et paroisse de la Pommeraye-sur-Sèvre, d'autre part ;

« Lesquelles demoiselles Turquand, ès-noms et qualités qu'elles agissent, ont par ces présentes vendu, ceddé, quitté, délaissé et transporté, avec promesse de bonne et loyale garantie formelle et perpétuelle, tant de fait que de droit audit Sr Durand médecin et à lad. dame Barrion son épouse, stipulant et acceptant pour eux leurs hoirs et qui d'eux auront cause à l'avenir ou pour autres qu'ils pourront nommer dans l'an.

« Savoir est les *neuf-dixièmes* [1] parties dans la métairie de la Faverie sise en la paroisse de Montravers, ses appartenances et dépendances, et consistant en maisons, granges, toits, toiteries, aires, airaux, rues, ruages, quéreux, quernages, jardins, ouches, prés, champs, pâtis, labourables et non labourables, sans réserve et tout ainsi qu'en jouit actuellement à titre de ferme le nommé Gabard, fermier actuel.

« Plus les *quatre cinquièmes* parties dans les deux borderies dudit lieu de la Faverie, avec toutes leurs appartenances et dépendances, sans autres réserves que celles cy-après et telles qu'en jouissent actuellement les demoiselles Turquand.

« Plus aussi *quatre cinquièmes* dans une petite borderie sise à la Piqueminière, dite paroisse de Montravers, et les *neuf-dixièmes* parties dans un tiers d'une autre borderie sise au dit lieu de la Piqueminière, consistant en maisons, mazureaux et terres, avec ses appartenances et dépendances, sans autres réserves que celles dont il sera cy-

---

1. On a vu précédemment que la famille Turquand ne possédait en 1780 que les quatre cinquièmes de la métairie de la Faverie. Mais ici nous sommes en 1784, et il a pu y avoir des transactions passées dans l'intervalle entre la famille Turquand et M. Houdet du Gravier.

après fait mention et telles qu'en jouissent actuellement les led^{tes} dem^{lles} vendresses qui déclarent qu'au cas qu'il leur appartienne une plus grande portion dans les dites borderies de la Faverie et Piqueminière, elle sera comprise et fera également partie de la présente vente.

« Lesquelles choses les sieurs et dame acquéreurs ont dit bien savoir et connaître, sans qu'il soit besoin d'en faire une plus ample désignation.

« Faite la présente vente, cession et transport desdites neuf-dixièmes parties au total dans la dite métairie de la Faverie, ses appartenances et dépendances, les quatre cinquièmes dans lesdites deux borderies de la Faverie et borderie de la Piqueminière et neuf dixièmes dans un tiers d'une autre borderie au même lieu, leurs appartenances et dépendances, aux charges et conditions suivantes :

« 1° Les sieur et dame acquéreurs seront obligés d'exécuter le bail de la métairie de la Faverie fait au profit du nommé Gabard, fermier actuel, par acte reçu devant M^{tre} Maugrain et son confrère, notaires royaux, le   , duement controllé au bureau de Châtillon, et ce pour le temps qui en reste à expirer, sans pouvoir espérer le privilège de la loi *Emptorem*.

« 2° Les demoiselles vendresses jouiront pendant la durée dud. bail des maisons, toits, écuries desdites borderies de la Faverie sises au haut du village, le toit à vaches, la petite grange et le pailler, le tout situé à leur porte, rue, ruages, aireaux, jardins, ainsi qu'elles ont accoutumé d'en jouir, en outre de celle où elles ont actuellement leur demeure. Continueront aussi de jouir des terres de la borderie de la Piqueminière pendant la durée dudit bail, à la charge de payer les *vingtièmes*[1] pendant ladite jouissance.

3° Après la durée dudit bail les dites demoiselles vendresses auront pareillement la jouissance des maisons, des bordries, toits et écuries au haut du village de la Faverie, du toit à vaches, de la petite grange et du pailler[1] qui sont à leur porte ; mais au lieu de la jouissance des terres de la Piqueminière, elles auront le champ Turpault, contenant

---

1. A cette époque, on désignait sous le nom de vingtième un impôt établi sur les biens-fonds et qui était le vingtième de leur revenu.

environ sept boisselées, le champ du Noyer, contenant aussi environ sept boisselées et le petit pré du Chironneau contenant environ un quart de journal, avec les haies tout autour desd. terres, le tout situé sur lesdites métairie et borderies de la Faverie, et laquelle jouissance durera jusqu'au décès de la survivante des deux demoiselles vendresses, à la charge de contribuer aux vingtièmes.

« 4° A la fin du bail actuel de ladite métairie les s^r et dame acquéreurs feront rendre à leurs frais et pendant la vie de chacune desdites d^{lles} vendresses *deux milliers* de foin sec et prêt à embarger [1] et à choisir dans les prés de la dite métairie de la Faverie.

« 5° Auront les d^{lles} vendresses la faculté de prendre sur la dite métairie le bois qui leur sera nécessaire pour faire des sabots.

« 6° Auront cinq charettées de gros bois que les s^r et dame acquéreurs feront rendre à leurs frais en leur demeure au dit lieu de la Faverie.

« 7° Après l'expiration du bail à ferme de ladite métairie, les sieur et dame acquéreurs feront faire les corvées et labourages desdites d^{lles} vendresses et leur feront faire un charroi de vin à prendre à cinq lieues de distance et conduire en leur demeure sans qu'il leur en coûte rien ni pour la nourriture ni pour le foin.

« 8° Feront faire les s^r et dame acquéreurs à leurs frais, les grosses et menues réparations des domaines réservés par les d^{lles} vendresses.

« 9° Il sera libre aux d^{lles} vendresses de puiser à la fontaine et de laver au *douel* [2] de ladite métairie de la Faverie.

« 10° Auront la liberté de faire pacager leur jument avec les vaches de la métairie, depuis la Saint-Michel jusqu'à la Notre-Dame de mars. Et n'aura lieu la présente clause qu'après l'expiration du bail actuel.

« Et outre les clauses et réserves ci-dessus, la présente vente est faite pour le prix et somme de *six mille livres*, qui sera payée par lesdits s^r et dame acquéreurs aux

---

1. Mettre en barge, entasser.
2. Ce mot a le même sens que le mot *doit*, qu'on a trouvé plus haut dans l'article relatif au Puy-Guillaume : il signifie *lavoir*.

créanciers des demoiselles vendresses, après que le contrat aura été purgé au greffe des hypothèques et que les lettres de ratification d'icelui auront été scellées ; à commencer d'abord par les créanciers qui se trouveront opposants, et ensuite à ceux qui seront indiqués et déclarés par les d^lles vendresses, dont elles fourniront un état ; et au cas que les dettes desdites d^lles ne montent pas à ladite somme de six mille livres, le restant sera payé par les sieur et dame acquéreurs ; et si au contraire elles excèdent lad. somme de six mille livres, le surplus qu'ils seront obligés de payer à l'acquit desd. d^lles leur sera par elles déduit sur le principal de la rente viagère dont il va être parlé, laquelle sera diminuée d'autant à raison du denier dix.

« Ladite vente est encore faite par lesd. s^r et dame Durand, acquéreurs, à la condition de payer aux dites d^lle Jeanne-Marie et Julie-Marie Turquand sœurs et pendant le vivant des deux, la rente viagère de trois cents livres, quitte de toutes impositions royales mises et à mettre, payable en deux termes égaux qui seront Noël et la Saint-Georges, dont le premier payement, qui sera de cent cinquante livres, se fera à Noël prochain 1784 ; et l'autre de pareille somme se fera à la Saint-Georges aussi prochaine 1785 ; et ensuite continuera d'année en année le payement de ladite rente jusqu'au décès des deux, après lequel la dite rente de trois cens livres demeurera éteinte et amortie.

« Au moyen de tout quoi lesd. d^lles Jeanne-Marie et Julie-Marie Turquand vendresses se sont démises, dévêtues et dessaisies du fond, propriété et jouissance desdites neuf dixièmes parties au total de ladite métairie, des quatre cinquièmes parties aussi au total desd. deux borderies de la Faverie, leurs appartenances et dépendances, et pareille portion des quatre cinquièmes parties de lad. borderie et dépendances de la Piqueminière. et des neuf dixièmes parties dans un tiers d'une autre borderie au dit village, fors les susdites réserves, pour et au profit dudit s^r Durand et de la dame Barrion son épouse, pour par eux, jouir, faire et disposer dès ce jourd'hui de la dite métairie de la Faverie et desdites borderies de la Faverie et Piqueminière, comme il est ci-devant dit, comme de leur propre bien et loyal acquêt, à la charge par eux de payer, servir et continuer à l'avenir, quitte des arrérages du passé jusqu'à ce jour, tous les cens, rentes, charges et devoirs qui peuvent être dus pour raison desdites métairie et borderies de la Faverie, et borderie de la Piqueminière,

« *Savoir*, aux héritiers de feu Monsieur Houdet du Gravier, sénéchal de Pouzauges, *deux rentes perpétuelles de chacune trente livres*, et ce jusqu'à parfait amortissement, s'il y a lieu, ces demoiselles vendresses subrogeant à cet égard les s^r et dame acquéreurs dans tous leurs droits rescindants et rescisoires.

« Plus la rente ou fondation de *douze livres* due aux cordeliers de Bressuire, et les autres cens et rentes qui peuvent être dues sur et pour raison desd. métairie et borderie de la Faverie et borderie de la Piqueminière, si aucunes sont dues. Et de faire pour raison desd. domaines les certes et obéissances féodales et roturières, savoir au prieuré de la Pommeraye, pour raison desd. métairie et borderies de la Faverie [1], et au seigneur des Deffends pour raison de la borderie de la Piqueminière.

« Ont les susdites parties déclaré que les réserves ci-devant faites sont de valeur annuelle de la somme de soixante livres.

« Ont lesd. demoiselles vendresses remis ès-mains desd. s^r et dame acquéreurs les contrats d'acquêt [2] des 14 août, 26 octobre et 11 décembre 1776, ci-devant mentionnés, dont elles demeurent déchargées. Et comme il y en a d'autres qui sont actuellement sous les scellés chez feu M. du Gravier lesd. d^{lles} vendresses se sont obligées de retirer et de les remettre, après la levée desdits scellés auxdits s^r et dame acquéreurs, qui de leur côté promet-

---

1. La formule n'est pas absolument exacte, car la métairie de la Faverie était seule soumise à l'obligation de rendre hommage au prieur de Saint-Martin de la Pommeraye. Les borderies de la Faverie étaient liées à cet égard envers le seigneur des Deffends, aussi bien que celle de la Piqueminière.

2. Il s'agit ici évidemment des actes de partage passés après la mort de Marie-Anne Boisdon, veuve Turquand : l'acquisition de la métairie de la Faverie a sûrement été faite du vivant de Michel Turquand c'est-à-dire avant 1752.

tent et s'obligent de remettre une grosse des présentes
à leurs frais, dans quizaine aux d. d^{lles} vendresses.

« Tout ce que dessus a été ainsi voulu, consenti, stipulé
et accepté par lesdites parties qui pour l'entretenir,
garder et accomplir ont obligé et hypothéqué tous leurs
biens meubles et immeubles, présents et futurs, solidairement lesdites parties l'une pour l'autre, renonçant au
bénéfice de division, ordre de droit, discution, éviction
de biens et à toutes choses à ces présentes contraires.

« Dont de leur consentement et réquisition nousd. notaires les avons jugées et condamnées du jugement et
condamnation desd. cours.

« Fait et passé au bourg de la Pommeraye-sur-Sèvre les
jour et an que dessus. Lu et ont les parties signé. La
minute des présentes est signée Julie-Marie Turquand,
Jeanne-Marie Turquand, Marie-Renée-Jeanne Barrion,
Durand docteur en médecine, et des notaires soussignés.

« Controllé à Châtillon le 3 juin 1784. Reçu pour la vente
79 livres 10 sols, et pour les délégations aux héritiers de
M. du Gravier (faut ?) à rendre, en justiffiant de la régula-
rité des titres, 10 livres 10 sous.

« Insinué led. jour : reçu pour le centième denier 183
livres 12 sous, et pour l'insinuation mobiliaire 36 livres.
Signé de Désiremont [1].

« Approuvé en marge les mots *desd. métairie de la Faverie* pour valloir.

COUDRAYE,   GOURAUD,
notaire royal, collègue.   no^{re} *pour grosse*. J'ai la
                                  minute. »

En marge on lit la note suivante : « Le présent contrat
d'acquest a esté insignué au greffe des notiffications laïques de la chastellenie des Deffands sur le régistre à
ce destiné, en présence et ce réquérant le sieur Pottier,
m^{tre} clerc de M^{tre} Gouraud no^{re}, faisant pour le sieur acquéreur dénommé au dit contrat, ce que moy greffier
soussigné ai octroyé audit sieur Pottier audit nom pour

---

1. De Désiremont était à cette époque le receveur de l'enregistrement et des domaines du bureau de Châtillon.

valloir et servir ce que de raison au dit sieur acquéreur.
Fait au greffe de la ditte chastellenie ce jourd'huy 6 juin
1784 avant midy, et a ledit sieur Pottier au dit nom signé
sur le régistre pour avoir retiré le présent acte.

« *Ferchaud*, greffier, qui a reçu du sieur Pottier pour les
droits de la présente notiffication la somme de 6 livres. »

Le même contrat a été notifié tout au long sur le registre
de la ville et baronnie de Châteaumur, le 8 juin 1784, par
Dillon, greffier en chef de ladite baronnie. De plus il a
été déposé au greffe de la conservation des hypothèques
de la sénéchaussée de Poitiers le 23 juin de la même
année 1784.

Le contrat en question fut même examiné au nom du
roi, qui le ratifia et le rendit exécutoire par une ordonnance datée de Poitiers du 24 septembre 1784. A cette
occasion, M. Durand eut à payer les droits exigés par
l'édit du mois de juin 1731. Ces droits, qui se calculaient
à raison de deux deniers par livre et de trois sous
par cent livres, s'élevaient, dans l'espèce, à 126 livres
5 sous 6 deniers. M. Durand dut y ajouter pour frais
divers occasionnés par cette demande 11 livres 2 sous
9 deniers.

Aussitôt que la transaction intervenue entre M. Durand
et les d^{lles} Turquand eut été rendue publique, les héritiers
d'un créancier hypothécaire de la Faverie, M. Houdet du
Gravier, lancèrent une opposition qui fut signée le 24
juin 1784 par Mre Daniel-Jacques-Marie-Timothée Houdet
du Gravier, prêtre et pour lors vicaire du Boupère. M. Durand se mit aussitôt en devoir de satisfaire à la demande
des héritiers Houdet du Gravier. Aussi le 15 juin de
l'année suivante, Mre D. J M. T. Houdet du Gravier. agissant encore tant en son nom qu'en celui de ses frère et
sœur, délivrait à M. Durand une quittance définitive
dont l'objet était une somme de 3.562 livres. Elle était
signée Houdet du Gravier, chanoine de Luçon (dans
l'intervalle, Mre Houdet du Gravier avait été appelé à une
nouvelle fonction). et Gentilz (beau-frère du chanoine
Houdet du Gravier).

M. Durand s'était entouré à cette occasion de toutes les
garanties désirables, mais il avait eu à payer comme frais

de transaction, les honoraires des notaires non compris, la somme de 456 livres 9 sous 15 deniers [1].

Par un bail qui fut mis à exécution à partir du 1er décembre 1786 et qui fut ensuite renouvelé deux fois, la métairie de la Faverie fut affermée à Jean Gabard pour 976 livres, y compris 81 livres 6 sols huit deniers qui devaient être employés en réparations. Elle comprenait alors 243 boisselées de terre labourable, 11 boisselées et demie de pâtis, 23 journaux de prés, 11 boisselées de bois taillis, les maisons, toits, airaults, et un jardin d'une contenance de deux boisselées. Le contrat ne parle pas de la maison de maître qui existait sûrement à cette époque à la Faverie. La raison en est sans doute que M. Durand se l'était réservée [2].

---

1. Avant de passer outre, il nous paraît indispensable de donner la généalogie de la famille Turquand, telle qu'elle nous est connue par les actes publics :

a) *Jean Turquand*, marchand à Bressuire en 1698 et encore en 1704.

b) *Michel Turquand*, son fils, sieur d'Appel-Voisin, époux de Perrine Durand (1704).

c) *Michel Turquand*, fils du précédent Michel, bourgeois à la Faverie, décédé en 1752.

d) *Hyacinthe*, *Pierre-Michel*, *Julie-Marie*, *Jeanne-Marie* et *Marie-Jeanne*, etc , enfants de Michel Turquand et de Marie-Anne Boisdon, tous nés à la Faverie.

e) *Pierre-Michel*, qui résidait à Saint-Jean de Parthenay en 1775.

f) *Philippe Turquand*, fils de Pierre-Michel né à Saint-Jean de Parthenay (1775), tailleur d'habits, qui épousa Marie Vion, du Puymenantier, le 7 brumaire an IX. et se fixa d'abord au Puy-Guillaume, où il exerça son métier de tailleur, puis partit pour Saint-Mesmin, où il mourut cultivateur.

g) *Etienne Turquand*, son fils, né à Saint-Mesmin en 1806, décédé à Montravers en 1866.

h) *Joseph Turquand*, fils et petit-fils des deux précédents, actuellement cultivateur à la Petite-Métairie.

i) *Charles Turquand*, son fils, demeurant avec lui.

j) *Charles Turquand*, etc., enfants de Charles Turquand.

N. B. — La paroisse Saint-Jean de Parthenay, dans laquelle naquit Philippe Turquand, n'existe plus aujourd'hui. Dans le courant du xviiie siècle elle comprenait, en dehors du couvent des Cordeliers et de la caserne, 170 feux.

2. En 1823, la même métairie, augmentée de la borderie que s'étaient réservée les d^{lles} Turquand, fut affermée à Jean Garnier pour la somme de 950 francs, plus les impôts mis ou à mettre En réalité, elle n'avait pas augmenté de prix durant cette période de troubles et de misère : elle avait plutôt diminué. Le bail de Jean Garnier était consenti pour cinq ans.

Suivant la coutume féodale, qui exigeait un aveu de dépendance au seigneur de tout domaine, à chaque mutation d'homme, M. Durand, conjointement avec M. Gentilz, licencié ès lois et contrôleur des actes au bureau de Pouzauges, qui restait, du chef de sa femme, propriétaire pour un cinquième dans les deux borderies de la Faverie, fit un aveu à « Messire Claude-Anne-François Pellot, chevalier, comte de Trévières, seigneur du Pont-David, et des Deffands, à cause de sa mothe, châtel et chatellenie des Deffands. » L'objet de cet aveu était tout ce que nous avons donné plus haut comme constituant les deux borderies de la Faverie. L'un des notaires était Germond, ce qui prouve que l'acte fut passé à Châteaumur ou du moins par les notaires de Châteaumur.

Il y a tout lieu de penser que M. Durand et son fermier n'eurent l'un avec l'autre que de bonnes relations, tant que vécurent les d[lles] Turquand ; mais après la mort de la dernière d'entre elles, en 1801 [1], les choses changèrent un peu. La borderie que s'étaient réservée les d[lles] Turquand fut affermée par M. Durand au citoyen Graffard-Bernardière [2], dont le fils avait épousé une fille de M. Durand. Ce dernier voulut faire bénéficier son nouveau fermier de toutes les corvées qu'il avait imposées précédemment au fermier principal de la Faverie, au profit des d[lles] Turquand. L'affaire souffrit quelques difficultés à propos de certains droits dont les d[lles] Turquand n'avaient usé qu'en partie, ou n'avaient pas toujours usé, en particulier celui d'envoyer chercher du vin à cinq lieues de distance : elles ne buvaient pas de vin, et celui de faire pacager leur jument dans les prés de la métairie : elles n'eurent pas toujours une jument. M. Durand allat-il jusqu'à intenter un procès au fermier Gabard pour

---

1. Julie-Marie Turquand décéda à la Faverie le 8 brumaire an X. Sa sœur Jeanne-Marie l'avait précédée dans la tombe : elle était morte le 4 nivôse an IX.

2. M. Graffard, qui était généralement connu sous le nom de Bernardière, parce qu'il était originaire de la Bernardière, près de Montaigu, habitait à la Faverie en 1803. Il fut le père d'un enfant qui naquit à cette date. C'est lui qui avait été le premier acquéreur de la métairie de la *Croix-Verte*. Tout le monde sait à Montravers que la Croix-Verte était la métairie de la cure avant la Révolution.

obtenir ce qu'il désirait ? Qui saurait le dire ? Mais ce qui
est certain, c'est que la famille de celui-ci, représentée
par son gendre et successeur Jean Péault, ne fut pas à
même de renouveler le bail courant et que, lors de sa
sortie, l'expertise des dégâts qui lui étaient attribués se
monta à un chiffre très élevé pour l'époque : 433 francs. Il
est vrai que le propriétaire et le nouveau fermier s'entendirent pour faire une concession au délinquant, et qu'ils
se contentèrent d'une indemnité de 300 fr.

La Faverie changea alors assez souvent de locataire.
Après le départ de Jean Péault, cette terre fut exploitée
pendant 55 années par Mathurin Bernard. Vint ensuite
(1813) Jean Garnier, qui était encore à la Faverie en 1828.
Dès 1836 nous trouvons la famille Coutant installée à la
Faverie. M. Martin Dumagny, petit-fils du médecin Durand, avait, cette année-là, loué cette ferme pour 1 200 fr.,
plus les impôts et quelques menus suffrages valant au
plus une trentaine de francs, à Joseph Coutant [1], aïeul
du fermier actuel.

En cette même année la Faverie changea de propriétaire. Elle fut achetée, avec les borderies de la Faverie
et de la Piqueminière, pour 30.000 fr., par M. Gabriel-
Jean-Philippe Savary de Beauregard. Depuis ce temps-là
la Faverie a constamment fait partie du domaine de la
famille de Beauregard.

XVIII. — LE GUY

Le moulin qui porte ce nom depuis plus de deux siècles
a dû s'appeler autrefois le Gué. Ce nom se rencontre en
effet dans un aveu relatif à la Faverie et qui fut rendu au
seigneur des Deffends en 1615. Le moulin du Guy figure
sur la liste des communiants de Mautravers de l'année
1655. Au moment de la Révolution, le moulin du Guy
appartenait à un seigneur qui émigra. Il se nommait Le
Loup. Nous croyons que c'était un membre de la famille
Le Loup de Chasseloir. M. le Cte Le Loup de Chasseloir,

1. Joseph Coutant avait amené avec lui son père, Joseph Coutant,
né à la Sauzais, paroisse de la Pommeraye, lequel mourut à la Faverie
cette année-là, à l'âge de 79 ans.

un des ancêtres de M. le général de Sesmaisons [1], acheta
d'un nommé Lévesque, à la date du 4 pluviôse an XII, le
château en ruines de Toucheprès et plusieurs métairies
dans les environs. N'aurait-il pas été le petit-fils, par sa
mère, du Mis Mesnard de Toucheprès, dont il aurait voulu
réintégrer ainsi le domaine ? Quoi qu'il en soit, voici le
procès-verbal de la vente qui fut faite, au nom de la
nation, du moulin du Guy, en 1798. Nous citons textuel-
lement :

« Le moulin du Guy provenant de Le Loup, émigré,
consistant en bâtiments et usines [2], les chaussées et
portages, très avantageux pour la pêche, avec neuf journaux de prés, adjugés à Victor Payneau demeurant à la
Pommeraye (Vendée), Charles Baudry, demeurant à
Cerizay, et Ch. X. demeurant à la Pommeraye, pour
16.000 francs (6 germinal an VI). » (Archives du dép. des
D. S. Série Q, 67.)

Quatre ans plus tard, c'est-à-dire après que le Concordat
eut régularisé la situation des acquéreurs de biens nationaux, Victor Payneau vendit sa part, pour 1.825 francs [3],
à Joseph Besson, marchand à la Châtaigneraie. Celui-ci ne
conserva pas longtemps sa part du moulin du Guy. En
1807, en effet, il la vendit à Ch. X. pour 1.400 francs. Ce
dernier se trouvait ainsi possesseur des deux tiers du tout.

En 1840, les copropriétaires du moulin du Guy et de ses
dépendances s'entendirent pour aliéner cette propriété, au
profit de M. Gabriel-Jean-Philippe Savary de Beauregard.
L'acquisition coûta à M. de Beauregard 8.300 francs. De-

---

1. Général de cavalerie en retraite, actuellement résidant à la Cha-
pelle-Thireuil (Deux-Sèvres).

2. Ici le mot *usines* ne peut désigner que le moulin, qui alors devait être
en ruines ou du moins en fort mauvais état.

3. La somme dont se contente ici Victor Payneau donne clairement
à supposer que le chiffre de 16.000 francs donné par les actes publics
comme prix total de la vente était un chiffre fictif, ou que le mode de
paiement de cette somme était laissé à la libre volonté des acquéreurs.
En tenant compte du prix courant des terres qui pouvaient équitablement
être mises en vente à cette époque, on aurait estimé le moulin
du Guy au moins autant que sa valeur en l'estimant 3 à 4 000 fr.
Au reste, quarante ans plus tard, lorsque les propriétés auront déjà
pris de la valeur et que le moulin et ses dépendances auront été
sensiblement améliorés, la même propriété ne sera vendue que
8.300 francs.

puis ce temps le moulin n'a pas cessé d'appartenir à la famille de Beauregard. Il est exploité en des conditions assez rares aujourd'hui : le locataire ne paye pas de ferme, mais il doit partager ses bénéfices avec le propriétaire. Ce mode d'exploitation suppose un locataire d'une probité éprouvée. Dans l'espèce, les deux parties contractantes sont contentes des conventions qu'elles ont arrêtées d'un commun accord.

XIX. — LE TOUR

Bien que le hameau du Tour ne soit pas mentionné sur la liste des communiants de 1655 [1], nous croyons qu'il y avait là cependant une habitation dès cette époque. D'après le contrat d'échange passé à la Pommeraye, en la cour du Pont, le 3 novembre 1665, par Cyprien Durand, notaire, un accord était intervenu à ce moment entre Messire Olivier Mesnard, seigneur de Toucheprès, des Deffends, etc., et M. René Guilbault, sieur de la Faverie. A l'occasion de cet échange, dont nous avons donné plus haut la substance et même le texte, Messire Olivier Mesnard fit remise à René Guilbault des droits de dîmes qu'il pouvait percevoir annuellement sur cinq ou six pièces de jardin appartenant à la maison du Tour et qui étaient déjà converties en pré. Toutefois, pour que la dépendance de ladite maison du Tour fût reconnue à l'avenir autant et mieux même [2] que par le passé, l'acte portait que le propriétaire du Tour serait tenu chaque année à payer, pour tout devoir, au seigneur des Deffends, un denier de cens, présentable à

---

1. Pourquoi le Tour n'est-il pas mentionné avec les autres villages de la paroisse dans le mémoire qui nous fait connaître les noms des communiants de Mautravers en 1655 ? Il n'y a pas lieu de supposer qu'il ait eu pour habitants des protestants. Mais il était alors la propriété des Guilbault, qui pouvaient bien n'avoir pas besoin d'habiter cette maison. Ils possédaient en ce temps-là une maison à la Courollière, et ils l'occupaient. Or, du Tour à la Courollière il n'y a que quelques pas. Au reste, la maison du Tour pouvait se trouver en mauvais état, et René Guilbault, ainsi que ses copropriétaires, pouvait être dans la gêne et n'avoir pas de quoi la faire restaurer.

2. Des droits spéciaux étaient dus sur cinq ou six pièces de terre attenantes au domaine du Tour, mais on avait perdu l'habitude de les payer.

la fête de Noël à la recette de la châtellenie des Deffends.
Le seigneur des Deffends profitait de l'occasion pour
affirmer ses droits sur les autres dépendances de la maison du Tour, qui était à ce moment la propriété de René
Guilbault, sieur de la Faverie, et de ses copropriétaires.

Quoi qu'il en soit, le registre paroissial de Mautravers
pour l'année 1676 contient un acte de mariage où il est
question d'une servante du Tour. Dans la seconde moitié
du xviii⁰ siècle, le Tour fut habité par M. Alexis-Marie-
Augustin Barrion, sieur de la Rousselière. Celui-ci était le
demi-frère de l'épouse de M. Durand, docteur en médecine,
résidant à la Pommeraye. Il était en même temps le petit-
fils de M. Léon Barrion, sieur de l'Ougeattière (paroisse
de Saint-André) et procureur fiscal du marquisat de Saint-
Mesmin. Il était le cousin de Jean-Augustin-Alexis Barrion, fermier général aux Marmenières (paroisse de Saint-
Mesmin). Une de ses filles, Marie-Madeleine-Aimée, qui
avait épousé en 1797 Pierre Plumant, fut marraine de la
plus petite cloche [1] qui se trouve maintenant dans le
clocher de Mautravers.

XX. — LA COUROLLIÈRE

Les registres paroissiaux du xvii⁰ siècle font mention
assez souvent d'un village qui est maintenant de Saint-
Amand, mais qui était sûrement, à cette époque, de la
paroisse de Mautravers, au moins en partie. Un assez
grand nombre d'enfants de ce village furent alors baptisés
à Mautravers. Dans un acte de baptême du 3 mars 1618,
il est dit que les parents de l'enfant ainsi que la marraine
sont de la Courollière, que le parrain est de Longeville, et
que les uns et les autres sont paroissiens de Mautravers.
Dans la liste des communiants de 1655, on trouve les noms
de onze personnes habitant la Courollière et faisant partie
en même temps de la paroisse de Mautravers. Toutefois,

1. Cette cloche n'est pas accordée avec les trois autres. Elle fut
bénite en 1811, et installée dans la bretèche qui surmontait la façade
de l'ancienne église. Le son argentin de cette cloche n'est pas désa-
gréable du tout.

vers la fin du xviiᵉ siècle, il est dit une fois ou deux dans le
registre de Mautravers que la Courollière est de la paroisse
de Saint-Amand. Faut-il en conclure que la Courollière
aurait alors été enlevée à Mautravers pour être donnée à
Saint-Amand? Il y a une autre explication à donner de cette
difficulté. Le village de la Courollière est bâti à l'extrême
limite de la paroisse de Saint-Amand. La route qui longe
la partie méridionale de ce village longe également les
terres de Montravers. Quoi d'étonnant qu'il y ait eu autrefois, en face des constructions actuelles, d'autres constructions appartenant à une autre paroisse? Dans ce cas, pourquoi les constructions établies sur le territoire de Mautravers n'auraient-elles pas fait partie du même village
que celles dont elles étaient séparées seulement par l'espace
d'une petite route? C'est l'opinion qui nous paraît devoir
être admise sur ce point.

Quoi qu'il en soit, dans le courant du xviiᵉ siècle, le logis
de la Courollière, qui a maintenant disparu, appartenait à
une famille bourgeoise qui avait nom Guilbault. Un membre
de cette famille, Marc Guilbault, sieur du Rochais, fut
enterré dans l'église de Mautravers en 1647. Sa pierre
tombale forme actuellement une des marches de l'escalier
principal du presbytère. Un autre Guilbault, probablement
le fils de celui-ci, et dont le nom figure sur la liste des
communiants de 1655, eut une famille assez nombreuse.
Ses enfants étaient baptisés dans l'église de Mautravers.
Dans leurs actes de baptême il est dit qu'ils sont fils ou filles d'*honorable homme* René Guilbault et de dame Marguerite Texier. On a vu par ailleurs que René Guilbault, sieur
de la Faverie, était en même temps sénéchal de Châteaumur, et que, en 1665, il habitait le château des Deffends.

A la même époque, en 1668, vint comme curé à Mautravers Messire Jean Guilbault, qui était l'oncle de Michel
Guilbault, sieur de la Loge, bourgeois résidant à la Chironnière. Est-ce que tous ces Guilbault étaient de la même
famille? Le fait est plus que probable. A peu près tous les
successeurs de M. Guilbault, jusqu'au milieu du xixᵉ siècle,
ont eu des parents assez rapprochés établis dans leur
entourage.

Au xviiiᵉ siècle, un membre de la famille Durand (Pierre),

qui remplissait à la Pommeraye les fonctions de notaire
royal et qui était le beau-frère de Michel Turquand, sieur
d'Appel-Voisin, portait le titre de sieur de la Courollière.

XXI. — LONGEVILLE

Le hameau qu'on désigne maintenant sous le nom de
Longeville a été quelquefois appelé Longueville. La liste
des communiants plusieurs fois alléguée porte bien Longueville, tandis que les actes du registre paroissial qui font
mention du même lieu le désignent ordinairement sous le
nom de Longeville. Le titre de sieur de Longueville était
porté au XVIIe siècle par François Cousinet, propriétaire
de la Marandière avant 1663. En 1779, un certain René-
François Turpault, notaire royal et procureur de Saint-
Mesmin, avait le titre de sieur de Longeville. Il faut avouer
qu'il ne reste à Longeville aucune trace d'habitation
seigneuriale. La dernière famille relativement notable qui
habita Longeville fut la famille Chailloux. Elle possédait
les deux métairies de Longeville. Une fille Chailloux
épousa en 1835 Jacques Morand, dont le père, qui était dès
lors propriétaire du Tour, habitait Pouzauges. Le dernier
survivant de la famille Chailloux mourut à Longeville en
1844. C'était un vétéran des guerres de la Vendée. Il avait
été marié et il avait eu des enfants; mais ceux-ci avaient
dû le précéder dans la tombe, car, à l'occasion de sa mort,
il n'est question au registre que de ses neveux et d'un de
ses cousins. C'est alors que se fit le partage des terres de
Longeville. Une portion échut à la famille Morand, qui la
possède encore. L'autre a dû être vendue au moins une
fois depuis le partage. En outre, une portion, la moindre,
bien entendu, fut distraite pour former une borderie à
part, qui a reçu depuis le nom de Bretonnière, du nommé
Breton, jardinier à Châtillon, qui en était alors le propriétaire. Le premier vendeur de la Bretonnière fut Siraudeau, de la Pommeraye, un des neveux de René Chailloux,
et le premier acheteur un nommé Landreau, de Mortagne,
qui céda son acquisition pour 500 francs à un nommé

Deshayes, domestique [1], lequel revendit la Bretonnière au puisatier Moreau, de Châtillon. A son tour Moreau céda la Bretonnière à Breton [2], lequel la vendit peu après à un cultivateur du nom de Gauffreteau. Celui-ci fit bâtir les maisons actuelles et vint les occuper. Il fut obligé, au bout de quelques années, de se défaire de son acquisition. La Bretonnière eut alors pour propriétaire Louis Vion, du Puy-Guillaume. Peu de temps après la mort de Louis Vion, survenue le 21 juin 1903, cette propriété fut de nouveau aliénée. Voilà donc une terre qui a changé sept fois de propriétaire en 60 ans. Le fait est vraiment digne de remarque dans une région où les propriétés terriennes se distinguent par la stabilité la plus absolue.

1. Il n'y avait pas encore d'habitations à la Bretonnière; les terres devaient en être cultivées par les tenanciers des fermes voisines.

2. Breton avait affermé sa borderie à un certain François Texier. Celui-ci ne resta qu'un an à la Bretonnière, mais pendant ce temps-là il fut le père d'un enfant qui fut baptisé à Montravers le 20 novembre 1861. A cette époque il y avait pour unique habitation, à la Bretonnière, une maison faite de carrés de gazon superposés, ou de *pelées*, comme on dit dans la contrée.

SECTION SECONDE

I. — HUGUES DE MAUTRAVERS (1195) ?

Un ecclésiastique désigné par le nom de Hugues de Mautravers figure comme témoin dans un acte du cartulaire de l'abbaye de Mauléon. Cet acte est de l'année 1195. Tout porte à croire que cet ecclésiastique résidait ordinairement à Mautravers, pour y remplir, toutes les fois qu'il en était besoin, des fonctions à peu près équivalentes à celles des curés de paroisse rurale de notre temps. C'est le premier nom de prêtre que les archives relatives à Mautravers aient conservé, et il faudra attendre trois siècles pour trouver le second [1].

II. — PIERRE GENDRON (1495).

Les archives départementales du Maine-et-Loire conservent encore un acte du 14 novembre 1495, où Pierre Gendron est donné comme « curé de Saint-Jean l'Évangéliste de Mautravers (*de Malo Traverso*), au diocèse de Maillezais ». L'objet de cet acte était *une procuration* donnée par le curé de Mautravers à Etienne Estobleau, prêtre, et à Frère André de Marconay, pour résigner sa cure entre les mains de Louis, abbé de Saint-Florent-lez-Saumur et patron de l'église de Mautravers, et l'échange par permutation contre la chapellenie de la Lande, desservie au lieu de Puymorin, diocèse de Luçon, par Gilles de Montournois.

III. — GILLES DE MONTOURNOIS (1495).

Il y a tout lieu de penser que Gilles de Montournois était de la famille de l'écuyer Jehan de Montournois, que nous avons rencontré par ailleurs comme seigneur de Mautravers, en 1460. Il n'est pas incroyable qu'il eût été son propre fils.

---

1. Nous avons cru toutefois qu'il fallait mettre un point d'interrogation après le nom d'H. de M. Ce nom pourrait aussi avoir désigné un ecclésiastique originaire de Mautravers.

IV. — ANDRÉ RAIMBAULT (1550-1569).

Le 14 décembre 1569, André Raimbault, qui était déjà
curé de Mautravers depuis une vingtaine d'années au
moins, confia à Jacques du Temple une procuration qui
lui permettait de résigner cette cure entre les mains de
l'abbé de Saint-Florent.

V. — JEHAN FOUCHEREAU (1570).

Le 27 décembre 1570, Jehan Fouchereau, « lors curé de
l'église parochiale (paroissiale) de Mautravers », s'enten-
dit avec « noble homme Claude Audebault, et damoiselle
Ysabeau Chambret, sa femme, sieur et dame de Mautravers », qui lui cédèrent « un pré appelé Lestancheau, dépendant du lieu et gaignerie appelé la Grande-Métairie
(sans doute ce qui correspond à la métairie actuelle du
château de M. [1]) de Mautravers, en retour d'un logis en
ruines qui servait auparavant de maison presbytéralle ».
De là il résulte que la cure actuelle de Montravers pourrait
bien remonter à cette époque. L'ancienne devait être beaucoup plus rapprochée du château : autrement le seigneur
de Mautravers n'aurait pas montré autant d'empresse-
ment à en faire l'acquisition.

VI. — PIERRE GUILLOTEAU (1571).

Le 2 mai 1571, Pierre Guilloteau, qui avait succédé à feu
Jehan Fouchereau, présenta personnellement ou par procureur au chapitre de Saint-Florent l'acte d'échange consenti par son prédécesseur. Suivant son désir, il obtint
que cet acte fût homologué, partant que la convention in-

---

1. Nous croyons pouvoir affirmer que le pré de Lestancheau correspond à trois pièces de terre, dont deux portent sur le cadastre le n° 270,
et l'autre, le n° 265. Cette dernière existe encore à l'état de prairie, et
les deux autres, qui sont maintenant converties en champs, portaient
le nom de *Pâtis de la Cure* à l'époque où fut confectionné le cadastre
(1812). Il est hors de doute d'ailleurs qu'elles proviennent toutes les
trois de l'ancienne métairie de la cure. D'autre part, il est très facile
d'admettre qu'elles ont fait partie primitivement des terres du château,
puisqu'elles sont uniquement bornées par des terres ayant fait partie
autrefois du domaine du château de Mautravers. L'étendue de ces
trois pièces de terre est de 80 ares + 80 a. + 75 a. = 235 ares.

tervenue entre le curé et le seigneur de Mautravers au
mois de décembre précédent eût son plein effet. (Cf. Archives du Maine-et-Loire.)

VII. — JEAN THUAUDIÈRE (1617-1618).

Le premier prêtre qui ait signé au plus ancien registre
de Mautravers qu'on possède encore aujourd'hui s'appelait
Jean Thuaudière. Son nom paraît au bas d'un acte de baptême qui porte la date du 26 avril 1617. Un assez grand
nombre d'actes de baptème des années 1617 et 1618 portent
la signature de Jean Thuaudière. Quelle était, à Mautravers, la situation officielle de ce prêtre ? Les registres
paroissiaux ne permettent pas de le dire d'une façon catégorique. On peut supposer toutefois qu'il était curé de la
paroisse.

Il y avait en ce temps-là à Mautravers un autre ecclésiastique auquel un acte de 1617 donne le titre de
« vicaire de céans » : il s'appelait Jacques Rochereau.
Tous les actes de cette époque sont signés de Jean
Thuaudière ou de Jacques Rochereau. Or il est difficile
de supposer que la paroisse de Mautravers ait été sans
curé pendant plusieurs années, tout en ayant deux vicaires. Quoi qu'il en soit, le nom de Jean Thuaudière ne figure plus au registre de Mautravers passé 1618. On nous
a néanmoins communiqué, comme provenant des archives
de la Durbelière (paroisse de Saint-Aubin-de-Baubigné),
la note suivante : « Vers 1620, Louis du Vergier, avec
Mᵣᵉ Hilaire de la Celle, vicaire de Voultegon, et plusieurs
autres, se transportent à Mautravers, chez Jean Thuaudière,
soi-disant vicaire et en faisant les fonctions, et demandent
à faire un office avec l'autorisation du grand vicaire de
Maillezais, à quoi le vicaire fait des difficultés. » Ce document paraît, à première vue, créer un véritable embarras ;
mais, en y regardant de plus près, on s'aperçoit bien que
tout peut s'expliquer. D'abord la date de 1620 n'est qu'ap-
proximative : le fait qui s'y rapporte a bien pu se passer
en 1617 ou 1618. La note a dû être rédigée par un témoin
auriculaire, et longtemps après l'événement. Dans cette
note on donne le titre de vicaire prétendu à Jean Thuaudière. Il faut peut-être en conclure que Jean Thuaudière

avait les pouvoirs de vicaire-curé sans en avoir le titre : l'évêché de Maillezais, dont dépendait à ce moment-là Mautravers, pouvait avoir ses raisons pour retarder la nomination du titulaire de ce bénéfice [1].

Les registres de cette époque nous apprennent qu'il existait à Mautravers, et ailleurs aussi sans doute, une coutume qui nous paraît maintenant assez singulière, mais qui était ancienne et qui avait été autrefois assez répandue. Elle consistait à donner à l'enfant qui était baptisé deux parrains et une marraine, s'il s'agissait d'un garçon, et un parrain et deux marraines, s'il s'agissait d'une fille. Donnons en preuve un double spécimen : « Le huictiesme jour de juin 1617 a esté baptizé Pierre, filz de René Clochard et de Perrine Gounord, dem¹ au village de la Coutancière. Les parrains ont estez Pierre Jadault, dem¹ au Plessis-au-Provost, parroisse de Combran, et Jean Guillotteau, dem¹ à la Bertinière, et la marrine Nicolle, femme de Mathurin Lussault, dem¹ à la Coutancière...

« Le trantiesme jour d'aoust 1617 a esté baptizée Jacquette, fille de Pierre Beaulieu et Jacquette Roux. Le parrain a été Messire Jacques Rochereau et les marrines demoiselle Louyse Bureau, dame de la Gallière [2], et Françoise Corbin... »

Cette coutume cessa définitivement en 1621. A partir de cette époque, à Mautravers, on se conforma au saint concile de Trente qui, dans le chapitre IIe de sa XXIVe session, afin de restreindre la multiplication des empêchements de mariage, avait prescrit qu'à l'avenir on n'admettrait qu'un parrain *ou* une marraine, ou tout au plus un parrain *et* une marraine.

On peut s'étonner tout d'abord que cette prescription soit demeurée si longtemps sans exécution. Car le concile

---

1. A cette époque, la région au milieu de laquelle est situé Maillezais était constamment ravagée par les protestants. On comprend qu'un évêque obligé à chaque instant de se déplacer ou de se cacher pour mettre sa vie en sûreté ait négligé un peu la partie extrême de son diocèse. — Disons ici que Maillezais devait bientôt cesser d'être un siège épiscopal. En 1648, une bulle du pape Innocent X supprima l'évêché de Maillezais et, à la place, érigea celui de la Rochelle. A cette époque, Mautravers eut à changer de diocèse, et cette nouvelle situation devait durer un siècle et demi.

2. La seigneurie de la Gallière était située paroisse des Aubiers.

de Trente avait terminé ses travaux en 1563, et l'assemblée générale du clergé de France, tenue à Paris dans le couvent des Augustins, en 1615, avait reconnu et proclamé unanimement l'obligation de recevoir ce concile et de l'observer. Il est vrai que l'assemblée de 1615, en faisant et en souscrivant cette déclaration, avait réservé les libertés de l'Eglise gallicane. Or, « comme les prétendues libertés de l'Eglise gallicane n'étaient pas mieux définies en 1615 qu'elles ne l'ont été depuis, les conciles provinciaux ayant cessé de se tenir régulièrement, la plupart des évêques de France conservèrent certains usages abrogés par le concile de Trente et en introduisirent plusieurs autres, èn se conformant plutôt aux ordonnances de nos rois et aux arrêts des parlements qu'aux décrets du concile et du Siège apostolique. »

Dans la première moitié du xviie siècle, les curés et les vicaires de Mautravers étaient souvent parrains de leurs paroissiens ou paroissiennes. Ce fait, qui s'est renouvelé plusieurs fois depuis, même au xviiie siècle, peut avoir des inconvénients. Il suppose en tout cas une réelle intimité entre les prêtres d'une paroisse et le troupeau confié à leurs soins. A l'examen des actes on remarque que le prêtre qui était parrain ne baptisait jamais l'enfant dont il était parrain : il faisait appel invariablement au concours d'un autre prêtre à cette occasion.

Intérim (1618-1621).

La paroisse de Mautravers, par suite du départ ou de la mort de Mre Jean Thuaudière, resta trois ans sans curé. Durant cet intervalle, elle fut administrée ordinairement par Mre Jacques Rochereau, qui avait précédemment rempli à Mautravers les fonctions de vicaire coadjuteur. Durant cet intervalle, deux baptêmes furent faits par un prêtre étranger à la paroisse ou qui résidait à Mautravers à un autre titre que celui de curé ou de vicaire, Mre Pierre Delavau. Le registre ne lui attribue aucun titre particulier. Il fit d'ailleurs deux autres baptêmes en 1624.

A cette époque, beaucoup d'hommes, et même quelques femmes de Mautravers, portaient le nom de Claude. Ce nom était d'ailleurs très commun en France en ce temps-là. Une reine de France, l'épouse de François Ier, l'avait porté. D'autre part, plusieurs seigneurs successifs du château de Mautravers avaient aussi porté le nom de Claude [1].

VIII. — MATHURIN BOISSINOT (1621-1622).

Mathurin Boissinot resta peu de temps à Mautravers. Comme Jean Thuaudière, il n'indiqua jamais sur le registre à quel titre il y exerçait le saint ministère. Il était d'ailleurs le seul prêtre attaché en ce temps-là à cette paroisse. Après le départ de Mre Rochereau, Mautravers resta onze ans sans vicaire. Le 19 août 1621, Mathurin Boissinot autorisa Messire D. Devane, curé de Combrand, à faire un baptême dans l'église de Mautravers.

IX. — MORICE GUÉRIN (1622-1650).

Mre Morice [2] Guérin est le premier prêtre qui se soit donné, dans le plus ancien des registres paroissiaux, le titre de curé de Mautravers. Il est à remarquer même qu'il ne le prit point dès son arrivée, mais seulement après dix ans de séjour à Mautravers. De ce fait, une seule explication nous paraît devoir être donnée. En ce temps-là, où le cumul des bénéfices était chose très commune, le titre de curé de Mautravers, avec les avantages attachés à ce titre, était sans doute possédé par un ecclésiastique occupant un autre poste. Nous avons bien vu par ailleurs que la cure de la Pommeraye avait eu pour titulaire le curé de Saint-Hilaire-de-Voust, puis le procureur général du collège Mazarin, à Paris. L'un et l'autre avaient exercé leurs fonctions par procureur. Il dut en être ainsi pour Mautravers dans les premières années du xviie siècle.

Morice Guérin devait être en très bonnes relations avec les châtelains du bourg de Mautravers. Il accepta le 16 août 1624 d'être le parrain d'un enfant qui eut pour mar-

---

1. Il devait en être ainsi plus tard des seigneurs des Deffends : tous les membres de la famille Pellot qui furent propriétaires à Mautravers portèrent le nom de Claude. - Les noms de Mathurin et de Mathurine, de Perrine, de Jacquette, de Renée, que personne ne porte plus aujourd'hui à Montravers, étaient très communs à l'époque où nous sommes arrivés.

2. C'est ainsi que M Guérin écrivait son nom de baptême.

raine damoiselle Elisabeth Audebault. Il est d'ailleurs à
remarquer qu'il y avait très souvent à cette époque des
membres de la famille Audebault qui étaient sollicités de
remplir les fonctions de parrain ou de marraine à Mautravers, et il est à croire que ces sortes de demandes étaient
toujours bien accueillies, à en juger par les registres paroissiaux.

Mre Morice Guérin eut successivement quatre vicaires :
Mre Noël Boësson, de 1631 à 1635 ; Mre Jean Couppard, de
1637 à 1639 ; Mre André Brossard, de 1640 à 1644, et
Mre Toussaint Courault, de 1648 à 1650.

X. — TOUSSAINT COURAULT (1650-1667).

Après avoir été pendant deux ans le vicaire de la paroisse
de Mautravers, Mre Toussaint Courault en devint le curé.
On lui donna successivement deux vicaires : Mre Jacques
Bisson, de 1650 à 1652, et Mre Nicolas le Bascle, de 1653 à
1656.

Toussaint Courault eut la bonne pensée de dresser la
liste des communiants de sa paroisse en 1655. Cette liste
contient 263 noms. Elle nous fait connaître tous les villages qui composaient la paroisse de Mautravers à cette
époque, et nous met à même de juger à peu près de l'importance de chacun d'eux au point de vue de la population,
car les noms des communiants sont distribués par village. Nous allons donner cette liste, afin que ceux qui
connaissent actuellement Montravers aient le plaisir de
faire la comparaison.

« *Mémoire des communiants de la paroisse de Saint-Jean
l'Evangéliste de Maultravers de l'année mil six cent cin-
quante-cinq.*

« Premièrement de la maison de Maultravers ont com-
munié :

Jean Audebault, sei- gneur du dict lieu	Hilaire Baril,	Pierre Peault,
Charles Beaulieu,	Marguerite Bourceau,	François Guerneau,
Christophle Martin,	Renée Maignault.	Louis Rembert,
Laurent Bonneau,		Marie Courault,
André Fallourd,	Ceux du Bourg :	Louise Baubriault,
Jacques Villon,		Louise Marolleau,
Jean Thoumazeau,	Charles Devanes,	Pierre David,
	René Courault,	Mathurin Hériault,

Pierre Boissinot,
Elisabeth Guilloteau,
Aimée le Cant,
André Favrault,
Françoise Souchet,
René Hurtault,
Pierre Hurtault,
Mathurin Hurtault,
René Hurtault, '
Jacquette Robreau,
Gabrielle Robreau,
Claude Audebault,
Louise Estancheau,
Mathurine Viollet,
Louise Beaulieu,
Magdelene Beaulieu.

A la Charantonnière :

Jean Morin,
Jean Morin,
René Morin,
François Robreau,
Perrine Hérault,
Jacquette Chaubrier,
Louis Chauveau,
Jeanne Guilloteau,
Gabrielle Chauveau
François Gaborit,
Jean Gaborit,
Jacquette Gaborit,
Perrine Triault.

A la Morenerie :

Jean Guilloteau,
Jeanne Meignault,
Nicolas Baudry,
Jean Baudry,
Françoise Guilloteau,
Gillette Cousinet,
Jean Brion, sa femme
   et sa fille.

A la Morandière :

Jean Clochard,
Pierre Clochard,
Jean Clochard,
Jeanne Guyot,
Perrine Brosseau,
Honnoré Lozeau,
Jeanne Rouzineau,
Jacques Cailleault,
Pierre Cailleault,
Jean Cailleault,
Guillone Guyon,
Denis Baudouin,
Jean Sicaud,
Jean Sicaud,
Jeanne Robert,
Louis Sicaud.

A la Coutansière :

Michel Fuzeau,
Marie Vittet,
Honoré Fuzeau,
André Fuzeau,
Perrine Gaborit,
Laurent Cornuault,
Pierre Cornuault,
Jeanne Fuzeau,
Jeanne Baudri.

A la Bertinière :

François Guilloteau,
Etienne Guilloteau,
Pierre Guilloteau,
Magdelene Baudri,
Morice Guilloteau,
Jacquette Janneau,
Mathurin Soulard,
Jean Soulard,
Jeanne Soulard,
Benoiste Guillet,
Estienne Ussault,
Perrine Robreau,
André Souchet,
Renée Vion,
Jeanne Guilloteau,
Marie Guilloteau.

A la Jaquelinière :

François Guilloteau,
André Guilloteau,
Jacques Brosseau,
Hilaire Clochard,
Jeanne Deniau
Denise Brunet.

A la Chironnière :

Jean Pacquereau,
Charles Maria,
Michelle Pineau,
Jeanne Pacquereau.

Au Millaud :

Nicolas Geay.
Françoyse Rouault.

A la Tallerie :

Louis Estancheau,
Michel Estancheau,
Michelle Bodet,
Gabrielle Girard,
Jacques Perreau,
Jean Perreau.
Louis Perreau,
Jeanne Baudouin.
Louis Guilloteau,
Louise Perreau,
François Marquis,
Catherine Courard,

Mathurine Marquis,
Mathurin Maheu,
Marguerite Douteau,
Malaine Thybault,
Anne Pilate,
Jacques Douteau,
Louis Douteau,
Jeanne Gaborit,
Rose Douteau,
Louis Teillet,
Claude Douteau,
Jacques Tisseau,
Honnoré Tisseau,
Perrine Gaborit,
Marie Gaborit,
François Brémault,
Jean Robreau,
Osanne Guilloteau,
Mathurin Brémault.
Marie Guilloteau,
François Brémault,
François Girard,
Perrine Estancheau,
Pierre Janneau,
Jeanne Jeanneau,
Perrine Delion.

A la Dorbelière

Renée Vexiau,
Marie Vexiau,
Françoise Guilloteau,
Louis Guilloteau,
François Guilloteau,
Louis Guilloteau,
Louis Gefard,
Jeanne Brémault,
Françoise Rochereau,
Jeanne Frère.

A la Fillolière :

Jean Guilloteau,
Nicole Ussault,
Jacques Tranchet,
François Tranchet,
Denis Devannes,
Andrée Maheu,
Gabrielle Tranchet,
Perrine Tranchet,
Jean Bernier,
Françoise Gauffreteau,
Louise Gounord,
Marie Poupin,
René Proust,
Marie Chenesteau,
Renée Guilloteau.

A la Picquemenière :

François Le Bascle,
Vincent Brosseau,
Michel Brosseau,
Louis Brosseau,

Marie Le Bascle,
　Brebion,
Guyon Brosseau,
Perrine Brosseau,
Perrine Morin,
Jacques Theblèreau,
Mathurin Theblèreau,
Françoise Theblèreau
Mathurin Charetier,
Nouel Charetier.

Au Puylaume :

Mademoiselle du Puy-
　laume et ses deux
　filles [1],
Jean Albert,
Mathurin Albert,
Jean Albert,
Louise Souchet,
Renée Albert.

A la Faverie :

Louis Le Bascle,
Louis Morain
et leur valet,
Perrine Le Bascle,
Jeanne Robin,
Jacques Coustant,
Louis Coustant,
Nicolas Butier,
Perrine Chau(v)eau,
Jeanne Coustant,
Louis Soulard,
Pierre Soulard,
Gabrielle Gounord,
Guyonne.

Au Guy :

Jean Proust,
Pierre Proust,
Jeanne Prière.

Aux Deffends :

Estienne Beauvais,
François Noyrault,
Pierre Martin,
Jeanne Beauvais,
Jean Burault,
Jean Marot.

A la Mestairie :

Pierre Souchet,
Renée Gounord,
Pierre Souchet.

Au Puymenentier :

Jean Rouault,
Denise Petit,
Jacques Rouault,
Jean Rouault,
Jeanne Rouault,
Gabrielle Rouault,
Catherine Rouault.

A la Courolière :

M. de Faverie,
Marguerite Texier,
Madame du Rochay,
Catherine Guillebault,
Charlotte Guillebault,
Louis La Counée,

Aimée Trouvée,
Marie Poupin,
Perrine Poupin,
Jean Chauchon,
Michelle Poupin.

A Longueville :

Pierre Marolleau,
Jacques Marolleau,
Guillaume Marolleau,
Pierre Jadault,
Jeanne Jadault,
Françoise Marolleau,
Hillaire Marolleau.

A Pierre-Couverte :

Jean Jeanneau,
Jean Jeanneau,
Marie Gounord,
Adrienne Jadault,
Jean Devanne,
Louise Baudri,
Jean Renaudet,
Mathurin Lebascle,
Perrine Renaudet,
Jean Guilloteau,
Perrine Counée.
Anthoinette Brémault,
René Guilloteau,
Mathurin Guilloteau,
Louise Guilloteau,
Jean Bigot,
Michelle Gounord.

En tout 263.

D'après ce document, on voit que plusieurs noms de
village ont été légèrement modifiés depuis 250 ans.
Ainsi nous trouvons dans le mémoire des communiants
la *Morandière,* au lieu de la Marandière ; la *Mornerie,* au
lieu de la Mônerie ; la *Coutansière,* au lieu de la Cottencière; la *Mestairie,* au lieu de la Petite-Métairie ; la *Pique-
menière,* au lieu de la Piqueminière (*vulgo* Piquemière) ;

---

1. Cette indication pourrait bien donner lieu à des suppositions
erronées. Il faut savoir, en effet, que, sous l'ancien régime, une personne
de famille noble, même quand elle était mariée, portait néanmoins
le titre de demoiselle ou damoiselle, si son mari n'était pas au moins
chevalier. Il va sans dire qu'une veuve devait continuer à porter le
titre de demoiselle, si elle l'avait porté dans l'état du mariage. — Ne
pourrait-on pas aussi tirer parti d'un fait local à cet égard, de celui de
damoiselle François, ainsi désignée dans l'acte de son second mariage ?
L'indication que nous trouvons ici n'est donc pas nécessairement une
preuve d'inconduite.

le *Puylaume*, au lieu du Puy-Guillaume (*vulgo* le Peüil-lâme) ; les *Deffends*, au lieu du Vieux-Deffends , *Longue-ville*, au lieu de Longeville. Pour des raisons données en lieu convenable, il n'est pas question ici du *Tour*, ni de la *Bretonnière*, ni de la *Louisière*, ni du *Deffend*. La *Chaussée* n'est pas mentionnée sur cette liste, sans doute pour la raison que les habitants de ce hameau étaient alors consi-dérés comme faisant partie de la maison noble de Mau-travers. Le moulin de *Dollebeau* n'y figure pas non plus : il faut en conclure, ce semble, qu'il avait déjà cessé d'être occupé. Quant à la *Courolière*, qui est aujourd'hui de la paroisse de Saint-Amand, elle occupe ici une place hono-rable, pour les raisons que nous avons données en parlant de ce village spécialement.

Parmi les noms qui figurent sur la liste des commu-niants, on peut dire qu'il n'y en a pas un seul qui indique sûrement un ancêtre de quelques-uns des habitants actuels de Montravers. Il s'y trouve cependant un certain nombre de noms qu'on rencontre aujourd'hui encore à Montravers, et beaucoup d'autres qu'on pourrait rencon-trer aussi dans les localités voisines Il y a aussi des noms rares, des noms de personnes venues de loin, ce qui sup-pose qu'en ce temps-là on voyageait aussi, malgré la rareté des grandes routes et les frais relativement consi-dérables qu'entraînaient les déplacements.

Revenons un instant encore à Mre Toussaint Courault. En 1656, il rédigea un acte de baptême au bas duquel se trouvent sept signatures, y compris la sienne. Ce fait prouve que, même à cette époque déjà lointaine, les gens de Mautravers n'étaient pas tout à fait illettrés.

Au baptême qui eut lieu le 24 janvier 1660, fut parrain « haut et puissant Messire Jean Audebault, seigneur de ce lieu ». Cette formule prouve que Claude Audebault, dont le nom figure encore au registre à la date de 1653, avait cessé de vivre en 1660, et que Jean Audebault était son fils aîné ou peut-être son unique fils [1].

---

1. Messire Claude Audebault ne figure pas sur la liste de 1655, et son fils, par contre, y reçoit le titre de « seigneur de Maultravers ». C'est donc entre 1653 et 1655 qu'il faut placer le terme de son existence terrestre.

Les registres de cette époque font mention d'un certain
nombre de familles notables du pays qui n'ont pas laissé,
à notre connaissance, de traces dans la région. Qu'étaient-
ce que damoiselle Gabrielle Grellier, d^lle Diane de Caulx,
Jean Grellier, écuyer et sieur du Jar, Charles Cabaret, sieur
de Nantilly, François de la Rénay, noble homme Charles
Décumont, qui sont inscrits en qualité de parrains ou de
marraines sur le registre paroissial ? Comment se fait-il
que Louis de Grange, époux de Marguerite Grellier, portât
à cette époque le titre de « sieur de Maultravers », bien que
Jean Audebault fût encore vivant [1] ? Quelle était à Mautravers la position sociale de David de Bagariguest, sieur du
Jar et époux de d^lle Françoise Fouaceau ? Un enfant issu
de cette union fut baptisé à Mautravers à cette époque.
D'autre part, nous savons que David de Bagariguest remplissait des fonctions de l'ordre ministériel au nom du
seigneur des Deffends en 1669.

XI. — JEAN GUILBAULT (1667-1703).

A la date du 22 octobre 1667, Mre Jean Guilbault signait
au bas d'un acte de baptême, sur le registre paroissial
de Mautravers : *Jean Guilbault, prêtre commis*. Ce titre
équivalait sans doute à celui de vicaire administrateur ou
intérimaire. Mais, à partir du 5 mai 1668, il signe : *J. Guilbault p. curé*.

A cette année 1668 se rapporte un fait qu'il nous paraît
bon de signaler en passant. Jusqu'à cette époque, les curés
de Mautravers s'étaient contentés de rédiger et de conserver les seuls actes de baptême. L'ordonnance rendue
par François Ier en août 1537, et qu'on appela depuis
ordonnance de Villers-Cotterets, du lieu où elle avait
paru, prescrivait pour chaque paroisse la tenue d'un registre dont les actes feraient foi dans les procès et les
différentes manifestations de la vie civile. Le registre devait
être porté chaque année par les curés au greffe du plus
prochain siège des baillis ou sénéchaux royaux, pour y

---

1. Il n'est pas impossible que Louis de Grange eût été le neveu de
Jean Audebault, par Elisabeth Audebault, sa sœur, qui avait dû quitter
Mautravers aux environs de l'année 1630, ou bien par Suzanne Aude-
bault, son autre sœur.

être fidèlement gardés et pour qu'on y eût recours quand
besoin en serait. Hormis les ecclésiastiques pourvus d'un
bénéfice, dont le décès devait être inscrit sur ce registre,
on ne devait y faire figurer que les actes de baptême. Les
registres de Mautravers ne mentionnent le décès d'aucun
ecclésiastique avant 1703, et il n'y a pas lieu de croire
qu'un double des actes de baptême ait été déposé au greffe
d'aucun tribunal avant 1668.

En 1563, le concile de Trente avait ordonné qu'on ins-
crivît sur les registres paroissiaux non seulement les actes
qui étaient signalés par l'ordonnance de Villers-Cotterets,
mais de plus les actes de mariage : tout porte à croire
qu'on n'avait pas tenu compte de cette prescription à Mautravers. L'ordonnance de Blois (mai 1579), qui prescrivait
aux curés de tenir registre des naissances, mariages et
décès de toute personne, ne fut point exécutée à Mautravers. Du reste, les ordonnances royales relatives aux
registres paroissiaux n'étaient point descendues dans le
détail et n'avaient point réglé la teneur des actes à inscrire. Mais l'ordonnance que Louis XIV rendit sur la pro-
cédure, en 1667, précisa les formes à suivre sur le point
qui nous occupe et introduisit notamment la tenue des
registres par original et par copie. Aussi, dès l'année 1668,
le curé de Mautravers se mit à tenir deux registres et à y
inscrire les actes de baptême, mariage et sépulture. Le
premier acte de mariage qui fut inscrit au registre fut
celui d'un nommé Jacques Proust, laboureur [1] à la Chironnière, lequel était veuf et âgé de vingt-cinq ans ; et le premier acte de décès fut celui de damoiselle Françoise Boynet,
laquelle fut inhumée dans l'église de Mautravers. C'est
vers cette époque qu'on commença à faire mention de la
qualité d'illettré des témoins, quand il y avait lieu. Donc
l'ordonnance de 1667 devait porter que les témoins, parrains, etc., signeraient, s'ils le savaient faire. Il est hors de
doute que plus d'une fois on ne s'est pas occupé de cette
prescription royale. On signait généralement les actes de
mariage, peu les actes de baptême, et encore moins les

---

1. En ce temps-là, le terme de *laboureur* était l'équivalent de notre
terme de *cultivateur*. Il en fut ainsi à Mautravers jusqu'à l'époque de
la Révolution.

actes de décès. On ne pourrait sûrement pas s'appuyer sur le petit nombre des signatures qui figurent au bas des registres de ce temps-là pour juger du degré d'instruction de l'époque. L'ordonnance du roi fut du reste assez négligemment suivie dans les premières années. Ainsi il y a un certain nombre d'actes que l'on possède en double à Mautravers ; et il y en a d'autres qui ne sont inscrits que sur un registre, celui qui était destiné au greffe.

Poursuivons nos remarques sur le ministère de Mre Jean Guilbault à Mautravers et les faits qui s'y rapportent. Le 12 juin 1668, fut baptisé sur la paille un enfant qui se mourait. Cette expression : *baptisé sur la paille*, sera employée bien souvent par la suite, pour noter qu'un enfant a été ondoyé à la maison paternelle pour cause de danger de mort.

Dans le courant de l'année 1670 eut lieu à Mautravers la sépulture d'un nommé François Soulard, décédé sur la paroisse de Combrand. Le registre de Mautravers dit que son corps fut inhumé dans le cimetière de céans, *de la licence du sieur curé de Combrand*. Deux ans plus tard, un fait analogue se produisait pour un habitant de la paroisse de Saint-Amand (du village du Puy-Loup), et il était mentionné avec la même formule.

Le 4 mai 1677, en l'absence de Mre Guilbault, un baptême fut fait dans l'église de Mautravers par « le frère Jean-Hyacinthe Baron, prédicateur jacobin ». Ce religieux était-il venu à Mautravers pour y exercer le ministère de la prédication, ou pour y visiter des parents ou des amis ? Nul ne saurait le dire aujourd'hui. En tout cas, la mention d'un religieux de l'ordre de Saint-Dominique (car tout le monde sait que les religieux de Saint-Dominique portaient autrefois en France le nom de Jacobins), qui fut faite à cette date dans les registres de Mautravers, est un fait unique depuis trois siècles.

En 1679, les registres paroissiaux de Mautravers furent contrôlés par M. de la Brunetière, trésorier de France au bureau des finances de Poitiers. C'est cette année-là, et à partir de la revision de M. de la Brunetière, que l'on cessa d'inscrire des actes au seul registre qui eût servi jusque-là, au moins comme minute, depuis 1617. Il est à croire

que le trésorier de la Brunetière ne fut pas étranger à la
résolution que prit à cet égard le curé de Mautravers.

Notons ici la dispense qui fut adressée au curé de Mautravers en 1682, pour le mariage de René Guilloteau avec
Renée Cousseau. Cette pièce, qui fut jointe au registre de
l'année courante, existe encore. En voici la copie textuelle :
« Henry de Laval, par la miséricorde de Dieu, evesque de
la Rochelle, savoir faisons que, vue la requeste à nous
présentée par René Guilloteau et Renée Cousseau, de la
paroisse de Mautravers, tendant à ce qu'il nous plust les
vouloir dispenser des empeschements de consanguinité
qui sont entre eux, tant au quatre. degré et du trois au
quatre. d'un costé, que du quatre. d'un autre, attendu leur
pauvreté, l'ordonnance du sieur de la Brosse, notre vicaire
général, estant au pied de la d. requeste, en datte du trois
février de la prñte année, signée Philippe de la Brosse,
vic.gñal, et l'information faite en conséquence par le sieur
curé de la Pommeraye, commis à cet effet le vingt-huit
avril dernier, signée Martineau, curé de Pommeraye,
nous avons dispensé et dispensons les dits Guilloteau et
Renée Cousseau desdits empeschements de consanguinité, attendu leur pauvreté et, ce faisant, permettons au
sieur curé de Mautravers de passer outre à leur mariage,
pourvu qu'il ne se trouve d'ailleurs aucun autre empes-
chement canonique, et en observant pour le surplus les
solennités requises et accoutumées.

Donné à Paris sous le sceau de nos armes le dix-huit
may mil six cent quatre-vingt-deux.

Henri DE LAVAL, *evesque de la Rochelle.*
    Par Monseigneur, BRIDOIE, *sec.* »

Au moment où cette pièce fut expédiée, Mgr Henri de
Laval venait d'assister à la fameuse assemblée du clergé
qui mit la France à deux doigts du schisme, et il avait eu
le tort de signer, avec trente-trois autres prélats français,
les quatre articles de la déclaration relative à la puissance
ecclésiastique et aux limites qu'on prétendait lui imposer.

L'année 1684 fut la plus éprouvée pour Mautravers au
point de vue de la mortalité, depuis 1617 jusqu'à la Révolution : il y eut trente-deux décès à Mautravers en cette

seule année. Il devait y avoir alors dans la contrée des
maladies contagieuses. Les grandes guerres que venait de
soutenir Louis XIV contre l'Europe coalisée n'avaient pas
seulement épuisé le trésor royal : elles avaient aussi sans
doute épuisé la santé publique et donné naissance aux
germes morbides que les soldats libérés devaient apporter
dans leurs foyers.

Le registre paroissial de Mautravers pour l'année 1693
fut expédié par Pierre-François de la Ville, seigneur de
Baugé, sénéchal de Thouars, le 17 décembre 1692. Comme
on le voit par là, les curés n'avaient pas, à cette époque,
la liberté de confectionner à leur guise leurs registres
paroissiaux. Cette mesure pouvait avoir ses avantages
pour l'administration, qui n'avait pas à inscrire les frais
d'état civil dans son budget, et qui d'autre part retirait un
bénéfice de la vente des registres. Mais cette manière de
procéder, tout en étant d'ailleurs honorable pour le clergé,
lui était aussi onéreuse. Les actes de baptême, de mariage
et de sépulture rédigés par le clergé des paroisses avaient
sans doute l'honneur d'être réputés pièces authentiques, et
le pouvoir civil leur attribuait la même vertu, le cas échéant,
qu'à ses propres documents. Mais, à ce titre, les curés
étaient obligés de subir à des intervalles plus ou moins
éloignés la visite d'un inspecteur des finances. D'autre
part, il fallait payer les registres un prix bien supérieur à
celui du papier. Ce prix variait avec les besoins du trésor
public. Ainsi les registres de 1705 coûtèrent trois livres,
et ceux de 1709 coûtèrent cinquante sols. Au surplus, en
raison de la rareté et de la difficulté des communications
avec Thouars, il fallait quelquefois attendre les nouveaux
registres jusqu'à la fin du mois de février, ce qui arriva
en particulier pour Mautravers en 1706.

En 1697, fut inhumé dans le cimetière de Mautravers
François Bisson, sieur de la Maigreboire. L'acte de son
décès ne donne pas d'autres renseignements sur ce petit
personnage, qui devait sans doute habiter la paroisse
depuis un certain temps et qui était probablement noble,
comme le donne à penser le titre ajouté à son nom et le
fait qu'il eut l'honneur d'être inhumé dans l'église, et non
pas dans le cimetière de Mautravers. Tout porte à croire

cependant qu'il était de toute petite noblesse, et qu'il occupait une maigre situation à Mautravers au moment où
il y finit ses jours. Il dut mourir à la Dorbelière, car dans
un acte rédigé peu avant l'époque de sa mort, il se donnait comme sieur de ce lieu.

Le registre paroissial de 1700 contient vingt-sept actes
de baptême. C'est le plus riche, à ce point de vue, de tous
les registres de Montravers des trois derniers siècles. Le
règne de Louis XIV, il ne faut pas l'oublier, fut une époque de foi. Au reste, en ce temps-là, la mort creusait de
nombreux vides en la contrée, et la pensée de la mort est
bien de nature à faire rentrer en eux-mêmes les hommes
qui ont encore la foi et à les rendre dociles et soumis aux
lois fondamentales de la vraie religion.

En 1703, mourut M. Guilbault, le curé qui, depuis trois
siècles, a fait le plus long service à Mautravers, après
M. Violleau et M. Niort. Voici la copie de son acte de sépulture : « Le dix-huitième jour d'avril mil sept cent trois
a été inhumé dans cette église de Mautravers le corps de
Messire Jean Guilbault, vivant Ptre, curé dudit lieu, par
moi Ptre soussigné qui ay fait les cérémonies en présence de tous les autres Ptres de la conférence, lequel
serait décédé le jour de mardy environ les cinq heures du
soire, dix-sept dudit mois, âgé de soixante et douze ans
ou environ, qui a été recteur de ce lieu pendant trente et
cinq ans, qu'il a dignement remply son devoir, et ont
assisté à son enterrement Maître Michel Guilbault, son
neveu, et les autres parents et amis. — La minute est
signée : La Loge Guilbault présent [1]. »

XI. — Intérim (17 avril 1703-février 1704).
J. ROUCHER ?

Après la mort de Mre Jean Guilbault, la cure de Mautravers resta vacante pendant un certain temps. Ce fut d'a-

---

1. M. Guilbault avait encore fait un baptême le 9 avril 1703. L'acte
de son décès porte qu'il fut inhumé dans l'*église* de Mautravers.
D'après les registres paroissiaux, ce serait le seul curé de Mautravers
qui aurait eu cet honneur depuis 1668. — Le prêtre signataire de
l'acte est P. Morin, qui succéda comme curé de Mautravers à Jean
Guilbault, mais après un intérim de neuf ou dix mois.

bord M. Callory, doyen de Bressuire, qui fut chargé du service spirituel de Mautravers. Il s'acquitta plusieurs fois par lui-même de cette fonction onéreuse ; mais aussi il se fit remplacer pour une sépulture par M. Frogier, vicaire de Saint-Porchaire, et pour une autre sépulture par M. Brunet, prêtre dont nous ignorons le titre et la résidence [1].

Au mois de juillet 1703, fut envoyé à Mautravers un prêtre nommé Roucher, qui desservit cette paroisse jusqu'au mois de janvier 1704. Son successeur, P. Morin, qui, en sa qualité de curé, eut à faire le double de tous les actes faits par lui, le nomme quelque part *curé prétendu* de Mautravers. M. Roucher ne mit pas, en effet, au bas de tous les actes rédigés par lui la même souscription. Tantôt il signa : *J. Roucher, prêtre, desservant de Mautravers* ; tantôt : *Roucher, curé de Mautravers* ; tantôt simplement : *Roucher, prêtre*. A ce sujet, on peut faire les réflexions suivantes. Si M. Roucher n'était pas curé de Mautravers, il n'avait pas juridiction sur les fidèles de cette paroisse. Partant il ne pouvait, à moins de pouvoirs spéciaux, les absoudre au saint tribunal, ni bénir leurs mariages. Mais il faut savoir que quand un prêtre est regardé comme le véritable curé d'une paroisse par tout le monde ou à peu près et qu'il y a des raisons sérieuses de croire qu'il possède réellement ce titre, l'Eglise supplée alors à son défaut de juridiction (*ratione erroris communis cum titulo colorato*). Si donc, par suite d'un malentendu ou par une réelle malice, M. Roucher avait pris à Mautravers un titre qu'il n'avait pas, et qui n'eût été remplacé par aucune délégation spéciale, les paroissiens qui auraient usé de son ministère n'auraient pas eu lieu de s'inquiéter, n'ayant pas de raison sérieuse de croire que M. Roucher n'était pas leur curé. Mais tout porte à croire que M. Roucher était venu à Mautravers avec les pouvoirs nécessaires pour remplir validement les fonctions qui d'ordinaire sont rattachées au titre de curé, et que M. Morin a

---

voulu seulement le blâmer d'avoir pris indûment ce titre.

XII. — PIERRE MORIN (1704-1714).

Pierre Morin fut curé de Mautravers pendant dix ans, mais ce n'est point à Mautravers qu'il mourut. Il y revint en effet, quatre ans après sa disparition comme curé : deux actes rédigés par lui en septembre 1718 en font foi.

Dans les registres rédigés par P. Morin en 1706 et 1707, nous trouvons la trace d'un usage qui a heureusement disparu depuis. A cette époque, il y avait obligation de faire contrôler par les receveurs des domaines les certificats de publications de mariage. Ces pièces n'étaient pas légalement recevables par le curé qui devait bénir le mariage si elles ne portaient la marque authentique de l'accomplissement de cette formalité. C'était là une sujétion ennuyeuse à plus d'un. Outre que le curé voyait sa liberté ainsi enchaînée, les futurs époux se trouvaient dans l'obligation de faire un voyage spécial soit à Mauléon, soit à Pouzauges, soit à Bressuire, soit à Moncoutant ou ailleurs, et de payer au fisc un droit déterminé pour cette opération.

Pendant que Pierre Morin était curé de Mautravers, en 1705, mourut un certain Jean Jadault, qui habitait au bourg de Mautravers et qui était tuilier de profession. Telle était aussi la profession de son frère, Pierre Jadault. La présence simultanée à Mautravers de deux tuiliers, ayant leur domicile dans le bourg, jointe à la découverte qu'on a faite récemment d'un sous-sol argileux auprès de l'ancien château, nous amène à affirmer qu'il y a eu autrefois en ce lieu une tuilerie. Au reste, on voyait encore, il y a quelques années seulement, aux environs du bourg de Montravers, plusieurs grandes fosses que personne n'avait vu creuser et qui pouvaient bien avoir été ouvertes pour l'extraction de l'argile.

En la même année 1705, fut parrain à Mautravers un prêtre qui est désigné au registre [1] par une formule qui

1. La première fois que se trouve au registre le titre de *métayer*, c'est dans un acte de mariage de 1703. L'année suivante, on trouve celui de *laboureur*, qui était son équivalent. — A cette époque, on

paraît aujourd'hui bien singulière : *vénérable et discret Messire Jacques Frouin, prêtre, vicaire des Aubiers.*

En 1706, se marièrent à Mautravers deux filles qui étaient toutes jeunes : l'une avait seize ans et l'autre n'avait que quatorze ans [1].

L'année suivante, l'évêque de la Rochelle fit la visite canonique de la paroisse de Mautravers. Voici le procès-verbal qui fut dressé à cette occasion. « Le quinze octobre mil sept cent sept, à cinq heures du soir, nous avons visité la paroisse de Saint-Jean-de-Mautravers... Le cimetière est bien renfermé de hayes. Les fonts baptismaux sont entourés d'une balustrade. Le vase d'eau baptismale est d'étain, ceux des saintes huiles aussi. Le confessionnal est bien. Il y a un petit autel sur lequel il y a un marbre qui est trop petit. Il y a une très petite sacristie, très étroite et incommode, avec des ornements de toutes les couleurs, assez propres. Le grand autel est décemment orné. Il y a un ciboire, une custode, le haut d'un soleil, un calice et sa patène, le tout d'argent, propre et en bon état. La cure, à la nomination de l'abbé de Saint-Florent[2], vaut trois cents livres. Il n'y a point de chapelle ni fondations. La fabrique n'a point de revenu fixe. Il y a environ cent soixante communiants [3], point de huguenots. Le S[r] curé, âgé d'environ quarante-deux ans, du diocèse du Mans, a une vieille servante. La confrérie du Saint-Sacrement n'est pas encore établie.

Signé : Etienne, évêque de la Rochelle.
Pierre Morin, curé de Mautravers [4]. »

trouve régulièrement dans les actes de mariage cette expression : *Je... les ai conioincts en mariage par paroles de présent.* On y trouve aussi le terme de *proparlé*(ée) employé pour désigner une personne dont on avait déjà parlé une ou deux fois ou une personne publiée pour le mariage.

1. La première était de Montravers, et la seconde de Saint-Aubin-de-Baubigné.

2. Il s'agit de l'abbaye bénédictine de Saint-Florent-lez-Saumur.

3. Si le chiffre de 160 communiants était exact, il en résulterait que la population de Mautravers aurait sensiblement diminué dans les cinquante années précédentes. Mais tout porte à croire qu'il est erroné; car il n'y a pas de proportion entre ce chiffre et celui qui est donné comme total de la population en 1709. Il y a plus de 160 communiants sur 343 habitants dans une paroisse pratiquante.

4. L'original de cette pièce est conservé aux archives de l'évêché de la Rochelle.

On voit par cette pièce que l'église de Mautravers
n'était pas riche au commencement du xviiie siècle, mais
qu'elle était convenable, ainsi que son mobilier.

En 1708, on fit faire à l'église ou au presbytère de
grosses réparations qui exigèrent le concours des maçons
et des charpentiers. La somme totale qui fut donnée aux
charpentiers [1] était de trente-huit livres. Cette somme
représentait encore bien des journées de travail, car on
donnait à chaque homme huit sols par jour. Les maçons
qui participèrent aux mêmes constructions étaient payés
encore un peu moins cher : ils n'avaient que sept sols par
jour. La couverture du registre de cette année-là contenait, avant l'accident qu'elle a subi, le mémoire des travaux : malheureusement l'écriture était presque illisible.

La couverture du registre de 1709 contient, elle aussi,
de précieux renseignements. Ces renseignements d'ailleurs concordent parfaitement avec ce que l'histoire
nous rapporte de cette année terrible qui fut une année
de famine et de mortalité [2]. On rapporte que cette année-
là, Louis XIV, malgré sa puissance et sa richesse, en fut
réduit à manger du pain d'avoine. Le fait n'est pas incroyable pour une époque où les communications entre
les différentes contrées du monde civilisé étaient difficiles
et peu rapides, et où l'interdiction du libre échange, au
moins pour les objets de première nécessité, était malheureusement trop bien observée. Quoi qu'il en soit, à
Mautravers, en ce temps-là, sur une population de 343
personnes, il y en avait 160 qu'il fallait assister. La ré-
colte avait dû être très mauvaise, puisque dès le mois de
septembre on faisait des distributions de pain aux pauvres de l'endroit. Pour cela on avait d'abord acheté une
charge de blé de dix-huit boisseaux, et on l'avait payée
dix livres. Le boisseau de blé revenait ainsi à onze sols
un denier et un tiers de denier. Ce n'était pas très cher

---

1. Ils s'appelaient Grolleau, et, suivant toute apparence, n'étaient
pas de Mautravers. Par contre, les maçons qui travaillèrent avec eux
devaient être de Mautravers. Ils se nommaient Hurtault. Or en ce
temps-là il y avait des maçons de ce nom qui habitaient la Marandière.

2. Il y eut vingt sépultures à Mautravers en 1709. C'était au moins
quatre fois plus que la moyenne d'une année ordinaire.

pour une année de disette. Mais il faut savoir d'abord que,
en ce temps-là, il n'était guère question dans la contrée
que de blé seigle ; d'autre part, l'argent avait à cette époque dix fois plus de valeur qu'aujourd'hui, comme on a pu
s'en convaincre par les exemples que nous avons donnés,
il n'y a qu'un instant, à propos des réparations faites à
l'église ou à la cure l'année précédente.

Les distributions de pain se faisaient en ce temps-là
avec moins d'abondance qu'elles ne se font aujourd'hui à
Montravers. Ainsi le dimanche 15 septembre 1709 on
donna aux pauvres cinquante livres de pain [1]. Pour le
dimanche suivant, dit le document en question, « on a
boulangé un quartaut et un tiers ». Or le quartaut était
le quart de la charge, c'est-à-dire qu'il contenait quatre
boisseaux et demi [2].

XIII. — NICOLAS JAGUET (1714-1743).

Sous le ministère de M. Jaguet, il y eut un nombre considérable de prêtres étrangers qui vinrent remplir à Mautravers des fonctions curiales. Nous pouvons citer M. Morin, l'ancien curé, qui revint à Mautravers en 1718 et y fit
un baptême et une sépulture ; M. Aumond, curé de Saint-
Malo-du-Bois, qui bénit un mariage en 1722 ; M. Larroy,
vicaire de la Pommeraye, qui fit un baptême en 1728 ;
M. Bibard, curé de Combrand, qui fit deux sépultures en
1730 ; M. Durand, curé de la Pommeraye, qui fit deux
baptêmes en 1741 ; M. Morand, vicaire de Saint-Amand,
M. Mussault, prieur de la Pommeraye, et M. Marcoux,
autre curé de la Pommeraye, qui firent à Mautravers diverses fonctions curiales pendant la dernière maladie de
M. Jaguet. Cette maladie dut être longue, et il y a tout
lieu de penser d'ailleurs que ce prêtre était d'un tempéra-
ment maladif depuis longtemps déjà [3]. De son temps on

1. Aujourd'hui les distributions comprennent au minimum de 120 à
130 livres, et elles sont peut-être aussi fréquentes qu'elles le furent en
l'année de famine 1709.

2. Pendant que M. Morin était curé de Mautravers, plusieurs prêtres
étrangers à la paroisse eurent l'occasion d'y exercer le saint ministère.
Ce furent MM Jasme, vicaire de la Pommeraye ; Michel Denis, vicaire
de Cerizay ; B. Durand, vicaire de Saint-Amand.

3. Son successeur, Denys Ryan, ayant à expliquer les négligences

ne se gênait guère pour faire baptiser les enfants dans les paroisses voisines, en particulier à la Pommeraye. Il y en a quantité de preuves dans les registres de la Pommeraye.

Dans le registre de 1727 on trouve, écrit de la main de M. Jaguet, l'acte de baptême d'un enfant qui était baptisé depuis deux ans déjà. La raison que M. Jaguet donne de ce retard est que le parrain et la marraine étaient partis aussitôt après le baptême, sans parler au curé. Ce fait prouve que de tout temps il y a eu des gens bizarres et peu polis. On pourrait aussi trouver étrange qu'un pareil motif eût retardé si longtemps la rédaction d'un acte de bap-tême.

M. Jaguet maria, dans l'église de Mautravers (1734), avec une fille de la Pommeraye, un sien neveu qui avait nom Julien Chagnoleau et qui était un jeune homme peu sérieux. C'est lui qui, par manière de jeu, macula de plai-santeries saugrenues le plus ancien des registres parois-siaux de Mautravers.

Nicolas Jaguet, après avoir administré la paroisse de Mautravers durant près de trente ans, y mourut à l'âge de cinquante-neuf ans, et fut enterré le 26 mai 1743 au pied de la grande croix du cimetière. A sa sépulture assis-tèrent MM. F. Yvonnet, curé de Saint-Mesmin ; M. Mus-sault, prieur de la Pommeraye ; F. Morand, curé de Saint-Amand, et A. Morand, vicaire de Saint-Amand. Ces mes-sieurs signèrent l'acte de sépulture du défunt.

Intérim (mai-octobre 1743).

Après la mort de N. Jaguet, la paroisse de Mautravers resta sans curé pendant plus de quatre mois. Pendant ce temps-là le service religieux de Mautravers fut assuré par M. Morand, vicaire de Saint-Amand. Durant la même pé-riode, deux autres prêtres firent aussi du ministère à Mautravers : M. Guiniard, desservant de Cerizay, et M. Réthoré, autre vicaire de Saint-Amand, peut-être le collègue de M. Morand, mais plus sûrement son succes-seur.

commises par lui relativement à l'envoi des registres, met en avant
1 « infirmité habituelle » de M. Jaguet.

XIV. — DENYS RYAN (1743-1763).

Au nom de Denys Ryan se rattache un fait peut-être unique dans l'histoire de Mautravers. A cette époque, en
effet, on vit arriver à Mautravers et y séjourner plusieurs
années durant toute une colonie de prêtres irlandais. Il y
a tout lieu de croire que le curé lui-même était irlandais
d'origine [1], et que ce fut lui qui attira en ce coin retiré du
Poitou un groupe de compatriotes qui voulaient échapper
aux lois terribles encore en vigueur contre les catholiques
sujets de l'hérétique Albion. Son nom, qui s'écrit quelquefois O'Ryan (*Of Ryan*, fils de Ryan), ne nous laisse pas la
liberté de douter que sa famille au moins ne fût d'origine
irlandaise. En ce temps-là, un grand nombre d'ecclésiastiques irlandais venaient faire leurs études en France,
gênés qu'ils étaient dans leur pays par la persécution. Il y
avait même à Poitiers un collège spécial aux Irlandais [2].
Sur le registre des comptes de ce collège, qui est conservé
aux archives départementales de la Vienne, on trouve le
nom de Ryan, employé pour désigner un jésuite irlandais
qui était professeur à ce collège, ou y remplissait un autre
ministère. Il n'est pas impossible qu'il eût été le parent de
Denys Ryan et qu'il eût fait lui-même des démarches pour
le faire venir à Poitiers et l'y faire accepter comme élève
des *Petits-Jésuites*. Comment serait-il venu ensuite de Poitiers à Mautravers, en qualité de curé ? C'est une chose
qu'on ne saurait dire. Mais ce qui est certain, c'est que les
prêtres étaient rares à cette époque dans le diocèse de la
Rochelle. Nous avons vu plus haut que M. Pierre Morin, le

1. Il y a actuellement en Irlande, dans le comté de Tipperary, un
riche propriétaire du nom de Ryan, qui possède une meute de chiens
originaires du Poitou et que ses ancêtres auraient constamment réussi
à faire reproduire depuis 1740. Or c'est justement à cette époque que
Denys Ryan vint se fixer à Mautravers comme curé. Il pouvait d'ailleurs
être vicaire dans les environs depuis plusieurs années déjà. Il n'est
donc pas invraisemblable de supposer que Denys Ryan était le parent
des aïeux de M. Ryan que nous a signalé M. le comte Auguste de
Chabot, et qu'il serait intervenu pour l'introduction d'une famille de
chiens du Poitou dans son pays d'origine.

2. Ce collège, qu'on appelait les *Petits-Jésuites*, était situé à l'endroit
où est bâtie maintenant la Providence, clinique tenue par les sœurs de
la Salle-de-Vihiers.

prédécesseur de M. Nicolas Jaguet, était originaire du diocèse du Mans [1]. D'autre part, M. Ryan pouvait avoir ses
parents à la Rochelle ou aux environs. De tout temps les
relations ont été fréquentes entre la Rochelle et les Iles
Britanniques.

Denys Ryan n'était pas absolument familier avec la langue française, quand il vint à Mautravers. Il avait une
manière à lui d'écrire des noms propres assez répandus,
au moins dans cette région. Ainsi il écrivait Jaddos, pour
Jadault ; Lieger, pour Liaigre ; Marott, pour Marot ; Lu-
caud, pour Luceau ; Ireland [2], pour Irlande. Il écrivit une
fois au registre *nephew*, au lieu de neveu, et *fossonier* au
lieu de faux-saunier ; et il employa une autre fois l'expression, in ompréhensible aujourd'hui, de *père vitrique* [3],
pour désigner un beau-père.

Denys Ryan donna à un enfant qu'il baptisait le 17 mars
1757 le nom de *Patrice*, et dans l'acte de son baptême il
fit la remarque que ce jour-là, c'était la fête de saint Patrice, patron de l'Irlande. Or il n'y avait qu'un Irlandais
qui pût avoir une pareille pensée à Mautravers ; car, en
ce temps-là comme aujourd'hui, personne n'y portait le
nom de Patrice, et il est à croire que personne aussi, en
dehors du curé, ne savait que saint Patrice est le patron
de l'Irlande.

Ce qui donne encore lieu de croire que Denys Ryan était
bien Irlandais de naissance, ou au moins d'origine, c'est le
choix que fit de sa paroisse, pour s'y réfugier, un groupe
de prêtres irlandais qui étaient tous ou presque tous religieux franciscains. Rien assurément ne les aurait attirés
à Mautravers, plutôt qu'ailleurs, s'il n'y avait eu là quelqu'un qui fût pour eux un ami fidèle et dévoué. Voici d'ail-

1. Vers la même époque, en 1713, était mort à la Pommeraye, paroisse
qui était également en ce temps-là du diocèse de la Rochelle, un
prêtre originaire de Quintin, diocèse de Saint-Brieuc. Il était vicaire
de la Pommeraye.

2. Ceux qui ont étudié l'anglais savent que c'est ainsi que nos voisins
d'outre-Manche écrivent le nom vulgaire de la verte Erin. Ils se ren-
dent compte également de la faute que commit une fois M. Ryan, en
écrivant *nephew*, au lieu de neveu. En anglais le mot *nephew* correspond
à notre mot neveu.

3. *Vitrique* est un mot calqué sur le latin *vitricus*, qui veut dire en
effet beau-père.

leurs les noms de ces nobles proscrits, avec les autres détails que fournissent à leur sujet les registres de la paroisse de Mautravers.

1. *Thaddée Moor*, prêtre irlandais [1], qui remplit à Mautravers plusieurs fonctions curiales, « à la réquisition de
M. le Curé », et qui fut parrain d'un enfant du sacristain
de la paroisse.

2. *Jacques Warren*, « religieux prêtre, cordelier irlandais,
docteur en droit canonique et civil [2] », qui baptisa en 1757
plusieurs enfants de Mautravers et rédigea lui-même l'acte
de ces baptêmes, comme le prouvent sa signature et l'orthographe un peu fantaisiste qu'il employa. Il fit aussi un
mariage en cette même année, et il en rédigea l'acte.

3. *Martin Hynes*, prêtre irlandais du diocèse de Clonfert [3], qui décéda au château de Saint-Mesmin, à l'âge de
trente-cinq ans et fut enterré dans le cimetière de Mautravers le 28 janvier 1759.

4. *Gauthier Nugent*, religieux prêtre, cordelier (évidemment irlandais lui aussi), qui présida les funérailles de
Martin Hynes.

5. *P. Hictry*, prêtre étranger sûrement, comme le prouve
sa manière d'écrire le mot Jean (Jann) dans l'acte d'un
baptême fait par lui. Tout porte à croire que P. Hictry
était du nombre des émigrants irlandais qui se trouvaient
alors à Mautravers ou dans les environs.

6. *Christophe Hiffernan*, comme son nom l'indique et
comme son orthographe irrégulière le donne à supposer,
devait être aussi un exilé venu d'Irlande. Dans les actes
rédigés par lui, il ne donne pas ses qualités et titres, ce
que faisaient toujours alors les prêtres du voisinage, quand
ils remplaçaient le curé de Mautravers. D'ailleurs, dans le
livre de comptes déjà mentionné à propos de Denys Ryan,
on trouve aussi le nom d'Hiffernan, qui est attribué à un
jésuite irlandais. Ne serait ce pas ce religieux qui aurait
attiré à Poitiers notre Christophe Hiffernan ?

---

1. C'est la seule qualité qu'il se donne quand il signe au registre
paroissial.

2. Il se donne lui-même toutes ces qualités dans le registre.

3. Clonfert est encore aujourd'hui un titre épiscopal ; mais le prélat
à qui il a été attribué ne réside pas à Clonfert : il réside à Loughréa,
non loin de Clonfert (comté de Galway).

En Irlande, on n'a pas conservé de documents sur la colonie qui nous occupe. Voici ce que nous écrivait à la date du 13 décembre 1906 Mgr Thomas O'Dea, évéque de Clonfert :

« Cher révérend Père je regrette de ne pouvoir trouver aucun renseignement au sujet des prêtres irlandais dont vous parlez dans votre lettre. Si plus tard je suis plus heureux, je vous en informerai... [1] »

Nous avons aussi écrit à Rome, et avec le même insuccès. Voici la réponse que nous a fait adresser par son secrétaire général le R. P. Abbé général de tout l'ordre des Conventuels, avec lesquels ont été fondus dernièrement les Cordeliers.

« *Rome, 10 août 1907.*

« Très honorable Monsieur,

« Je regrette infiniment de ne pouvoir pas vous aider du tout dans vos recherches historiques sur ceux de nos pères qui ont résidé chez vous au milieu du xviiie siècle. Dans nos archives générales il n'en est pas fait mention. Les révolutions politiques d'autrefois nous ont sûrement fait perdre de nombreux et précieux monuments du passé... Fr. Etienne Ignudi, délégué général de l'Ordre des Mineurs conventuels [2]. »

De ces deux réponses il résulte tout simplement que nous sommes plus riches en documents sur les prêtres en question qu'on ne l'est dans leur diocèse d'origine et au généralat de l'ordre auquel ils appartenaient tous, ou à peu près.

Quels sont les faits intéressants qui se rapportent au

______

1. « Dear Rev. Father, I regret I can find no information about the Irish priests, on whom you write. If I succeed later, I will let you know... »

2. « Romæ... die 10 Augusti 1907, Reverendissime Domine,

« Maxime doleo, eo quia tuis historicis conquisitionibus de patribus Ordinis mei qui fuerunt istic, mediante sæculo XVIII, non possum, ne paulisper quidem, satisfacere.

« In hoc generali archivio nihil de illis reperitur. Certe in anteactis politicis commotionibus plurima monumenta et pretiosas memorias deperdimus... Fr Stephanus Ignudi, delegatus generalis Ord. Min. Conventualium. »

séjour de Denys Ryan à Mautravers ? C'est une question qu'on doit maintenant se poser, et à laquelle nous allons essayer de répondre, en nous servant surtout des registres de la paroisse.

Denys Ryan eut des embarras dès son arrivée à Mautravers. A peine y était-il installé, qu'il reçut la visite d'un huissier envoyé de Poitiers par le procureur du roi. Cet officier de justice provinciale voulait, a écrit M. Ryan lui-même sur la couverture du registre en 1740, lui « faire payer l'amande d'une faute qu'il n'avait pas faite ». Il s'agissait du registre de 1742, dont le double n'avait pas été envoyé au greffe de la sénéchaussée de Poitiers.

De 1740 à 1766, et peut-être un peu au delà, les registres de Mautravers arrivaient cotés et paraphés par Dehillerin [1], commissaire en cette partie. Il en résulte que tous les registres dont fit usage Denys Ryan étaient passés auparavant par les mains de M. Dehillerin. Quelle était la résidence de ce fonctionnaire ? Les registres ne le disent pas. Antérieurement à cette époque, les registres étaient expédiés de Thouars ; mais après que Mauléon eut été érigé en duché-pairie (1736) [2] et eut pris le nom de Châtillon, on dut y transporter certains bureaux qui, auparavant, étaient établis à Thouars. D'ailleurs le successeur de Dehillerin, François de la Roche, était « lieutenant en l'élection de Châtillon et délégué de l'intendance de Poitiers au département du dit lieu ». Tout porte à croire que Dehillerin, ayant à remplir les mêmes fonctions, ou à peu près, avait la même résidence.

Ainsi nous opinons pour l'identité entre le Dehillerin susnommé et le père ou le grand-père de Mlle Clémentine Dehillerin qui passa presque [3] toute sa vie à Châtillon et

---

1. C'est la vraie orthographe du nom. C'est ainsi que signait celui qui le portait à cette époque.

2. La ville de Mauléon fut érigée en duché-pairie en faveur du duc de Châtillon, gouverneur du dauphin.

3. Mlle Cl. Dehillerin avait dû, pendant la Révolution, prendre la route de l'exil. Elle fut pendant un certain temps assez habile pour tromper la vigilance des républicains ; mais son double jeu allant être découvert, elle se souvint qu'elle avait un oncle richement installé aux Antilles. Elle alla donc passer auprès de lui les dures années de la période révolutionnaire. Elle revint ensuite à Châtillon, amenant avec

y mourut, laissant sa fortune à M. Cousseau de l'Epinay,
avec la charge d'établir en la maison où elle avait vécu
une école libre chrétienne pour les garçons [1]. Mlle Clémentine Dehillerin était plus lettrée que ne l'étaient généralement à cette époque les personnes aisées de Châtillon [2].
A supposer que Mlle Dehillerin eût été la fille ou la petite-
fille d'un homme qui, avant la Révolution, occupait à
Châtillon une situation relativement élevée, et qu'elle
était peut-être fille unique, on s'explique facilement l'éducation soignée qu'elle avait reçue. Au reste, on a des raisons
pour supposer qu'elle se rattachait à une famille dont plusieurs membres s'étaient distingués par leur amour des
lettres. Jacques et Charles Dehillerin, nés en Vendée, se
firent remarquer, au XVIIe siècle, par leur talent d'écrivains. Le dernier appartenait même à la célèbre phalange
de Port-Royal. Le goût des belles-lettres pouvait bien être
héréditaire dans sa famille.

En 1755, une femme veuve, Jeanne Neau, mit au monde
un enfant qui fut baptisé à Mautravers. Son complice se
nommait Jean Courjaud, et il était faux-saunier de profession, ainsi que le déclara Jeanne Neau elle-même au
greffe du tribunal de Châtillon. Il faut conclure de là que,
à cette époque, quand une femme mettait au monde un
enfant en des conditions irrégulières, elle devait déclarer
en justice les noms et qualités de son complice. Tout porte
à croire qu'elle fit cette déclaration uniquement parce
qu'elle y était forcée, et non point par malice, puisque,
quatre ans plus tard, elle épousait Jean Courjaud. Peut-
être que la qualité de faux-saunier, qu'elle attribuait à Jean
Courjaud dans sa déclaration, se rapportait à un délit
ancien et déjà puni ; peut-être aussi Jeanne Neau ne vou-

---

elle la négresse Ursule, que tous les anciens de Châtillon avaient
connue et grandement estimée.

1. Cette école subsiste encore, et elle est toujours florissante. C'est
la famille de Beauregard qui a maintenant la charge de la soutenir.

2. Nous avons eu sous les yeux un dialogue en vers, retraçant une
partie de boston qui aurait été jouée au commencement du XIXe siècle
dans le salon de M. Cousseau de l'Epinay, partie à laquelle aurait
pris part, ou du moins assisté, toute la société châtillonnaise de
l'époque : M. du Mottreau, M. Maindron, M. Chessé, M. Barbot, sans
parler de plusieurs dames auxquelles la spirituelle auteur fait une
allusion quelque peu malicieuse. Cf. Archives du Deffend.

lait-elle pas parler de faux sauuage proprement dit, car
ce genre de contrebande était alors puni des galères. On
sait d'ailleurs qu'il était très pratiqué à cette époque,
puisque, quand éclata la Révolution, il se trouva que le
plus grand nombre des galériens étaient des faux-sauniers.
Et pourtant, comme l'impôt sur le sel était excessif et, par
suite, tout à fait impopulaire, on ne s'empressait guère de
signaler aux agents du fisc ceux qui cherchaient, par la
contrebande pratiquée ou favorisée, à s'y soustraire.

A l'année 1757 se rapporte un fait au sujet duquel nos
archives contiennent plusieurs pièces écrites et qui se présenta plusieurs fois à Mautravers en ce temps-là. Nous
voulons dire l'opposition par voie judiciaire à un mariage.
En pareil cas, les opposants envoyaient un huissier, muni
d'un exploit dûment contrôlé, au curé qui devait publier
ou bénir le mariage, et lui faisaient défense de poursuivre
les publications, de délivrer aucun certificat de bans et de
donner la bénédiction nuptiale aux personnes visées,
jusqu'à ce qu'il ait été donné, par sous-seing privé ou par
acte notarié, mainlevée de l'opposition. Les opposants, il
est vrai, couraient le risque d'avoir à subir les conséquences d'un jugement qui n'aurait pas admis leurs prétentions.

Citons le cas sur lequel nous sommes le mieux docu-
mentés. Il s'agit du mariage d'une certaine Thérèse Caillaud, servante, demeurant ordinairement à la Fillolière,
paroisse de Mautravers et, depuis un mois et demi, à la
métairie de la Saulaie [1], paroisse de Moulins. L'opposant
était Michel Guilloteau, laboureur à la Fillolière et beau-
frère de Thérèse Caillaud. Celle-ci en appela de l'opposition qui contrariait ses projets au lieutenant de la sénéchaussée de Poitiers. Michel Guilloteau vit alors que l'affaire
pourrait avoir des conséquences graves, et il prit le parti
de céder. Il accepta de payer tous les frais déjà faits à cette
occasion. Ces frais s'élevaient à trente-sept livres treize
sols trois deniers. L'acte qui constate l'engagement pris
à cet effet par Michel Guilloteau fut passé par les deux

---

1. Cette métairie porte vulgairement aujourd'hui le nom de *Sausaie*.
La raison en est sans doute que l'arbuste qui a servi à la dénommer
est désigné ordinairement en cette région sous le nom de *sause*.

notaires de Châtillon, Brunot et Ferchaud, et contrôlé, moyennant trente sous. par de Désiremont. Il porte la date du 11 mars 1786.

Le nom de Denys Ryan ne paraît plus dans les registres de Mautravers passé 1760. Rien n'indique ce qu'il est devenu après cette date. Il faut savoir au reste que les registres des années 1761 et 1762 ont disparu de notre collection sans y laisser ni traces ni débris [1].

XV. — JOTTREAU (1763-1771).

Dès le commencement de 1763 M. Jottreau était curé de Montravers. Etait-il déjà à la tête de cette paroisse depuis un an et plus ? nous ne saurions le dire. En tout cas son séjour à Mautravers n'a été signalé, que nous sachions, par aucun événement notable. Il quitta cette paroisse en 1771, on ne sait au juste pour quel motif; mais nous supposons que ce fut pour raison de santé. En tout cas l'évêque de la Rochelle ne se hâta point de lui donner un successeur. La paroisse de Mautravers fut alors un an sans curé. Le dernier acte (un acte de baptême) signé de M. Jottreau porte la date du 30 avril 1771.

XVI. — CHARLES VIOLLEAU (1771-1829).

La paroisse de Mautravers, à cette époque, ne fut pas un an sans prêtre, bien qu'elle dut être un an sans curé. M. Charles Violleau, qui fut envoyé à Mautravers d'abord comme simple desservant de cette paroisse, y commença son ministère le 31 octobre 1771. Mais il ne signa : Charles Violleau, curé de Mautravers, qu'au mois de mai de l'année suivante Il était né à la Chapelle-Gaudin le 7 novembre 1743 : il avait donc 28 ans.

Le 26 avril 1773, M. Violleau reçut de Poitiers la lettre suivante, qui était presque entièrement imprimée [2] : « Monsieur, par le relevé que j'ai fait faire au Greffe, des

---

1. Trois prêtres français firent du ministère à Mautravers durant le séjour de Denys Ryan. Ce sont MM. Guiot-Dudoignon, qui se qualifie simplement de prêtre ; Ch. Bonvalet, vicaire de la Pommeraye, et Charrier, vicaire de Cerizay.

2. Elle fut expédiée en port dû. Le messager se nommait Giraud. C'était sans doute un fonctionnaire de l'Etat.

Registres des Baptêmes, Mariages, Sépultures, Vêtures,
Noviciats et Professions, je me suis apperçu que vous ne
vous êtes pas conformé à la Déclaration du Roi du 9 avril
1736, et qu'il manquait plusieurs doubles de vos Registres :
vous aurez donc agréable, sitôt la présente reçue, d'adresser directement au Greffier de la Sénéchaussée, en payant
le port, les Registres que vous n'avez pas envoyés, le Roi
désirant savoir l'Etat de la population de son Royaume,
des années 1770 et 1771, faute de quoi je ne pourrai m'em-
pêcher de faire mettre à exécution l'article 35 de ladite
Déclaration, par la saisie de votre temporel.

« Je suis très parfaitement, Monsieur,
Votre très humble et obéissant serviteur.

FILLEAU, *p^r du Roy.* »

Cet avertissement nous paraît mériter plusieurs observations. Tout d'abord si l'on fait attention à la forme, au
ton général, on se rappellera instinctivement le vers du
plus grand de nos poètes comiques : *Et jusqu'à je vous
hais, tout se dit tendrement.*

Mieux vaut sans doute dire poliment les choses désa-
gréables que de les dire brutalement ; mais il vaudrait
mieux encore ne pas les dire du tout. Nous sommes bien
d'avis que toute loi doit avoir une sanction, autrement
elle serait illusoire ; mais il nous semble qu'un monarque
qui tenait encore à recevoir le titre de *Roi très chrétien,*
malgré les écarts de sa conduite, n'aurait pas dû frapper
directement les prêtres : il aurait dû laisser aux évêques
le soin de prévenir ou de réprimer leurs négligences. Au
reste, la peine dont il est question ici nous paraît sans proportion aucune avec la faute qui l'aurait occasionnée.

Quoi qu'il en soit, voici quelle fut la réponse de M. Violleau : « M. le Procureur du roi de Poitiers me demande,
par la lettre ci-jointe, plusieurs doubles des registres de
cette paroisse, qui n'ont point été envoyés au greffe ; comme
je ne suis en possession de ce bénéfice que de l'année 1772,
et que j'en ai envoyé le registre à Poitiers, suivant la quittance ci-jointe, je ne suis pas responsable de la négligence de mon prédécesseur, et j'ai trouvé moi-même les

registres en fort mauvais état. Plusieurs même ne se
trouvent point ici, notamment ceux de 1768 et 1769. Cependant ce dernier doit se trouver au greffe à Poitiers,
suivant la quittance qu'en a reçue mon prédécesseur ; mais
il n'y en a point de double ici. Il y a apparence que le
double des registres des années 1763, 1768, 1770 et 1771
n'a point été envoyé au greffe, et que (ce) sont ceux-là que
demande M. le Procureur du Roi, car je n'en ai point
trouvé ici le récépissé [1]. »

Les archives paroissiales de Mautravers contiennent
trois certificats délivrés par la sénéchaussée de Poitiers,
pour autoriser, moyennant la constitution d'un tuteur
ad hoc, le mariage de filles mineures, qui n'avaient plus
leur père. Deux d'entre eux portent la date de 1788, et
furent expédiés aux intéressés par M. René Amable
Vincent de la Rivardière, conseiller du roi et lieutenant
particulier civil en la sénéchaussée et comté de Poitou,
M. le lieutenant général absent ; l'autre fut expédié
par M. Pierre-Marie Irland de Bazôges, chevalier, lieutenant général en la sénéchaussée et comté de Poitou.
Ces trois pièces, qui sont libellées d'une façon absolument identique, contiennent, en particulier, la disposi-
tion qui suit : « Nous autorisons tout curé ou desservant
à passer outre à la célébration du mariage, à la charge
d'en faire mention, ainsi que de notre présente ordonnance, dans l'acte d'épousailles, et de se conformer d'ailleurs aux règlements. »

C'était bien un peu compliqué et quelque peu onéreux
au clergé, pour ne rien dire de plus. Mais l'administration
avait sans doute pour excuse qu'elle se proposait par là
de rendre aussi rares que possibles les mariages des mineurs, ce qui n'est pas absolument répréhensible.

Un acte de décès de cette époque, celui de M. Janneau,
fermier général de M. Claude-Anne-François Pellot de
Trévières, qui mourut au château des Deffends, en 1788,
est revêtu de treize signatures. C'est la confirmation d'une

---

1. On voit par cette lettre et les très rares écrits que M. Violleau
nous a laissés par ailleurs que ce prêtre était un homme précis. Il
savait dire tout ce qu'il fallait, comme il le fallait, sans dépasser la
mesure et sans laisser d'incertitude à ceux qui le lisaient.

opinion que nous avons déjà émise, à savoir qu'il y avait dans la contrée, avant la Révolution, bien des personnes qui avaient reçu une certaine instruction.

Les registres paroissiaux de Mautravers furent, en 1788, contrôlés par M. Dumain, vérificateur des domaines du roi. L'opération, qui eut lieu le 10 juillet, portait sur une période de quatre ans et demi, c'est-à-dire qu'elle remontait jusqu'au 1er janvier 1784.

En 1789, M. Violleau fit venir ses registres par le messager de Nantes à Poitiers. La note qu'il lui remit à cet effet portait qu'il aurait à demander ces registres au bureau de M. Prévost, place de l'Etoile, à Poitiers, qu'il devrait payer à celui qui les lui donnerait une livre cinq sols neuf deniers, et qu'il faudrait qu'il les remît, au retour, chez M. Béraud, aubergiste au Bois-de-Vincennes, à Châtillon.

En cette même année, M. Violleau se fit représenter à la réunion tenue à Poitiers pour la nomination de 7 délégués du clergé aux Etats généraux, par M. Aubain, doyen de Bressuire [1].

Les registres paroissiaux pour les années 1791 et 1792 furent expédiés à Mautravers non plus, comme dans le passé, par le lieutenant général de la sénéchaussée et comté de Poitou, mais par le juge du tribunal du district de Châtillon, séant à Bressuire. Ils étaient encore, ainsi qu'autrefois, cotés et paraphés sur chaque feuillet.

1. — La Révolution à Montravers.

En raison des périls qui menaçaient alors tous les ecclésiastiques qui n'avaient pas prêté serment à la *constitution civile du clergé*, M. Violleau se crut dans la nécessité de quitter son poste. Il partit de Montravers au plus tard vers le milieu de l'année 1792. Le dernier acte écrit de sa main dans le registre de cette année porte la date du 4 mai. Avant de s'éloigner de Montravers, il dut confier les registres paroissiaux à une personne sûre.

---

1. Cette assemblée s'ouvrit à Poitiers le 20 mars 1789, sous la présidence des évêques de Poitiers et de Luçon. (Cf. *Clergé du Poitou en 1789*, par Beauchet-Filleau.)

Impossible d'indiquer d'une manière certaine le nom de cette personne ; mais on peut néanmoins suppos r que c'était Jean Caillaud, maire de la commune.

En effet, à la fin du 1792, on trouve deux actes de sépulture écrits entièrement et signés par Jean Caillaud, maire [1] de Montravers. Ces deux sépultures, ainsi que l'atteste le registre paroissial, ne furent accompagnées d'aucune cérémonie religieuse. Les registres passèrent-ils ensuite aux mains des autres officiers de l'état civil : Peau, *maire* en 1793 ; René Menanteau (probablement le même que celui qui figure au registre de 1791 comme sacristain de Montravers), *officier public* de 1793 à 1797 ; Jacques Bàcle, cultivateur à la Charantonnière, et qui fut *agent municipal* en 1797, en 1798, et peut-être aussi en 1799 ; René-François Girard, *maire*, de 1800 à 1816 ? On ne peut l'affirmer d'une façon catégorique. Toujours est-il qu'ils furent conservés avec soin et que la paroisse de Montravers possède encore une collection de registres qui remonte presque sans interruption jusqu'à 1617. Voici, en effet, à quoi se réduisent les lacunes de cette collection. Il y manque tout à fait les registres des années 1680, 1688, 1689, 1690, 1692, 1761, 1762, 1764, 1767, 1771, 1774, 1777, 1778, 1780, 1781, 1787, 1793 [2], 1797, 1798, 1799, 1800, 1801, 1805 et 1839, et une partie plus ou moins notable des registres de 1701, 1714, 1792, 1802, 1804 et 1806.

D'après une communication qu'a bien voulu nous faire un historien du diocèse de Luçon, M. l'abbé Baraud, de la Roche-sur-Yon, le curé de Montravers se serait embarqué aux Sables sur un navire en partance pour l'Espagne, le 23 octobre 1792. Le pasteur avait cru devoir mettre sa vie en sûreté. Pendant ce temps là, son troupeau, qui n'avait pu prendre avec lui la route de l'exil, refusa d'ac-

---

1. Au bas du second acte, Jean Caillaud se donne la qualité de ci-devant maire.

2. Peut-être pourrait-on faire exception en faveur de l'année 1793, en raison d'un acte de supplément des cérémonies du baptême faites à un enfant baptisé au foyer. Le supplément et l'acte qui le constate furent faits le 22 avril 1793 par M. Grolleau, curé de la Forêt-sur-Sèvre, celui qui devait venir établir son domicile à Montravers dix-huit mois plus tard pour y exercer les fonctions du ministère curial.

cépter les yeux fermés et sans distinction toutes les
nouveautés introduites par les institutions républicaines.
C'était se mettre dans la nécessité de résister à la force
par la force.

2. — Liste des hommes de Montravers ayant pris part à la guerre de la Vendée.

1. A la voix d'un simple tisserand de la paroisse, *Jacques Vaye* [1], les gens de Montravers se levèrent en grand
nombre, tant hommes mariés que célibataires, et prirent les armes *pour la cause sacrée de l'autel et du trône*,
comme on disait en ce temps-là. Le capitaine de Montravers avait déjà 45 ans au moins, lors du premier soulèvement, en 1793. Aussi, pour des raisons que nous ne
savons pas au juste, mais que nous devinons facilement,
il crut devoir, l'année suivante, passer son commandement
à un autre.

2. *François Coudrin* (le Jeune), charron à la Tallerie,
occupait sa place en 1794. C'était un jeune homme de
21 ans. Il avait déjà fait, comme simple soldat sans doute,
la campagne de 1793, et il devait faire, en qualité de
capitaine, les campagnes de 1794, 1795, 1796, 1799 et
1815. « Il fut blessé d'un coup de sabre au poignet gauche
à l'affaire de Luçon, en 1793, dit le rapport [2] de Mme la
marquise de la Rochejaquelein... Il reçut un brevet d'honneur de Sa Majesté, daté du 11 juillet 1817, et expédié
par le ministre de la guerre le 30 janvier 1821. » Ce
brevet accompagnait un fusil d'honneur, dont ses descendants n'ont pas su apprécier la valeur [3].

---

1. Jacques Vaye devint le domestique de M. Violleau, et c'est le rôle
qu'il remplissait à Montravers, quand il mourut, au presbytère âgé
de 78 ans. Il figure seul comme capitaine sur la liste fournie par le
P. Drochon dans ses additions à l'*Histoire de la Vendée militaire* par
Crétineau-Jolly.

2 Ce rapport fut présenté au roi, entre 1820 et 1825, dans le but
d'obtenir des récompenses honorifiques ou pécuniaires aux survivants
de la *Grande Guerre* qui s'étaient le plus distingués ou à leurs veuves.
Mme la marquise de la Rochejaquelein montra à cette occasion un zèle
digne de sa charité chrétienne et de son glorieux passé, et un zèle qui
méritait une plus haute considération de la part du roi Louis XVIII.

3. Il paraît que certaines parties de ce fusil, les plus précieuses
matériellement, furent cédées à vil prix à un vulgaire brocanteur. —
François Coudrin *le Jeune* était ainsi nommé pour le distinguer d'un

3. *Jean-Baptiste Charruault*, né à Cerizay en 1781, fut son lieutenant à la campagne de 1815. A l'affaire de Saint-Gilles-Croix-de-Vie il reçut une balle à la tête.

4 *Jean Savariau* était sergent à la campagne de 1815 : il n'avait que 20 ans.

5. *Louis Jadault*, né à la Piqueminière en 1771, et aïeul de tous les Jadault qui habitent actuellement ce village, fit les campagnes de 1793, 1794, 1795, 1799 et 1815. A la bataille de Chemillé, il reçut un coup de biscaïen à la partie antérieure de l'abdomen du côté droit, avec dépression et forte adhérence, et une balle à la partie postérieure de la jambe gauche. A Martigné il reçut un coup de sabre. Il eut encore d'autres blessures à subir durant ses campagnes. Il fut caporal en 1815, et un peu plus tard obtint une pension du roi.

6. *Jean Jadault*, son frère, fut tué dans un des combats qui furent livrés aux environs de Luçon, en 1793. Il avait 30 ans. M. Violleau a inscrit son acte de décès dans le registre paroissial, après son retour de l'exil.

7. *Charles Souchet*, veuf de Marie Bernard et âgé de cinquante ans, fut tué sur la paroisse de Montravers en 1794 et mis en terre profane. Ce dernier détail donne clairement à supposer qu'il périt dans un combat, et qu'il y avait grand trouble à ce moment dans la paroisse de Montravers. (Cf. Registre paroissial.)

8. *François Souchet*, garçon, âgé de 35 ans, fut tué dans un combat en 1794. (R. p.)

9. *Pierre Baubriau*, âgé de 36 ans, qui résidait probablement à la Piqueminière, fut tué dans la paroisse de Saint-Amand et mis dans le cimetière de cette paroisse par des laïques le 15 janvier 1794. (R. p.)

10. *Louis Fortin*, né à Saint-Mesmin, fit la campagne de 1815.

---

autre François Coudrin, habitant aussi la Tallerie, et qui était son oncle. Le neveu se maria le premier, et il eut quatre filles, qui épousèrent l'une Jean Guillet (dont la famille habite maintenant la Branle de Saint Mesmin), l'autre, Jean Fillon, qui alla plus tard cultiver une des métairies de la Largère, de Cerizay, l'autre, François Cornuault, aïeul des Vion du Puy-Guillaume, et l'autre, Jean Boissinot, qui se fixa à la Tallerie, et cultiva les terres qu'y possédait son beau-père. Il fut lui-même le père de Frédéric, Félix, Louis, Hortense Boissinot.

11. *Jean-Baptiste Mercier*, né à Brétignolles, a fait la campagne de 1815. Il était marié, âgé de 33 ans et père de trois enfants.

12. *Pierre Brémaud*, né aux Châtelliers, fit, à l'âge de 29 ans, la campagne de 1815. Il était marié et père de trois enfants.

13. *Pierre Guilloteau*, né à Montravers. Il était âgé de 45 ans au moment où fut dressée la liste des anciens combattants de la guerre de la Vendée; il était marié et avait cinq enfants. Il avait fait les campagnes de 1793, 1794 et 1815.

14. *François Courjault*, né à Montravers, étant marié et âgé de 35 ans, a fait la campagne de 1815.

15. *François Maître*, né à Treize-Vents, marié et père d'un enfant vers 1820, avait fait les campagnes de 1793, 1794, 1795 et 1815.

16. *Jacques Brillanceau*, né aux Châteliers, âgé de 45 ans (vers 1820), marié et père d'un enfant, avait fait les campagnes de 1793, 1794 et 1795.

17. *René Chailloux*, né à Montravers le 15 février 1773, marié et père de deux enfants vers 1820, avait fait les campagnes de 1793, 1794, 1795 et 1799.

18. *Jean Rigaudeau*, né à Saint-Amand, âgé de 26 ans vers 1820, marié et père d'un enfant, avait fait la campagne de 1815.

19. *Joseph Guillon*, né à la Pommeraye, âgé de 35 ans vers 1820, marié et père de trois enfants, avait fait les campagnes de 1799 et de 1815.

20. *Louis Maudet*, né à Montravers, âgé de 30 ans, marié et père d'un enfant vers 1820. Il avait fait la campagne de 1815.

21. *Jean Guillet*, né à Montravers (à la Jaquelinière) le 23 septembre 1797, avait fait la campagne de 1815. C'était le grand-oncle de feu Hortense Guillet, décédée à la Chironnière le 13 mai 1908.

22. *Alexis Boissinot*, né à Saint-Mesmin, âgé de 30 ans vers 1820, avait fait la campagne de 1815.

23. *Jacques Billy*, né à Combrand, étant marié et père de deux enfants, a fait la campagne de 1815 [1].

---

1. Jacques Billy était le grand-père de Joseph Billy, cultivateur à la Cottencière.

24. *Marie Vion*, né à Montravers, probablement en 1781, a fait les campagnes de 1799 et de 1815. Lors de cette dernière campagne, il était marié et l'un de ses enfants devait naître dans le courant de l'année [1].

25. *Jean Guillet*, né à Saint-Mesmin, a fait la campagne de 1815 : il avait 19 ans.

26. *Pierre Cornuault*, né à Combrand, vers 1772, a fait les campagnes de 1793, 1794, 1796, 1799 et 1815. Lors de cette dernière, il était marié et père de quatre enfants. C'était, à n'en pas douter, le père de feu François Cornuault, décédé nonagénaire au Puy-Guillaume en 1891.

27. *Pierre Joffrion*, né à Montravers le 4 frimaire an VI (1797), a fait la campagne de 1815.

28. *Jean Devannes*, né à Saint-Amand, vers 1775, a fait les campagnes de 1793, 1794, 1795, 1799 et 1815. Vers 1820 il était marié et père de deux enfants.

29. *Mathurin Babin*, né à Saint-Mesmin vers 1780, a fait la campagne de 1815.

30. *Alexis Joly*, né à Saint-Amand vers 1770, a fait les campagnes de 1793, 1794, 1795 et 1799. Ses domestiques avaient pris les armes pour la cause royale en 1815.

31. *Jean Bernard*, né à Saint-Mesmin vers 1785, a fait la campagne de 1815.

32. *Pierre Pacreau*, né à Boissière, vers 1775, a fait les campagnes de 1793, 1794, 1795 et 1799. « Il n'a pas fait la dernière campagne (celle de 1815, dit le rapport présenté par Mme la M^ise de la Rochejaquelein, parce qu'il est seul dans sa borderie. »

33. *Pierre Bitaudeau*, né à Saint-Mesmin vers 1755, a fait les campagnes de 1793, 1794, 1795 et 1799. Il n'a point fait celle de 1815, parce qu'il était seul dans sa borderie.

34. *Pierre Brosseau*, né à Saint-Amand vers 1790, a fait la campagne de 1815.

35. *René Grimaud*, né à Saint-Mesmin en 1793, a fait la campagne de 1815.

36 *Jean Garnier*, né à Saint-Mesmin en 1789, a fait la campagne de 1815.

---

1. Marie Vion est l'aïeul de tous les Vion qui habitent actuellement Montravers.

37. *Louis Brémaud*, né à Combrand vers 1775, a fait les campagnes de 1793, 1794, 1795 et 1799 A l'époque où fut fait le rapport de la M^ise de la Rochejaquelein, il était marié et père de sept enfants. Son fils avait fait la campagne de 1815, ce qui donne lieu de croire qu'il fit au moins une ou deux campagnes après son mariage.

38. *Louis Héraud*, né à Combrand vers 1760, établi à Montravers dès 1795 (comme le prouve l'acte de baptême d'un de ses enfants), journalier ou domestique, a fait les campagnes de 1793, 1794, 1795, 1799 et 1815. Il fut blessé d'un coup de sabre au genou gauche à la Châtaigneraie, en 1794. A cette époque, son mobilier fut totalement incendié et son argent volé. Il en résulta pour lui une profonde misère, qui se faisait encore vivement sentir vers 1820.

39. *Pierre Coudrin*, né à Montravers le 28 mai 1752, maréchal à la Marandière, aïeul de tous les Guitton de Montravers, étant déjà marié et père de famille, a fait les campagnes de 1793, 1794, 1795 et 1799.

40. *Louis Coudrin*, né a Montravers le 8 septembre 1757, étant marié et père de famille a fait les campagnes de 1793, 1794, 1795 et 1799. L. C. est l'aïeul de tous les Billy et de tous les Coutant de Montravers.

41. *Louis Brémaud*, né à Montravers le 1er février 1789, aïeul des Billy et des Vion, étant marié et père d'un enfant, a fait la campagne de 1815.

42. *Jean Fontencau*, né à la Gaubretière vers 1775, se maria à Montravers le 6 nivôse an IX, fut l'aïeul de Joseph Pelletier actuellement bordier à la Tallerie, résida lui-même dans ce village jusqu'à la fin de sa vie, connu généralement sous le surnom de *Boileau*. Il avait fait les campagnes de 1793, 1794, 1795, 1796 et 1799. Il fut blessé d'un coup de feu à la jambe droite, à l'affaire de Saint-Gilles, en 1794 : il reçut un coup de sabre à la tête, au Pont-de-James, en attaquant un camp de l'armée républicaine [1].

---

1. Le rapport de la marquise de la R. ajoute que son père fut tué par les républicains en 1794, au pont de la Gérinière, au moment où il attaquait une de leurs armées qui venait incendier le pays. Sa mère fut, à la même époque, une des trois cents victimes du massacre de la Gaubretière. Ces trois cents personnes furent massacrées par les Bleus le même jour. La maison qu'habitaient les époux Fonteneau, ainsi que

43. *Jean Fillon*, âgé de 71 ans à l'époque où fut rédigé le rapport présenté par Mme de la Rochejaquelein, avait fait les campagnes de 1793, 1794, 1795, 1796, 1799 et 1815. A l'affaire de Saumur, en 1793, il avait eu la jambe droite traversée d'une balle, et il était resté, par suite, estropié de cette jambe. Vers 1820 il vivait avec peine du modeste métier de tisserand et des secours d'un fils qui avait « satisfait à la loi ». Ce fils épousa plus tard une des quatre filles de François Coudrin et devint la souche de la famille Fillon qui s'est établie depuis à la Largère de Cerizay.

44. *Pierre Bernard*, âgé de 58 ans, vers 1820, avait fait les campagnes de 1793, 1794, 1795, 1796, 1799 et 1815. Il eut le pouce de la main gauche coupé d'un coup de feu à l'affaire de Luçon, en 1793. Il fut ensuite blessé d'une balle qui lui traversa la cuisse droite, à la deuxième affaire de la Châtaigneraie (1794). Malgré ses blessures, dont il est resté estropié, il ne cessa point de suivre l'armée royale toutes les fois qu'elle fut mise en activité « pour la cause sacrée de l'autel et du trône ». Tout son mobilier fut incendié et ses bestiaux pillés. Vers 1820 il était journalier, travaillant péniblement, par suite de ses blessures.

45. Le soldat *Bibard* ayant été blessé à la guerre, sa veuve, Jeanne Brémaud, demanda une pension vers 1820.

46. Jeanne Fradin, veuve du soldat *Jean Balain*, qui avait été blessé à la guerre, demanda une pension, et en obtint une de 50 fr.

47 *François Maheu*, né à Montravers en 1787 et y résidant en qualité de sabotier vers 1820, avait fait la campagne de 1815 comme fusilier. Quand le rapport s'occupa de lui, il était marié et père de 5 enfants.

48. *Jean Guilloteau*, né à Montravers en 1790, étant marié et père d'un enfant, avait, en qualité de fusilier, fait la campagne de 1815. Le rapport cité plus haut ne dit pas s'il était domicilié à Montravers.

Il est à croire que cette liste n'est pas complète. Il y a des noms qui n'y figurent pas et qui devraient y figurer. En tout cas, elle prouve bien, telle qu'elle est, que les

leur mobilier, furent totalement incendiés par l'armée du « sanguinaire Grignon ».

hommes de Montravers étaient, il y a un siècle, des lutteurs indomptables. Ni l'âge ni les embarras de famille ne les empêchaient de prendre les armes, quand la voix de leurs chefs les y invitait pour la défense des causes qui leur paraissaient dignes du plus haut intérêt.

Les travaux de recensement exécutés à la demande de Mme de la Rochejaquelein ne disent pas un mot du soulèvement de 1832, pour la raison qu'ils sont tous antérieurs à cette époque. Au reste, ce dernier fut réellement bien moins important, et le caractère qu'on lui attribua après coup, même dans le Bocage vendéen, fut sensiblement différent de celui que présentaient les soulèvements antérieurs.

Il semble que dans une histoire de Montravers il faut aussi inscrire les noms des soldats vendéens natifs de ce lieu et qui sont allés plus tard s'établir dans des communes avoisinantes. Voici les noms que nous fournit le rapport déjà bien des fois cité, avec les détails afférents :

1. *Pierre Gauthier*, né à Montravers en 1778, habitait Cerizay en 1825. Il avait servi dans l'armée vendéenne en qualité de sergent, avait été blessé, et, après plusieurs demandes infructueuses, fut proposé de nouveau pour une pension de 1re classe en 1825.

2. *Jacques Guillemard*, né à Montravers en 1763, vieux soldat qui habitait le Temple en 1823. A cette époque il était hors d'état de marcher, par suite de ses blessures, et le roi lui accorda sur sa cassette particulière une pension de 60 francs.

3. *Gabriel Guillemard*, né à Montravers le 21 juillet 1770, habitait la Chapelle-Largeault vers 1825. En qualité d'ancien soldat vendéen ayant passé la Loire, il fut proposé plusieurs fois pour être pensionné. C'était probablement un frère du précédent.

4. *Pierre Pouzin*, né à Montravers en 1773, et domicilié à Saint-Amand vers 1820, avait fait, en qualité de fusilier, les campagnes de 1793, 1794, 1795 et 1799. Il était bordier vers 1820. Pour obtenir une indemnité, il faisait observer qu'il avait perdu ses bestiaux et une partie de son mobilier, qu'il estimait 600 francs.

5. *René Boismoreau*, né à Montravers le 4 mars 1756, était bordier à Saint-Amand vers 1820, marié et père de

deux enfants. Il avait fait, en qualité de fusilier, les campagnes de 1793, 1794, 1795 et 1799. Il demandait une indemnité pour un millier de foin qu'il avait fourni à l'armée royale et pour la perte d'une partie de son mobilier, qu'il évaluait à 180 fr.

6. *François Roux*, né à Montravers le 15 août 1765, étant veuf avec un enfant, et tisserand de son métier, habitait Saint-Amand vers 1820. Il avait fait en qualité de fusilier les campagnes de 1793, 1794, 1795 et 1799. Il fit valoir, pour avoir part aux largesses du roi, qu'il était dans le besoin et qu'il avait perdu son mobilier, qu'on estimait 250 fr.

3. L'incendie à Montravers pendant la Révolution.

Ainsi qu'on l'a vu plus haut, les bandes infernales ont incendié à Montravers, pendant la Révolution, quatre pièces de bâtiment à la cure, toutes les maisons et servitudes des trois métairies qui entouraient le château de Montravers et qui en dépendaient, le château de la Tallerie, la maison de maître de la Fillolière, une aile de bâtiment du château des Deffends, la ferme de la Bertinière, où les bestiaux eux-mêmes furent la victime des flammes, et sûrement encore beaucoup d'autres constructions qui ont été refaites depuis ce temps-là ou desquelles on a fait disparaître les traces laissées par le feu.

4. — L'exercice du culte catholique à Montravers pendant la Révolution.

Pendant l'exil de M. Violleau, ses paroissiens furent heureux de profiter de la présence ou de la proximité de plusieurs prêtres étrangers, dont les registres paroissiaux ont conservé les noms, à propos d'actes du saint ministère accomplis par eux. Voici quels furent ces prêtres : M. Dugué, ex-religieux de la Compagnie de Marie, qui fut plus tard curé de la Pommeraye-sur-Sèvre ; M. Séguin, vicaire de la Tour-Landry (en Anjou), réfugié à la Pommeraye ; M. Michaud, prêtre résidant à la Pommeraye ; M. Popot, autre prêtre résidant à la Pommeraye, au moins de temps en temps ; M. François (probablement cet ancien carme

du couvent de la Flocellière qui fut, au commencement
du xixe siècle, curé de Saint Amand), dont la résidence est
incertaine [1] ; M. Ogeron, curé de Saint-Pierre-du-Chemin,
retiré à la Petite-Branle, paroisse de Saint-Mesmin ;
M. Grolleau, curé de la Forêt-sur-Sèvre.

Depuis le mois de mai 1792 jusqu'au mois d'octobre 1794,
il est à croire qu'il n'y eut à Montravers aucun acte public [2]
et solennel du culte catholique. Mais Robespierre étant
mort, les catholiques purent respirer un peu. C'est pourquoi les habitants de Montravers, ayant l'avantage de
posséder parmi eux un prêtre auquel ils avaient sans doute
donné asile durant les mauvais jours qu'on a si bien dé-
nommés *la Terreur*, se mirent à exercer ostensiblement
leur religion. En effet, les registres paroissiaux nous apprennent que M. Grolleau, curé de la Forêt, qui se trouvait
évidemment plus en sûreté à Montravers que dans sa paroisse, commença à chanter la grand'messe tous les
dimanches dans l'église de Montravers au mois de septembre ou au mois d'octobre. Le premier acte de mariage
que donnent les registres du temps de la Révolution débute
par ces mots : « Le vingt-sept octobre 1794, après les fiançailles [3] et les trois publications de bans faites par trois

1. Tout porte à croire qu'il se cacha plus d'une fois à la Jaquelinière et à la Bertinière, car il fit des baptêmes dans ces deux villages.

2. C'est dans cet intervalle que dut être fait l'inventaire de l'église de
Montravers et de son mobilier. Une pièce manuscrite, conservée au
château du Bois-Fichet, près Châtillon-sur-Sèvre, nous apprend que le
Directoire du département des Deux-Sèvres, en sa séance du 28 décembre 1792, ayant considéré que nombre de paroisses du département étaient sans prêtre et qu'elles refusaient de se réunir, pour le
service religieux, à d'autres paroisses, crut qu'il était de son devoir (?)
de prendre des mesures à l'effet de conserver le mobilier de ces églises
et en particulier leur *argenterie*. Dans sa séance du 22 janvier 1793, le
Directoire nommait donc deux commissaires chargés de faire, en présence de deux conseillers municipaux de chaque commune, l'inventaire des églises qui se trouvaient dans les conditions visées par le
procès-verbal de la séance du 28 décembre précédent. Ces églises
étaient situées dans le district de Châtillon. C'étaient celles de Saint-
Melaine de Châtillon, de Loublande, du Puy-Saint-Bonnet, du
Temple, de Saint-Hilaire des Echaubrognes, de la Chapelle-Largeault,
de Moulins et *de Montravers*. En passant, on peut bien arguer de ce
document pour affirmer qu'il n'y a jamais eu de curé intrus à Montravers au temps de la Révolution.

3. Jusques et y compris l'époque de la Révolution, il était dit dans
les actes de mariage de Montravers que les fiançailles avaient été

dimanches consécutifs à notre grand'messe paroissiale, sans qu'il soit venu à notre connaissance aucuns empêchements ni oppositions quelconques, j'ai, moi curé soussigné, donné la bénédiction nuptiale, en face de la sainte Eglise, à Jean Ouvrard, laboureur, et Marie Chaillou... Grolleau, curé de la Forêt et présentement desservant de Montravers. » Trois jours plus tard, il y eut à Montravers une cérémonie de même nature et qui est rapportée par le registre en des termes tout à fait identiques.

Il est à croire que dès l'année 1795 M. Grolleau n'eut à redouter à Montravers qu'une surveillance très bénigne, puisqu'il put y célébrer huit mariages dans les conditions ordinaires prescrites par l'Eglise. Durant la même année, il baptisait solennellement et suppléait les cérémonies du baptême à des enfants « baptisés au foyer ». Cette dernière expression revient souvent dans les actes de cette époque. On ne saurait dire au juste quelle en est la raison. Il n'y a pas lieu de penser qu'en ce temps-là, à Montravers du moins, on ait pu avoir des craintes en recourant au ministère d'un prêtre insermenté pour le baptême d'un nouveau-né. Mais ne pourrait-on pas attribuer cette expression un peu bizarre aux nombreux déplacements de M. Grolleau ? Ce pasteur plein de zèle devait être souvent absent de Montravers ; car, ainsi que l'attestent les registres de Montravers, il s'était mis au service des paroisses de Cerizay, Montigny, Saint-André et Saint-Mesmin, sans compter la Forêt et Montravers. Et c'est là, disons-le en passant, ce qui explique le nombre relativement élevé des actes du saint ministère qui sont mentionnés aux archives de Montravers de cette époque. Ainsi, en 1796, il y eut, dans cette paroisse, seize baptêmes, dix mariages et treize sépultures. Ces chiffres sont au-dessus de la moyenne d'au-

préalablement célébrées. Cette cérémonie (qui n'engage pas définitivement les époux l'un vis-à-vis de l'autre, mais qui constitue cependant pour eux une obligation de justice et qui entraîne un empêchement prohibitif en vertu duquel il leur est défendu de se marier avec une autre personne que celle à laquelle ils ont promis le mariage, et un empêchement dirimant par rapport aux frères et sœurs de la personne à laquelle a été faite une promesse de mariage pouvant être qualifiée de fiançailles), était encore généralement en usage, au moins dans le diocèse de la Rochelle.

jourd'hui, au moins ceux qui regardent les mariages et les
sépultures, et la population de Montravers était alors bien
inférieure à ce qu'elle est aujourd'hui. — Vers la fin de
cette année, ou dès le commencement de l'année suivante,
M. Grolleau, profitant de la sécurité relative que la paix de
Hoche avait donnée aux catholiques de la contrée, dut re-
tourner à son propre troupeau. De ce fait la paroisse de
Montravers se trouvait de nouveau privée de prêtre, et ses
habitants étaient encore dans la nécessité de recourir au
ministère des prêtres de passage ou de ceux qui avaient
fixé leur résidence dans les paroisses environnantes.

5. — La Petite Église à Montravers.

La situation religieuse de Montravers ne subit aucun
changement jusqu'au retour de M. Violleau. C'est le 7
août 1802 que M. Violleau revint à Montravers. C'est lui-
même qui nous l'apprend par cette formule laconique,
qu'il a inscrite sur le registre de la paroisse. « Après un
exil de dix ans, je suis rentré dans ma paroisse le sept août
1802, Charles Violleau, curé de Montravers. » C'était parler net sans doute, mais c'était malheureusement y mettre
trop de concision et de sobriété. Il paraît bien qu'il est
arrivé plus d'une fois à M. Violleau de raconter [1] longue-
ment les événements de l'époque révolutionnaire ; mais il
en a été de ces récits comme des paroles qui volent : ils
n'ont fait qu'exciter des impressions qui sont dissi-
pées depuis longtemps.

M. Violleau a-t-il parlé souvent à ses paroissiens du
grand événement religieux qui marqua la fin de son exil,
du Concordat passé en 1801 entre le pape Pie VII et le
premier consul, Napoléon Bonaparte ? Il est certain que cet
événement ne le laissa point indifférent. Dans le canton de
Cerizay, presque tous les prêtres refusèrent d'accepter ce
solennel et important contrat, et ils se trouvèrent, par le
fait, amenés à constituer, avec beaucoup d'autres, le

---

1. C'est en faisant le catéchisme surtout qu'il s'étendait le plus lon-
guement sur les faits de la Révolution qui l'avaient touché ou impres-
sionné davantage. Quand il entamait ce chapitre, il gardait les enfants
presque des demi journées.

schisme de la *Petite Eglise*. M. Violleau fut du nombre des réfractaires. Il se trouva donc pendant plusieurs années, ainsi que ceux des habitants de Montravers qui lui étaient fidèles [1], retranché du grand arbre de l'Eglise catholique et privé des avantages de la communion des saints.

Il n'y a rien sans doute, dans les traditions orales de Montravers, qui autorise à dire que M. Violleau fit partie de la Dissidence durant les deux premières années qui suivirent son retour à Montravers. Mais il existe à Montravers et ailleurs des documents écrits qui nous amènent à émettre une conclusion opposée. Le registre paroissial de 1803 nous apprend que, cette année-là, M. Violleau fit usage, pour un mariage, d'une dispense de bans accordée par M. Brion, vicaire général de la Rochelle et curé dissident de Cirières. Donc il en était encore à l'ancien état de choses et n'admettait pas les changements de juridiction apportés par le Concordat

D'ailleurs, vers la fin de 1804. M. Violleau disparut de Montravers, et il n'y revint qu'en 1806. Sur la couverture du registre de cette année-là, il a écrit ces lignes : « Le premier acte de ce registre est du 11 mai 1806, attendu qu'il n'y a pas eu de prêtre ici depuis le mois d'octobre 1804. Les actes de baptêmes, mariages et sépultures faits pendant ce temps-là se trouvent sur les registres des paroisses de Cerizay, Saint-Mesmin et la Pommeraye-sur-Sèvre. On trouvera aussi sur le registre de la Pommeraye des actes de baptêmes et sépultures faits depuis l'époque du 11 mai de la présente année. »

Que devint M. Violleau durant cette période ? Nul ne le savait jusque-là à Montravers, mais les archives de l'évêché de Poitiers nous ont bien éclairé à ce sujet. D'après cette source authentique, le 13 juin 1804, M. Violleau reçut de l'évêché des lettres de communion. Faut-il en conclure qu'il était parfaitement attaché au Saint-Siège ? Il est plus sûr de dire que cette marque de fraternité lui fut accordée par erreur ou par suite d'une trop grande confiance

---

1. Il y a lieu de croire que presque tous les paroissiens de Montravers se montrèrent, en cette occasion attachés à leur pasteur. On ne saurait mettre en doute la sincérité de leurs intentions à cet égard. Il y a plus d'un moyen pour les excuser d'avoir été schismatiques.

de l'administration diocésaine. Toujours est-il qu'on dut
s'apercevoir peu de temps après qu'il avait pris rang
parmi les insoumis. On trouve, en effet, à Poitiers, aux
archives de l'évêché, un document qui est ainsi conçu :

« *Etat des prêtres dissidents de l'archiprêtré de Thouars
qui occupent ou ont abandonné leur succursale.*

Au mois de mars 1805 ;

. . . .

Canton de Cerizay ;

. . . .

Montravers : Violleau. »

De quelques autres prêtres dissidents de la même liste,
il est dit qu'ils ont disparu, ou qu'ils sont cachés, ou qu'ils
ont été arrêtés. M. Violleau serait-il un de ces prêtres ? On
est bien obligé de le croire, quand on se reporte à un autre
écrit, sans date, il est vrai, mais de la même époque
vraisemblablement, où l'on trouve ces mots : « Montravers : Violleau Charles, caché. »
Nous en serions réduits à ces conjectures, qui sont bien
appuyées, à la vérité, mais qui ne sauraient produire une
certitude absolue et inébranlable, sans l'ouvrage si sérieux
et si documenté du P. Em. Drochon sur la *Petite Eglise*.
Cet ouvrage, on doit le reconnaître, complète et précise,
autant qu'on pouvait le désirer, tous les documents que
nous avons trouvés par ailleurs relativement à cette question. Il y est dit, en effet, que M. Violleau, pour avoir
refusé le serment de fidélité au Concordat, exigé par les
autorités religieuses et civiles de l'époque, fut arrêté avec
cinq de ses confrères des environs de Montravers et
conduit à Poitiers. Il y fut détenu un certain temps, on
ne sait pas au juste en quelles conditions. Une lettre que
Mgr du Barral, évêque de Meaux et administrateur du
diocèse de Poitiers, adressa à M. Portalis, ministre des
cultes, en 1804, contient sur M. Violleau les observations
suivantes : « Le meilleur esprit des six prêtres détenus à
Poitiers. Il jouit d'une grande considération, et la mérite.

J'espère qu'il ramènera son peuple, dont une partie l'abandonne depuis son retour. »

M. Violleau fut touché par les bontés et les exhortations du prélat qui gouvernait alors l'Église de Poitiers ; il prêta le serment de fidélité au Concordat, et revint dans sa paroisse. Il y était rendu le 11 mai 1806 [1].

6. — Conséquences de la Dissidence à Montravers et aux environs.

La seconde absence de M. Violleau fut certainement funeste pour la religion dans sa paroisse. Plusieurs des habitants de Montravers, soit par indifférence religieuse, soit par attachement pour M. Violleau, soit peut-être pour ces deux motifs réunis, firent attendre plus d'un an à leurs enfants nouveau-nés la grâce du baptême. En tout cas, il faut avouer que les idées et les pratiques religieuses avaient subi de rudes assauts à cette époque, même dans la paroisse de Montravers. C'est assez, pour le prouver, de dire que, de 1809 à 1822, il s'y trouva huit ménages dont les chefs étaient unis par un lien purement civil. De ces unions irrégulières naquirent six enfants, qui furent baptisés par M. Violleau. Plusieurs des coupables reconnurent leur faute et consentirent à la réparer. De ce nombre était le sacristain de Montravers, Louis H., natif de Combrand. M. Violleau, ayant obtenu de Mgr de Bouillé, alors évêque de Poitiers, dispense des trois bans, du temps et du lieu, réhabilita l'union qu'il avait contractée avec Monique S. et donna aux deux époux la bénédiction nuptiale, en présence de deux témoins seulement, le 15 janvier 1821 [2].

En ce temps-là les prêtres catholiques étaient rares

1. C'est à cette époque, c'est-à-dire dans le courant de l'année 1806, que M. Violleau cessa de signer curé de Montravers et prit l'habitude d'écrire, comme tout le monde faisait déjà à cette époque, Montravers.

2. C'est durant cette période, en 1811, que fut baptisée la petite cloche de l'église. Cette cloche eut pour parrain M. René-François Girard, maire de Montravers, et pour marraine dame Marie-Madeleine-Aimée Barrion, épouse de M. Pierre Plumant, propriétaire au Tour, en la paroisse de Montravers.

dans la région. Aussi les habitants des paroisses voisines mettaient souvent à contribution le zèle et la complaisance du curé de Montravers. La paroisse de Cerizay, en particulier, resta trois ans sans prêtre, et c'était M. Violleau qui était chargé de l'administrer. Les registres de cette époque sont très chargés ; mais les actes qu'ils contiennent ne se rapportent pas exclusivement à des personnes de la paroisse de Montravers. Ainsi, en 1814, il y eut à Montravers, d'après le registre paroissial, 36 baptêmes, dont 20 pour Cerizay, 6 pour Combrand et 1 pour le Pin. Il y eut aussi 15 mariages, dont 2 pour Combrand, 1 pour le Pin, 1 pour Cirières et 5 pour Cerizay [1].

7. — Dernières années de M. Violleau.

Les dernières années de M. Violleau ne furent marquées par aucun événement notable regardant spécialement Montravers. Disons toutefois qu'il dut intervenir pour la rédaction des pièces envoyées au ministère de la guerre en vue d'obtenir des faveurs aux anciens soldats vendéens de la paroisse de Montravers Dans le dossier mentionné plus haut à ce sujet, nous avons trouvé une liste de noms qui fut sûrement écrite de la main de M. Violleau : il est impossible de se méprendre à cet égard. En 1827, M. Violleau, qui était déjà sans doute très impotent, commença à faire rédiger, toutes les fois qu'il le pouvait, ses actes paroissiaux par une main étrangère : il se contentait de les signer. Enfin il mourut à Montravers le 29 juin 1829, comme le prouve son acte de sépulture, que nous reproduisons ici *in extenso* :

« L'an mil huit cent vingt-neuf et le trente juin, a été inhumé par moi, curé soussigné, le corps de M. Charles Violleau, prêtre, curé de cette paroisse de Montravers, décédé la veille à une heure et demie du matin, dans sa quatre-vingt-sixième année, après avoir dirigé cette

1. Dans l'acte du mariage de Louis Chaussé avec Marie Ferchaud, lequel fut contracté à Montravers le 10 juillet 1815, il est dit qu'il n'y avait alors à Bressuire *ni tribunal, ni contrôle, ni autorités constituées par suite de la guerre de la Vendée*, et que, pour ce motif, l'acte de notoriété de Marie Ferchaud n'avait pas été homologué.

paroisse durant cinquante-huit ans. Ont assisté à ses funérailles MM. les Curés voisins et son neveu, M. Barrion, notaire à Bressuire, lesquels ont signé.

« COULON, *curé de Cerizais.* »

Il ne sera pas sans intérêt, tant s'en faut, de reproduire ici également l'acte qui fut inscrit, à la même occasion, sur le registre de l'état civil à Montravers : « Aujourd'hui 30 juin 1829, à 6 heures du matin, devant nous, maire de la commune de Montravers, arr^t de Bressuire, dépt des D.-S., faisant fonction d'officier de l'état civil, sont comparus le sieur François-Amand-Constant Barrion, chevalier de S.-Louis, maire de la ville de Bressuire [1], y demeurant, âgé de 51 ans, et Jacques Pinet, instituteur primaire [2], âgé de 48 ans, demeurant au chef-lieu de cette commune, lesquels nous ont déclaré que le 29 de ce mois, à 2 h. du matin, est décédé en sa demeure au presbytère de cette commune, M. Charles Violleau, prêtre, desservant de cette commune, âgé de 85 ans et 8 mois, fils légitime du sieur Philippe Violleau [3], maître chirurgien, et de Marie Caffin.

1. M. Barrion fut aussi conseiller général des Deux-Sèvres.

2. M. Pinet ne finit pas ses jours à Montravers ni dans l'exercice des fonctions d'instituteur : il avait quitté ces fonctions pour prendre un autre métier non moins modeste, celui de marchand de cire.

3 C'est par sa femme, Louise-Augustine Berthelot (née à Cirières, en 1883), que M. Barrion était parent de M. Violleau. En effet L.-A. Berthelot était la fille de Louis-René Berthelot, lequel avait épousé Marie-Anne-Judith Chaillou. D'autre part, les archives de la famille Barrion nous apprennent que L.-A. Berthelot était la petite-fille de René Berthelot et de Marie-Louise Violleau. Evidemment cette dernière était la sœur du curé de Montravers et son mari était le père de Louis-René Berthelot. Il en résulte que M. Barrion, du chef de sa femme, était, à proprement parler, le *petit-neveu* de M. Charles Violleau. Il fut son héritier, et l'on se souvient encore, dans la famille Barrion, que pendant longtemps on y avait conservé une vieille malle, recouverte de peau, qui avait servi à l'oncle Ch. Violleau pour le transport de ses effets, lors de son exil en Espagne. — Les archives de Saint-Mesmin contiennent l'acte de décès de Marie Violleau, épouse de feu René Berthelot, à la date du 21 prairial an XI. Marie Violleau, d'après cet acte, était née à la Chapelle-Gaudin, et elle était fille de Philippe Violleau et de Marie Caffin. Elle mourut âgée de 75 ans au village de la Lunière, où elle vivait de ses revenus. La déclaration de son décès fut faite par deux petits-fils de la défunte : Amand Constant Barrion, propriétaire à Fontenay-le-Peuple, et Pierre Charrier, propriétaire à Saint-Hilaire des Echaubrognes.

« Et après nous être assuré dudit décès, nous avons rédigé le présent acte, que les témoins ci-dessus nommés ont signé avec nous, après lecture.

« PINET.   BARRION. »

M. Violleau fut inhumé dans le cimetière de Montravers. Le mausolée qu'on lui a élevé est des plus modestes. Il consiste en une simple dalle de granit, surmontée d'une croix de même matière. L'inscription que porte la pierre tombale est en latin et les lettres sont en relief. Voici cette inscription :

Hic jacet Carolus Violleau, rector hujus parochiæ sex et quinquaginta annos (57 et non 56). *Obiit die vigesima nona junii anni millesimi octingentesimi vigesimi noni*. « Ici repose Charles Violleau, curé de cette paroisse pendant cinquante-six ans. Il mourut le vingt-neuf juin mil huit cent vingt-neuf. »

XVII — PIERRE BRÉMAUD (1830-1857)

Après la mort de M. Violleau, la cure de Montravers resta vacante pendant un an. A cette époque, le clergé poitevin était encore beaucoup moins nombreux qu'il n'aurait fallu, et l'administration diocésaine se trouvait dans l'obligation de prolonger les vacances curiales et de maintenir nombre de doubles et même de triples services. Quoi qu'il en soit, un an environ après la mort de M. Violleau, Mgr de Bouillé, évêque de Poitiers, vint visiter la paroisse de Montravers, et il annonça qu'il avait nommé un curé pour la diriger. Quelques jours plus tard, en effet, dans le courant de juillet, M. Pierre Brémaud, qui était né à la Petite-Boissière [1] vers 1800, et qui gouvernait depuis un certain temps, en qualité de curé, la paroisse de Saint-Paul-en-Gâtine, fut installé comme curé

---

1. M. Pierre Brémaud était l'oncle des frères Louis et Firmin Hay, qui habitent actuellement la Mônerie. La ferme de la Mônerie fut achetée en 1834 par le beau-frère de M. Brémaud comme on l'a vu plus haut. Il est à croire que le curé de Montravers ne fut pas étranger à cette acquisition.

à Montravers. Le ministère de M. Brémaud à Montravers
ne fut pas très fécond en événements importants. Néanmoins il s'y rattache un certain nombre de faits qui ne
sont pas absolument dépourvus d'intérêt pour ceux qui
désirent savoir ce qu'a été Montravers autrefois. Les documents que nous allons reproduire sont presque tous fournis par le registre des délibérations [1] et des comptes de la
fabrique de Montravers.

Avant 1836, il ne devait pas y avoir de conseil de
fabrique à Montravers. En tout cas, le registre qui vient
d'être cité nous apprend que le 31 juillet 1836, en vertu
d'une autorisation de Mgr l'Evêque de Poitiers, il y eut,
sans doute au presbytère, une réunion, à laquelle étaient
présents MM. Louis Brémaud, Marie Vendé, Joseph
Coutant, Eugène Plumant, Joseph Guitton, ainsi que
MM. Pierre Brémaud, curé, et Jacques Billy, maire.
L'objet de la réunion était la constitution du conseil de
fabrique. Les trois premiers noms nous font connaître les
membres qu'avait désignés Mgr l'Evêque dans sa lettre
du 21 mars 1836 ; les deux noms qui suivent sont ceux
des membres nommés par M. le Préfet [2], et les deux
derniers les noms des membres de droit du conseil. En
cette séance, M. le Curé fut nommé président du conseil
et du bureau des marguilliers ; E. Plumant, secrétaire de
l'un et de l'autre, et Louis Brémaud, trésorier.

On procéda ensuite à l'examen des recettes et des
dépenses des six années qui avaient précédé. M. P. Brémaud, après avoir déclaré que, à son arrivée à Montravers,
il n'y avait trouvé ni conseil de fabrique organisé, ni trésorier, ni livre de comptes, fit les aveux suivants relativement aux recettes et aux dépenses de l'époque écoulée
depuis la mort de son prédécesseur :

1. Un seul registre était affecté à cette double destination, et il suffi-
sait amplement. M. Brémaud fut près de trente ans curé de Montravers, et il ne réunit son conseil de fabrique qu'une douzaine de fois
dans cet intervalle.

2. M. le maire avait présenté à l'agrément préfectoral François Coudrin et Joseph Guitton. Il lui fut répondu que la nomination des deux
membres laissés au choix préfectoral était déjà faite. Il ne faut pas
oublier que Fr. Coudrin avait toujours été un légitimiste ardent. A ce
titre, il devait être mal noté du gouvernement de Louis-Philippe.

Recettes.

Reçu de Mme Vve Plumant, du Tour.	42 00
— M. Barrion, de Bressuire.	59 00
— M. Billy, maire.	72 00
Trouvé dans le tronc durant ce laps de temps. . . .	121 00
Produit par la rente de quatre boisseaux de blé pendant 6 ans.	36 00
Produit de la location des bancs et chaises (36 fr. par an).	216 00
— des oblations volontaires.	120 00
— du fil offert à l'église.	90 00
— d'un mouchoir appartenant à l'église. . . .	10 00
— d'un meuble (vendu) appartenant à l'église. .	10 00
	776 00

Dépenses.

Achat de livres liturgiques.	108 80
Salaire de la blanchisseuse de l'église.	100 00
Blanchissage de l'église.	12 00
Balayage et décoration.	60 00
Cierges de l'église.	130 00
Pains d'autel, encens et canons d'autel.	51 00
Chaux, briques, tuiles et carreaux pour la construction de la sacristie, le plafond du bas côté de l'église et le carrelage de l'église.	97 00
Main-d'œuvre du maçon à la sacristie et à l'église. .	169 00
du charpentier.	77 00
Pointes pour le plafond du bas côté de l'église et pour la sacristie.	16 00
Vitrage fait à l'église à deux époques.	43 20
Peinture du lambris de l'église.	140 00
Une porte neuve et deux croisées à la sacristie, ainsi que deux croisées à l'église.	38 00
Vestiaire de la sacristie pour y déposer ornements et linges.	120 00
Lattes pour la sacristie.	5 00
	1.167 00

De ce compte il résultait un déficit de 391 francs. Mais
M. le curé ajouta qu'il avait reçu quelques « dons pieux
et secrets » ; que lui, en particulier, faisait un cadeau à la
fabrique et que, bien loin qu'il y eût du déficit, il présentait au trésorier la somme de 100 francs, qu'il le priait
d'encaisser pour le compte de la fabrique.

Dans la même séance il fut décidé qu'on remplacerait
les vieux bancs et chaises par des bancs neufs, de longueur et de hauteur uniformes. Ces bancs devaient
échoir sans faveur au plus haut enchérisseur et être
payés au moment de l'entrée en jouissance.

Les ressources de la fabrique (produit des bancs et chaises et des oblations volontaires) étaient, avant cette date, de 60 francs par an, et les dépenses de 230 francs. Il y avait donc nécessité de se créer des ressources nouvelles.

En cette même année 1836, on fit refaire l'autel de la Sainte-Vierge, et l'on dépensa à cet effet la somme de 595 francs. La boiserie fut faite par M. Robineau, menuisier, et coûta 288 francs ; la peinture fut faite par M. Moigneteau, peintre-doreur à Fontenay-le-Comte, moyennant 207 francs, et les quatre chapiteaux (d'ordre corinthien) furent fournis par le même M. Moigneteau, pour la somme de 100 francs. Cette dépense ne figure pas dans la liste donnée ci-dessus. Il n'est pas sûr qu'il en ait été parlé en conseil de fabrique dans la séance du mois de juillet : cette restauration a dû être soldée par des offrandes dont l'origine ne devait pas être publiée [1].

Il n'y eut pas ensuite de réunion du conseil jusqu'au 1er mars 1840. A cette date, le conseil se réunit extraordinairement en vertu d'une autorisation de Mgr l'Evêque de Poitiers. L'objet de la réunion était de renommer les membres sortants du conseil et d'examiner les comptes relatifs aux opérations accomplies depuis le 2 octobre 1836. Dans cet intervalle, la recette avait été de 1.560 fr. 50. La dépense s'était élevée à la somme de 2.019 fr. 60. Le curé de Montravers avait dû trouver de quoi combler le déficit ; car il déclarait que toutes les dépenses étaient acquittées, sauf une dette de cent quarante-cinq francs qui restait à la charge de la fabrique. Parmi les dépenses de ces trois ans et quelques

---

1. En 1838, en vertu de pouvoirs spéciaux à lui accordés par Mgr de Bouillé, évêque de Poitiers, M. Pierre Brémaud réhabilita *per sanationem in radice* le mariage d'un nommé Louis Grolleau, qui avait épousé devant un prêtre dissident une certaine Jeanne Dugas. Cette dernière, refusant obstinément de comparaître devant un prêtre catholique et ne voulant aucunement se séparer de son mari (*nec tamen ab usu matrimonii abstinere volenti* (feuille de dispense), M. Brémaud avait dû solliciter de l'évêché le pouvoir de régulariser la situation d'une manière favorable au conjoint repentant. Selon la méthode suivie en pareil cas, toutes les démarches furent faites à l'insu de l'épouse récalcitrante, laquelle dut ensuite être informée prudemment de tout ce qui s'était passé.

mois figuraient celles qu'on avait dû faire pour ériger sur la paroisse une croix en bois [1].

En 1840, les bancs de l'église rapportaient annuellement 296 fr. 05. Cette même année, M. Brémaud proposa à la fabrique de faire achever le mur qui borde le chemin de Montravers à Saint-Mesmin, et d'en faire un autre entre le jardin et l'ouche dite de la cure. Il demandait à la fabrique de l'aider en lui donnant 50 francs pour faire exécuter ce travail, qui devait coûter au total environ 130 francs. Il est à croire que ses propositions ne furent pas agréées du conseil de fabrique, car une partie de ses projets ne fut réalisée que plusieurs années après sa mort [2].

Le 6 octobre 1844, il y eut un nouvel examen des comptes de la fabrique. Cet examen remontait jusqu'au 5 juillet 1840. Durant cette période, la recette s'était élevée à 1.030 fr. 50. En raison de recettes dont le curé n'avait pas cru devoir rendre compte au conseil, il restait encore en caisse sept cent quinze francs. Cette somme fut remise au nouveau trésorier, Joseph Guitton, Louis Brémaud (qui remplissait antérieurement cette fonction) ayant quitté la paroisse. La place laissée vacante dans le conseil par la retraite de Louis Brémaud fut prise par François Puault.

En 1845, René Chaillou, de Longeville, légua par testament, à la fabrique de Montravers, la somme de 279 francs. Le 5 octobre de la même année, en séance ordinaire du conseil, M. le Curé demanda à la fabrique, comme on l'a vu plus haut, un hangar pour serrer son bois et un grenier pour serrer son blé et autres provisions nécessaires pour la consommation de sa maison. Il fut décidé qu'il serait construit, aux frais de la fabrique, un local composé d'un rez-de-chaussée (hangar) et d'un

---

1. La dépense totale faite pour cette croix fut de 195 fr. 55, dont 134 fr. 80 pour la peinture, 36 fr. 25 pour la charpente, et 24 fr. 50 pour la menuiserie.

2. Durant les années 1841 et 1842, M. Brémaud, ainsi qu'il le reconnaît lui-même dans le procès-verbal de la réunion des fabriciens de l'année 1844, n'avait dit la messe que cinquante et quelques dimanches.

étage par-dessus (grenier), et que le tout ne devrait pas
coûter plus de 1.600 francs.

C'est en cette même année 1845 que dut être acheté
et donné à l'église de Montravers le petit ostensoir
d'argent qui est encore à son usage et au pied duquel on
lit ces mots : « Mon Dieu, pardonnez-lui. » Le coupable
auquel cette inscription fait allusion était, à ce que l'on
pense, M. Gouraud, propriétaire à la Fillolière, qui avait
vécu et qui était mort, cette année-là, bien peu chré-
tiennement. La donatrice de l'ostensoir devait être sa
pieuse veuve. On peut donc regarder cette pièce du mobilier de l'église comme un objet expiatoire et propi-
tiatoire.

Le 28 février 1847, eut lieu une importante réunion du
conseil de fabrique. En cette séance, on examina tous les
comptes du trésorier, en remontant au mois d'octobre
1844. La recette durant cette période s'était élevée à la
somme de 2.037 fr. 25 [1] et la dépense à la somme de
2.837 francs.

Le déficit qui résultait de là était de 800 francs. La
somme de 1.600 francs, que le conseil avait votée pour les
bâtiments à construire à la cure, n'avait pas dû être sensiblement dépassée, car, à la même époque, des dépenses
considérables avaient été faites pour le vestiaire de la
sacristie (428 fr.), pour le confessionnal et un des autels
de l'église (410 fr.), etc.

La réunion du 7 octobre 1849 eut pour l'objet l'examen
des recettes et dépenses faites par la fabrique depuis le
28 février 1847. De cet examen il résultait que les recettes
durant cette période s'étaient élevées à la somme de
999 fr. 65, y compris un legs de 100 francs laissé par
Jean-Marie Vion, du Puymenantier ; une libéralité de
50 f ancs faite par M. le Cte de Rohan-Chabot, de la
Forêt ; 55 francs reçus de Jacques Billy pour achat de mi-
toyenneté d'un mur appartenant à la cure ; 12 francs
provenant de la vente de 18 boisseaux [2] de blé seigle

----

1. En 1845, les bancs avaient rapporté 315 francs, et en 1846,
312 francs.

2. Il s'agit évidemment ici de la rente établie au profit de la fabrique
de Montravers sur la ferme de la Villerière, paroisse de Saint-Mesmin.

mesure du Deffend, à raison de 4 boisseaux chaque année.
La dépense, durant la même période, s'était élevée à
1.219 fr. 65. A cette époque, Joseph Guitton cessa d'être
trésorier de la fabrique et il fut remplacé, à ce titre, par
Marie Vendé.

En sa séance du 16 novembre 1851, le conseil de
fabrique commença par se rendre compte de l'état des
recettes et des dépenses effectuées depuis deux ans. Les
recettes s'étaient élevées à 895 fr. 57, dont 675 francs
fournis par les bancs affermés, 100 francs offerts par
Mme Gouraud, et 120 francs qui représentaient trois
années de location de la maison neuve de la cure [1]. Les
dépenses avaient atteint le chiffre de 1.015 fr. 57 ; et
cependant le trésorier pouvait déclarer un boni de
120 francs, en raison de certaines libéralités secrètes
faites à M. le curé pour son église.

En la même séance, il fut décidé que trois des bancs de
l'église, celui de M. Savary de Beauregard, celui de
Mme Gouraud et celui de M Barbot, ne seraient point mis
dorénavant en adjudication. Les fabriciens en donnaient
raison dans les termes suivants au procès-verbal : « En
témoignage de reconnaissance pour les dons que ces personnes ont faits à notre église. » En 1852, l'administration diocésaine rappela à M. Brémaud l'obligation qui
incombe à tout curé d'expédier chaque année à l'évêché le
double de son registre paroissial. M. Brémaud, en effet,
n'avait pas encore commencé à remplir cette formalité.
La raison qu'il en donna était que, jusqu'à cette époque,
il n'avait jamais fait qu'un seul registre.

En avril 1853, le compte de la fabrique de Montravers
pour la période écoulée depuis le 16 novembre 1851, fut
arrêté avec un boni de 573 fr. A ce moment M. le curé fit
observer aux fabriciens que le chantre n'avait pas encore
trouvé à se loger dans le bourg, ce qui était un très gros
inconvénient, attendu qu'on pouvait avoir besoin de lui
à tout moment. En conséquence, M. le curé proposait de
le loger dans une partie des dépendances de la cure

---

1. Cette maison était devenue l'école de Montravers.

donnant sur le chemin [1], pourvu qu'on lui allouât 80 francs pour construire une cheminée et une cloison, pour fermer deux croisées et en ouvrir une autre. Il n'y a rien qui prouve que cette proposition fut agréée aussitôt ; c'est même le contraire qui est à supposer.

Les opérations du conseil de fabrique pour les années qui suivirent n'ont rien de bien intéressant. Notons cependant l'admission de M. Brunet dans le conseil de fabrique, en 1856. M. Brunet, le second mari de Mlle Joly, remplaçait, dans le conseil de fabrique, François Puault, démissionnaire.

M. Brémaud devint infirme avant l'âge. C'est pourquoi Mgr Pie, évêque de Poitiers, par une lettre du 23 décembre 1857, le déchargea du fardeau pastoral, qu'il était désormais hors d'état de porter convenablement. M. Brémaud se retira, peu de temps après, à l'hospice de Niort. Le séjour qu'il fit dans cet établissement fut de peu de durée. Plusieurs des habitants de Montravers, qui avaient conservé pour lui un respectueux attachement, essayèrent, et avec succès, de le faire revenir au milieu d'eux. Il ne pouvait pas rentrer au presbytère, qui était déjà occupé par son successeur, et qui, en ce temps-là comme aujourd'hui, était trop étroit pour loger deux prêtres ne vivant pas en communauté. Il habita dans la partie des bâtiments curiaux qu'il avait fait construire lui-même et qu'on commença dès lors à nommer le *Prieuré*. C'est là qu'il mourut, le 17 décembre 1859. Il fut enterré au pied de la grande croix du cimetière, à côté de M. Violleau. Ses obsèques furent célébrées par M. Pacreau, doyen de Cerizay, en présence de MM. Sabourdy, vicaire de Cerizay ; Chaigneau, vicaire de la Petite-Boissière ; Jadaud, curé de Saint-Amand ; Favrelière, curé de Montigny ; Cotillon, curé de Saint-André ; Caillaud, vicaire de Saint-Amand ; Niort, curé de Montravers.

---

1. Il s'agit évidemment de la maison construite en 1846 pour compléter les servitudes de la cure et qui avait, depuis, été transformée en école.

XVIII. — FERJUS NIORT (1857-1897)

A la mort de M. Brémaud, M. Ferjus Niort était curé de Montravers depuis deux ans. Son installation s'était faite très solennellement le 13 janvier 1858. Voici l'acte qui en fut dressé par le délégué de l'évêque diocésain :

« L'an mil huit cent cinquante-huit, le treizième jour du mois de janvier, nous soussigné Jacques Pacreau, doyen de Cerizay, délégué par Mgr l'Evêque de Poitiers pour installer M. Ferjus Niort nommé desservant de la paroisse de Montravers, nous sommes transporté au presbytère de ladite paroisse, où nous avons trouvé MM. les Ecclésiastiques ici désignés : Cotillon, curé de Saint-André-sur-Sèvre ; Pommereau, curé de Brétignolles ; Bernard, curé de Cirières ; Vion, curé de Combrand ; Bonnin, curé de Courlay ; Bouchère, curé de la Forêt-sur-Sèvre ; Frémondière, curé de Saint-Jouin-de-Milly ; Giret, curé de Saint-Marsault ; Favrelière, curé de Montigny ; Brémaud, prieur à Montravers ; Coulon, curé du Pin ; Grolleau, curé de la Ronde ; Caillaud, vicaire de Combrand ; Chaigneau, vicaire de la Petite-Boissière, et MM. les Fabriciens : Guitton, maire, Louis Hippolyte Brunet, Jacques Billy, Vincent Guiet, Joseph Coutant. Nous nous sommes (ensuite) transporté à la porte de l'église, où M. Ferjus Niort nous a exhibé l'acte de sa nomination par Mgr l'Evêque de Poitiers sous la date du 23 décembre 1857. Nous avons donné lecture de cette pièce en présence des fidèles assemblés ; après quoi nous avons revêtu ledit M. Ferjus Niort de l'étole pastorale. De là nous nous sommes transporté au pied de l'autel, où le nouveau pasteur a prononcé la profession de foi de Pie IV. Nous l'avons ensuite installé suivant les cérémonies prescrites, en présence des témoins ci-dessus nommés, qui ont signé avec nous le présent acte. »

M. Niort était né au village de Bréchoux, dans la paroisse de Noirlieu, en 1824. Après son ordination, Mgr l'Evêque de Poitiers l'avait envoyé comme vicaire d'abord à Archigny, au doyenné de Vouneuil-sur-Vienne, puis à Cerizay.

Peu de temps après son arrivée à Montravers, M. Niort y établit la confrérie du Saint-Rosaire. La lettre épiscopale qui autorise l'établissement de cette confrérie est datée du 26 novembre 1858 [1]. Elle est signée : « L. E., évêque de Poitiers, » et contresignée : « Firmin Ménard, secrétaire. »

C'est sans aucun doute à l'instigation de M. Niort que l'autorité municipale de Montravers fit alors certaines démarches à l'effet d'obtenir comme institutrices communales des religieuses de l'Immaculée-Conception de Niort. Une lettre de l'inspecteur d'Académie au maire de Montravers, et qui porte la date du 24 mai 1859, fait allusion à ce projet. L'inspecteur ne s'y oppose point ; mais comme il avait déjà nommé Mlle Gauvin, institutrice, au poste de Montravers, il veut que l'on commence par faire acte de bonne volonté, en l'installant dans un local convenable.

En 1862, avec l'autorisation de Mgr l'Evêque, M. Niort bénit et plaça dans l'église de Montravers un chemin de croix qui avait été payé en grande partie par la famille Jadault, de la Piquemioière.

Deux ans plus tard, les religieuses de Sainte-Philomène, dont la maison mère est à Salvert, près Poitiers, vinrent à Montravers pour y faire la classe aux enfants des deux sexes. Elles s'établirent dans une maison que la commune avait fait bâtir exprès pour les recevoir. Leur mobilier, leur linge, leur vaisselle et leur batterie de cuisine furent entièrement payés par M. Hippolyte Brunet, ancien notaire au Boupère et propriétaire, qui résidait alors en son logis de la Louisière. M. Brunet, dans l'acte de donation, s'était réservé le droit de reprendre ses dons dans le

---

1. Dans le courant de l'année 1858, M. Niort obtint de la fabrique qu'elle fît faire les réparations qui suivent : 1° remplacement du carrelage et des soliveaux de la chambre de compagnie par un plancher en sapin et des soliveaux en chêne ; 2° établissement d'un plancher en châtaignier sur la cave et réparation du haut du mur du serre-bois ; 3° reconstruction partielle et exhaussement de l'écurie ; 4° renouvellement du plafond du bas côté de l'église et de celui de la sacristie ; 5° reconstruction de l'autel de la sainte Vierge ; 6° dalles posées autour de l'église et de la cure Résultat de tous ces travaux : un déficit de **570 fr. 35.**

cas où les religieuses seraient remplacées par un instituteur ou une institutrice laïque. L'acte de donation est
signé : « Brunet, notaire ; Guitton, maire ; Ferjus Niort,
curé ; Sœur Marie de l'Humilité, Sœur Saint-Honoré, Sœur
Saint-Raphaël. »

A la séance du 3 avril 1864, le conseil de fabrique eut à
donner son avis sur un legs de 10.000 fr. fait par
Mme Brunet, née Anne-Julienne-Louise Joly [1], pour la
reconstruction de l'église de Montravers. Le conseil de
fabrique, sans doute sous l'inspiration de M. Niort, considérant que la donatrice avait toujours été une bien-
faitrice de la paroisse, que le legs était fait en faveur de
la fabrique, que l'église de Montravers avait grand
besoin de réparations ou plutôt de reconstruction, s'em-
pressa d'accepter ce legs, heureux [2] de pouvoir en cela
répondre aux vœux de celle dont la mémoire devait rester
longtemps gravée dans le cœur des habitants de Montravers.

En attendant le jour de l'entrée en jouissance de cette
bonne aubaine, la fabrique de Montravers eut à faire, à ce
titre, une dépense de 428 fr. 15, dont 106 fr. pour extrait
du legs, 21 fr. 95 pour acte d'acceptation, et 300 fr. 20
pour droits d'enregistrement. Le legs de Mme Brunet ne
fut acquitté qu'après la mort de son mari et par l'acquéreur de la Louisière, M. Henri Savary de Beauregard.

Mais c'était là une espérance certaine. Aussi M. Niort,
qui était d'ailleurs frappé de l'état d'exiguité et d'humi-
dité excessive de son église, se risqua à émettre l'idée
d'une reconstruction. Le conseil municipal, dans sa séance
du 12 novembre 1865, s'opposa, à l'unanimité des sept
membres présents, à la construction d'une nouvelle église
sur un terrain dépendant de la cure, et décida ou la réparation de l'église actuelle ou sa reconstruction sur place.
Ce n'était pas en rapport avec les intentions du curé de
Montravers. Aussi la question fut-elle, pendant quelque

---

1. Cette donation était inscrite dans le testament de Mme Brunet passé
le 2 août 1863 par-devant Mrs Jean-Marie-Guillaume-Ernest Cesbron
et Jean-Baptiste Aubrun, notaires à Poitiers.

2. Comment aurait-il pu en être autrement ? Le moyen de refuser
une satisfaction aussi légitime et aussi désirable ?

temps, mise de côté [1]. Elle fut reprise en 1868. Cette année-là, le conseil de la fabrique, en sa séance du 19 avril, prit une délibération longue et motivée tendant à la construction d'une église dans l'emplacement où on l'a réellement bâtie un peu plus tard. M. de Beauregard favorisait ce projet, en promettant une contribution de 8.000 fr. pour sa réalisation. Cette offre gracieuse ne pouvait pas laisser indifférents les habitants de Montravers [2]. Aussi une vacance étant venue à se produire dans le conseil de fabrique, par suite de la démission de M. Brunet, on n'hésita point à y faire entrer aussitôt M. de Beauregard. Sur ces entrefaites, éclata la guerre franco-allemande, et les malheurs ainsi que la gêne qu'elle occasionna aux habitants de Montravers retardèrent un peu la construction de l'église. Mais le projet fut repris deux ans après la fin des hostilités. Le registre des délibérations du conseil de fabrique nous apprend que le 14 septembre 1873, cette assemblée, autorisée par Mgr l'Evêque de Poitiers à se réunir quand M. le Curé le jugerait bon à cet effet spécial, se réunit extraordinairement pour traiter de la reconstruction de l'église. En cette réunion, le conseil de la fabrique de Montravers, considérant : 1° que les plans et devis étaient achevés ; 2° que lesdits plans et devis étaient approuvés par l'Evêché, par la Préfecture et par l'Etat ; 3° que la grande majorité des fonds étaient fournis

1. En vertu de l'adjudication de 1866, le revenu des bancs et chaises fut pendant cinq ans (à partir de cette époque) de 934 fr. 30. C'était une belle recette pour la fabrique ; mais c'était peu, s'il n'y avait eu que cela, pour entreprendre la reconstruction de l'église. D'ailleurs il y eut un léger fléchissement dans les ressources de la fabrique à partir de 1871. En 1875, le chiffre des recettes pour les bancs et chaises s'éleva à 1 267 fr. 50 ; mais ce chiffre ne s'est pas maintenu.

2. Comme nous l'avons noté par ailleurs, c'est à cette époque que la famille de Beauregard vint fixer son séjour au château du Deffend. Quelques mois à peine après son arrivée, elle obtenait de Mgr Pie, évêque de Poitiers, le droit de chapelle. La première messe qui fut dite au Deffend fut dite par M. Niort, le premier dimanche du mois de mai 1869. — Au mois d'août 1871, Mgr Pie se rendit en personne au château du Deffend. Le 24 de ce mois, il y donna le sacrement de confirmation à Mlles Berthe et Geneviève de Beauregard, puis il bénit le château. Dans la soirée du même jour, Sa Grandeur donna la bénédiction du T.-S -Sacrement dans la chapelle du château La fête se termina par l'illumination du château et par un feu d'artifice.

par la fabrique ; 4° qu'il y avait peu d'entrepreneurs
capables dans la contrée et que, par suite, il y avait danger,
en cas d'adjudication de payer plus cher, et d'être mal
servi, comme il était arrivé pour la maison d'école de
Montravers, — émit l'avis qu'il y avait lieu de demander à
M. le Préfet des Deux-Sèvres, par l'intermédiaire du conseil municipal, l'autorisation de choisir un entrepreneur
qui méritât la confiance de la fabrique et celle de l'architecte, M. Chevillard.

Le 22 février 1874, le conseil de fabrique, réuni en
séance extraordinaire, constatait que l'autorisation préfec-
torale, notifiée par le sous-préfet de Bressuire à la date du
18 décembre 1873, permettait de traiter de gré à gré avec
un entrepreneur ; que des démarches avaient été faites,
en conséquence, auprès de M. Siraudeau, entrepreneur à
Pouzauges, et de M. Thomazeau, entrepreneur à Saint-
Amand ; que l'augmentation subie pour les voûtes, dont
le prix avait été élevé de 6 fr. à 8 fr. le mètre carré, et
pour la pierre de taille, portée de 65 fr. à 80 fr. le mètre
cube, élevait de 2,665 fr. le devis total qui était déjà précédemment de 30.450 fr., mais que la fabrique pourrait y
faire face au moyen d'une offrande de 1.000 fr. faite par
M. et Mme de la Guépière, et d'une autre de 1.665 fr. faite
par M. de Beauregard.

Ce fut M. Thomazeau qui fut définitivement agréé par le
conseil de fabrique. Il mit la main à l'œuvre dans le courant de l'année 1874, et dès le mois de mars de l'année
suivante, les travaux étaient déjà assez avancés pour autoriser la fabrique à verser entre les mains de l'entrepreneur
un acompte de 18.000 francs. Vers la fin de la même année
1875, les travaux étaient à peu près achevés, hormis les
autels, que l'on commença à poser dans les derniers jours
de cette année.

Pendant l'Avent de 1875, à l'occasion du grand jubilé,
une mission fut donnée à la paroisse de Montravers par
les RR. PP. Bazin et Lacroix, oblats de Saint-Hilaire.
Pour la clôture des pieux exercices, qui eut lieu le jour de
la fête patronale, le 27 décembre, on érigea la grande croix
de bois qui se dresse majestueuse, au milieu d'un massif
de sapins gigantesques, dans le bourg de Montravers, à

L'église actuelle.

l'intersection des routes de Cerizay à la Pommeraye et de Combrand à Saint-Mesmin.

La nouvelle église fut bénite par M. Coutant, doyen de Cerizay. le 19 mars 1876, et l'ancienne cessa aussitôt d'être affectée à l'exercice du culte [1]. Dans sa séance du 23 avril de la même année, le conseil de fabrique prit la résolution de la vendre. Elle fut adjugée à M. de Beauregard pour 2.300 fr. et transformée peu de temps après en une maison de fermier. Il paraît que, avant d'aliéner ce bien essentiellement ecclésiastique, on avait oublié un titre du *Corpus juris* qui est ainsi formulé : *De rebus Ecclesiæ non alienandis.* Mais Mgr Pie eut vent de la chose, et il n'y a nul doute qu'il n'ait réglé l'affaire de la manière la plus obligeante, en même temps que la plus sûre, pour l'acquéreur de la nouvelle église et ceux qui avaient participé à son aliénation [2].

La nouvelle église de Montravers fut consacrée par Mgr Pie l'année même de sa bénédiction, le 9 septembre 1876, en présence d'un nombreux clergé, de la famille de Beauregard et d'une assistance de fidèles très considérable. C'était la cent quatrième église consacrée par l'illustre prélat. Les reliques qui furent déposées, à cette occasion, dans le tombeau de l'autel sont celles des saints martyrs *Diodorus* et *Humiliatus.*

Le lendemain du jour où il avait consacré l'église de Montravers, Mgr Pie y donna la confirmation. Quelques jours plus tard, le R. P. Bazin, moyennant une autorisation épiscopale, bénit et plaça dans l'église un nouveau chemin de croix en fonte polychromée, qui s'y voit encore à présent.

L'année 1877 nous présente plusieurs faits qui méritent

---

1. Le 25 mars 1876, M. Niort, dûment autorisé à cet effet, érigea dans la nouvelle église le chemin de croix qu'on y avait transporté de l'ancienne.

2. D'après l'adjudication des bancs et chaises, qui fut faite pour cinq ans au commencement de l'année 1876, le revenu de la fabrique devait s'élever. de ce chef, à la somme de 1.290 fr. 80. C'était encore une augmentation sur le revenu de l'année précédente. Une autre adjudication devait porter les recettes de la fabrique de Montravers à ce chiffre. Depuis ce temps-là, bien que les dépenses de la fabrique aient augmenté, ses revenus ont cependant diminué de plus d'un quart.

d'être notés ici [1]. Le 6 mars de cette année, Mgr Pie autorisait M. Niort à établir dans son église la confrérie du
Très-Saint-Sacrement, et il approuvait le règlement dressé
à cet effet pour la paroisse de Montravers.

Le 9 septembre, à l'occasion de l'anniversaire de la con-
sécration de l'église, les conseillers de fabrique et de
commune, en compagnie de tous les chefs de famille de
Montravers, se rendirent au château du Deffend et
adressèrent à M. et à Mme de Beauregard de chaleureux
remerciements pour les sacrifices considérables qu'ils
s'étaient imposés à l'occasion de la construction de la
nouvelle église.

Le 16 du même mois, qui coïncidait cette année-là avec
la fête de Notre-Dame des Sept-Douleurs, eut lieu une
autre cérémonie bien touchante et bien digne de ne pas
tomber dans l'oubli. Le nom qui lui conviendrait serait
celui de *Susception de la vraie Croix*. Ce jour-là, dans la
soirée sans doute, une procession très solennelle s'orga-
nisa dans la direction de la Louisière, pour aller y prendre
la relique de la vraie Croix que le R. P. de Pascal, domi-
nicain et parent de la famille de Montenon (qui habitait
alors la Louisière, en qualité de locataire), venait d'apporter de Rome. Le précieux reste de l'instrument de notre
rédemption, enchâssé dans un gracieux reliquaire donné
par la famille de Montenon, était placé sur un riche
reposoir, dressé par les généreux et pieux habitants de
la Louisière. Après que la sainte relique eut été encensée,
la procession se dirigea vers l'église, où fut alors prononcée une belle allocution sur la Croix.

A la séance de Quasimodo de l'année 1880, le conseil de
fabrique, pour reconnaître les libéralités de M. et de
Mme de Beauregard, prit l'engagement de leur accorder à
eux et à leurs descendants à perpétuité dix ou douze

---

1. En sa réunion du 4 mars 1877, le conseil de fabrique jugea oppor-
tun d'accéder à la demande formulée le 25 du mois précédent par
M. Guy de Fontaines, au sujet d'une rente de 8 décalitres de seigle qui
était due à l'église de Montravers sur sa métairie de la Villerière, située
paroisse de Saint-Mesmin. La paroisse de Montravers fit donc l'abandon de ce dernier reste de son domaine temporel, moyennant le
paiement d'une somme de 273 francs.

places de banc à 5 fr. la place. La délibération devait être approuvée par Son Eminence le Cardinal Pie. Le prélat mourut le mois suivant. Il est donc à croire que ce fut l'administration des vicaires capitulaires du diocèse qui eut à examiner et à approuver cet engagement. Quoi qu'il en soit, la paroisse de Montravers devra toujours le regarder comme une de ses obligations les plus incontestables.

Le 14 juillet de la même année, le conseil de fabrique fut appelé à délibérer sur l'offre faite par M. l'abbé François-Xavier Coulon, prêtre habitué à Cerizay, d'une somme de 4.000 fr. Cette libéralité était offerte à la condition que la fabrique s'engagerait à faire dire chaque année, avec le revenu de cette somme, quatre messes chantées et trente messes basses, pour le repos de l'âme de M. l'abbé Antoine-Dominique Coulon, frère du donateur. Le conseil, considérant que cette offre était avantageuse à la fabrique de Montravers, résolut qu'une demande serait adressée en ce sens à l'évêché de Poitiers et à la préfecture des Deux-Sèvres. Les autorisations ayant été accordées [1], le 12 janvier 1881 M. Coulon et M. Adolphe Hérault, trésorier de la fabrique de Montravers, se donnèrent rendez-vous dans l'étude de M. Reverdy, notaire à Cerizay, et la somme promise à la fabrique de Montravers fut remise au trésorier de cet établissement. Cette somme fut aussitôt confiée à la Chambre syndicale des agents de change de Paris, qui acheta un titre de rente 3 0/0 sur l'Etat. De ce fait, la fabrique de Montravers se trouva en possession d'une rente de 142 fr., qu'elle toucha régulièrement chaque année jusques et y compris le mois d'octobre 1906. Au mois de décembre 1909, ce bien de fabrique fut *attribué* au bureau de bienfaisance de Montravers [2].

Le 15 février 1885, le conseil, dûment convoqué, prit

---

1. L'autorisation demandée à la préfecture fut accordée en réalité par M. le Président de la République, à la date du 11 décembre 1880, et notifiée à qui de droit par un des conseillers de la préfecture.

2. Pour les frais du traité passé avec M. Coulon à propos de la fondation de messes qu'il fit pour son frère à Montravers, la fabrique de cette paroisse eut à payer la somme de 128 fr. 30.

connaissance d'un don de 2.000 fr. qu'avait fait par testament, à la fabrique de Montravers, M. le comte [1] Henri-Charles-Gabriel Savary de Beauregard, à la charge, par la fabrique, de faire célébrer six messes chantées par année, pendant cent ans, avec le revenu de cette somme placée sur l'Etat. La fabrique n'hésita nullement au sujet de cette offre, et elle demanda aussitôt à l'évêché et à la préfecture l'autorisation d'accepter le legs. Le décret présidentiel qui approuva cette fondation porte la date du 26 décembre 1885. Les 2.000 fr. laissés par M. de Beauregard furent réalisés en un titre de rente de 72 fr. par an. Cette valeur a subi d'abord le même sort que celle qui représentait la fondation Coulon. Mais la loi de séparation ayant autorisé les héritiers directs des auteurs de fondations à revendiquer les libéralités faites aux églises par leurs ascendants, la fondation faite par M. de Beauregard fut revendiquée avec succès par Mᵉ Vadier, avoué à Bressuire, qui avait reçu commission à cet effet des trois enfants du fondateur. A l'occasion de la fondation faite par M. de Beauregard au profit de la fabrique de Montravers, cet établissement fut considéré comme héritier du défunt et dut payer 200 fr. de droits de succession.

A la séance de Quasimodo de 1885, le conseil de fabrique, considérant qu'il n'était plus en nombre, depuis la mort du regretté M. Henri-Charles-Gabriel S. de Beauregard, nomma pour le remplacer son fils aîné, M. Charles de Beauregard, propriétaire au Deffend.

La sonnerie de Montravers n'était pas en rapport avec son église. Aussi M. Niort songea-t-il bientôt à compléter sur ce point l'œuvre capitale de son séjour à Montravers. Le 6 octobre de la même année 1885, il fit bénir par M. Vallée, archiprêtre de Thouars, trois cloches sorties des ateliers de M. Bollée, fondeur à Orléans. La plus grosse de ces cloches, qui pèse 650 kilos, a été payée par M. et Mᵐᵉ de Beauregard, du Deffend, qui furent ses parrain et marraine. La seconde en importance pèse 463 kilos : elle a été

1. On a pu remarquer plus haut que M. de Beauregard avait été nommé comte romain par S. S. le Pape Léon XIII, en 1882.

payée par M. Henri et M{Mlle} Berthe de Beauregard [1], qui furent aussi ses parrain et marraine. La troisième, dont le poids est de 330 kilos, a été payée en partie par les autres paroissiens, en partie par la fabrique [2] ; elle a eu pour parrain M. Vincent Guiet, cultivateur au Vieux-Deffend, et pour marraine Mme Vion, née Claudine Cornuault, demeurant au Puy-Guillaume. L'homélie que demandait la circonstance fut donnée par un prêtre éminent à tous égards, M. l'abbé Charbonneau, doyen de Bressuire, qui s'est montré, en la circonstance, digne de sa réputation. Les notes que donnent les cloches sont *fa, sol, la*.

En 1886, le jour de la clôture d'une mission qui fut prêchée par le R. P. Massias, S. J., à l'occasion d'un jubilé extraordinaire accordé par Sa Sainteté le Pape Léon XIII, on érigea, à la sortie du bourg, au point où les chemins de la Cottencière et de la Bertinière viennent se souder à la route qui mène de Montravers à la Pommeraye, un magnifique calvaire en granit bleu, sorti des ateliers de Yves Ernot, sculpteur à Lannion (Côtes-du-Nord). Ce monument fut payé par la famille de Beauregard, et le jour même où il fut inauguré, le P. Massias, par une inspiration très heureuse et très justifiée, le décora du nom de *croix Beauregard*. La seule chose qui soit à regretter à cet égard, c'est que l'usage n'ait pas ratifié l'heureuse idée qu'avait suggérée à la population de Montravers l'apôtre au grand cœur et à la foi ardente qu'était le P. Massias.

A l'occasion de cette mission, sans aucun doute, le 13 novembre 1886, le P. Massias, autorisé par M. de Vareilles-Sommières, vicaire général de Poitiers, par une lettre en date du 5 des mêmes mois et an, érigea dans la chapelle du Deffend, en présence de M. Ferjus Niort, curé, et de la famille de Beauregard, un petit chemin de croix à l'usage des habitants du château. Un acte constatant cette érection a été rédigé aussitôt sur le registre des délibérations du conseil de fabrique. Il porte les signatures suivantes : F. Niort, L. Massias, Comte de Beauregard, Berthe de Beau-

---

1. Frère et sœur de M. le comte Charles de Beauregard, qui est propriétaire du château du Deffend et y habite.
2. La fabrique a donné 350 francs pour la troisième cloche.

regard, Henri de Beauregard, Brivazac Comtesse de Beauregard.

Le 19 février 1888, en séance extraordinaire, le conseil de fabrique décida de restaurer le presbytère. M. Bénétrault, architecte à Pouzauges, fut chargé de dresser un plan. Le devis qui accompagnait ce plan s'élevait à la somme de 3.000 fr. Primitivement, la fabrique ne devait en rien contribuer à cette dépense ; mais M. le Préfet ayant insisté à deux reprises pour obtenir une contribution de la fabrique, celle-ci s'engagea pour une somme de 600 fr., à verser en deux annuités. Les travaux, qui sont appréciés par ailleurs, furent exécutés en 1889. La fabrique, suivant qu'elle s'y était engagée, paya aux entrepreneurs [1] 400 fr. en 1890 et 200 fr. en 1891.

En 1893, la fabrique fit placer un double vitrage aux fenêtres de l'église, attendu que les seules verrières coloriées laissaient pénétrer l'eau jusque dans l'église. La deuxième cloison des fenêtres est en verre blanc ordinaire ; elle a produit l'effet qu'on en attendait. La même année, M. Niort, entouré d'un nombreux clergé, bénissait la chapelle de la Louisière, riche et gracieux oratoire qui venait d'être achevé.

M. Niort touchait à la fin de sa carrière mortelle. Il devait quitter cette vie le 18 décembre 1897. Voici l'acte de sa sépulture : « L'an mil huit cent quatre-vingt-dix-sept, le dix-huit décembre, après une courte maladie, est pieusement décédé dans le Seigneur l'abbé Ferjus Niort, né à Noirlieu le 31 mars 1824, de Louis Niort, cultivateur, et de Scolastique Rousseau. Nommé curé de Montravers le 23 décembre 1857, il a gouverné cette paroisse pendant 40 ans avec prudence et sagesse. — Sous son administration, avec le généreux concours de la noble famille de Beauregard, l'église a été rebâtie, les sœurs de Salvert installées (comme institutrices), et la belle croix en pierre de Lannion érigée à la jonction de deux routes. — Sa sépulture a eu lieu aujourd'hui vingt décembre au milieu d'une nombreuse assistance de ses paroissiens et de ses

---

1. Auguste Barbot, maître maçon à Montravers, et Séverin Denis, maître charpentier à la Pommeraye.

confrères, reconnaissants les uns et les autres de son dévouement et de sa fidélité. *Vivum dilexerunt, defuncti memoriam in precibus teneant* [1]. » Ont signé : MM. Charruyer, doyen de Cerizay ; Charbonneau, doyen de Bressuire ; L.-J. Courtin, doyen de Châtillon ; dom J. Ménard, chanoine de Latran ; E. Michardière, O. S. H. ; J.-M. Courtin, directeur de l'école cléricale ; Chatry, curé de S.-Mesmin ; P.-D.-E. Thirion, chan. de Latran ; A. Proust, vicaire de la Trimouille ; A. Bernier, curé de la Chapelle-Gaudin ; F. Durand, curé de Rorthais ; Maximin Vion, des Augustins de l'Assomption ; F. Grellier, curé de Saint-Amand ; Th. Auvinet, vicaire de S.-Amand ; tous les curés du doyenné de Cerizay, un seul excepté.

----

1. Cf. S. Grégoire, pape, *homilia XXI in Evangelia, et 1ª lectione sancti diei Paschæ*.

APPENDICE

C'est à la mort de **M**. Niort que doit régulièrement s'arrêter la monographie de Montravers. Il est dangereux, en effet, d'apprécier la conduite et les œuvres d'un homme qui vit encore, et il est tout à fait messéant de s'attribuer ce rôle de juge, quand on doit soi-même en être l'objet. On trouvera donc ici seulement une nomenclature simple et nue des principaux événements (surtout d'ordre religieux) qui se sont accomplis à Montravers depuis la mort de M. Ferjus Niort, curé de cette paroisse.

Son successeur fut M. l'abbé Jules Gabilly, né à Moulins, canton de Châtillon-sur-Sèvre, le 19 novembre 1862. M. Gabilly fut ordonné prêtre par Mgr Bellot des Minières, dans la chapelle du grand séminaire de Poitiers, le 17 décembre 1887. Il fut aussitôt après nommé vicaire de Cerizay, poste qu'il alla occuper le 31 décembre de la même année. Pendant les fêtes de Pâques de l'année 1890, il fut nommé vicaire à Notre-Dame de Poitiers. Il se rendit à ce nouveau poste le 29 avril. Il l'occupa quatre ans et demi. Le 6 octobre 1894, il fut nommé curé de Pressigny, au canton de Thénezay. Le 18 décembre 1897, le jour même du décès de M. Niort, Mgr Pelgé, évêque de Poitiers, signait sa nomination de curé de Montravers. Il fut installé dans ce dernier poste, le dimanche 18 janvier 1898, par M. Charruyer, doyen de Cerizay, en présence de MM. Joseph Roy, curé de Combrand ; Félix Grellier, curé de Saint-Amand ; Elie Baufreton, curé du Pin ; Joseph Ménard, chanoine régulier de Saint-Jean-de-Latran, de la maison de Beauchéne ; Anastase Le Moine, prêtre du diocèse de Saint-Brieuc et précepteur au Deffend ; M. le Cte de Beau-

Notre-Dame de la Jaquelinière.

regard, Mlle Berthe de Beauregard, et un grand nombre de paroissiens.

Le 14 mai de la même année, Mgr l'Evêque de Poitiers, accompagné de M. Périvier, vicaire général, vint à Montravers donner la Confirmation aux enfants de cette paroisse et à ceux de Combrand.

Au mois de septembre, Montravers alla en pèlerinage au sanctuaire de N.-D. de Lorette, à la Flocellière, avec plusieurs paroisses des environs.

En 1899, il y eut treize personnes de Montravers qui allèrent en pèlerinage à Lourdes. C'était la première fois qu'on voyait une aussi nombreuse caravane quitter Montravers pour se diriger vers la grotte de Massabielle.

En 1901, au mois de janvier, le R. P. Chapleau, de la Congrégation des missionnaires de Chavagnes, vint donner à Montravers une mission de quinze jours, à l'occasion du grand jubilé que le Pape Léon XIII venait d'étendre à l'Église universelle. Le jour de la clôture fut bénit le pieux monument érigé par les soins de Mlle de Beauregard sur la route du Deffend, dans un des champs de la Jaquelinière [1]. (Cf. registre paroissial de 1901, feuilles supplémentaires.)

Une des conséquences de la mission a été l'établissement d'une confrérie des Mères chrétiennes. Cette confrérie, autorisée par Monseigneur l'Evêque de Poitiers à la date du 11 octobre 1901, a été affiliée à l'Archiconfrérie dont le siège est au couvent de Notre-Dame-de-Sion, rue N.-D.-des-Champs, à Paris. Le diplôme d'affiliation porte la date du 23 octobre 1901.

Au mois d'août 1902, les religieuses de Salvert, qui dirigeaient depuis trente-huit ans l'école mixte de Montravers, à la satisfaction générale, ont été officiellement avisées que dorénavant cette direction serait confiée à une autre personne, et qu'elles auraient, elles, à quitter les locaux

---

1. Ce monument, qui présente une statue de la sainte Vierge, d'après le modèle de la Médaille miraculeuse, a environ huit mètres de hauteur. Au-dessous de la statue se dresse une colonne monolithe de quatre mètres. Le monument est entièrement en granit de Lannion, et il est l'ouvrage du sculpteur Yves Ernot, établi à Lannion (Côtes-du-Nord).

scolaires dans le délai d'un mois. Ce fut l'occasion d'une touchante manifestation de sympathie et de reconnaissance, qui eut lieu le dimanche 31 août. Ce jour-là, M. le Cte de Beauregard, se faisant l'écho des sentiments de tous, lut, en présence de presque tous les hommes de Montravers, une protestation énergique, qui lui valut d'être suspendu pendant un mois de ses fonctions de maire de la commune. Il fut remplacé durant cet intervalle par M. Pierre Vion, propriétaire-cultivateur au Puymenantier. (Cf. registre paroissial de 1902.)

Au mois d'octobre, fut envoyé à Montravers un instituteur laïque, qui avait l'autorisation d'enseigner les garçons et les filles. En réalité, il n'y a jamais eu de filles à l'école communale de Montravers depuis le départ des Sœurs.

Au mois de mai 1903, eut lieu l'ouverture d'une école libre pour les filles dans un local préparé à cet effet spécial et aux frais de Mlle Berthe de Beauregard. La première directrice fut Mlle Julienne Noël, née aux Aubiers (D.-S.), qui se choisit pour adjointe Mlle Marie Rautureau, née aux Cerqueux (Maine-et-Loire). A cette école ont toujours été inscrites toutes les filles de Montravers en âge de fréquenter l'école primaire. Trois élèves de cette école se sont présentées à la commission libre du certificat d'études, réunie à Châtillon le 5 juillet 1909, et elles ont été reçues dans les meilleures conditions [1]. En 1910, trois autres se présentèrent et furent reçues en de bonnes conditions également.

En août 1904, fut tirée pour la première fois une sorte de loterie en vue de favoriser le pèlerinage diocésain à Lourdes. Trois personnes de Montravers purent ainsi faire le voyage de Lourdes pour 0 fr. 50.

Le 20 septembre de la même année, la paroisse de Montravers fit un pèlerinage au tombeau du B. P. de Montfort, à Saint-Laurent-sur-Sèvre, de concert avec les paroisses de Cirières, de Combrand et du Pin.

---

1. Vers la fin de l'année scolaire 1904, les institutrices libres, qui étaient depuis 14 mois sous le coup de poursuites judiciaires en raison de leur sécularisation, qui était suspectée par la police, furent l'objet d'une ordonnance de non-lieu rendue par le tribunal de Bressuire.

Du 18 au 27 novembre, M. l'abbé Séraphin Gabard donna une retraite, avec instructions spéciales, à la paroisse de Montravers, à l'occasion du jubilé accordé par N. S. Père le Pape Pie X, pour célébrer le cinquantenaire de la proclamation du dogme de l'Immaculée Conception [1].

L'année 1906 fut une année féconde en tristes événements pour la paroisse de Montravers. Ce fut l'année de l'inventaire forcé de nos églises. Celui de l'église de Montravers devait avoir lieu le 5 mars. M. Parpaix, percepteur à Cerizay, qui avait reçu l'ordre d'accomplir cette opération, ne crut pas devoir se rendre ce jour-là jusqu'à Montravers. L'opération fut remise au 21 novembre. Elle fut exécutée à cette date par M. Chartier, receveur des domaines à Parthenay, qui vint à Montravers protégé par une escorte de 520 hommes armés.

Entre ces deux dates, le 26 juillet, les instituteurs de la contrée s'étant réunis chez celui de Montravers, M. Poupard, se permirent (du moins l'un d'eux) de chanter un hymne libertaire qui parut très offensant aux gens de Montravers. Ce fut l'occasion d'une bagarre, qui fit terminer tristement cette journée et qui amena le déplacement de l'instituteur de Montravers, lequel avait eu au moins le tort d'être trop faible dans la circonstance. (Cf. registre paroissial de 1906.)

Le mercredi 28 août 1907, M. Albert, receveur des domaines à Bressuire, vint prendre, dans la sacristie de Montravers, les titres des deux fondations de messes établies au profit de cette paroisse. C'était une perte de 6.000 francs que faisait ce jour-là la fabrique de l'église de Montravers. L'opération s'est accomplie sans incident grave.

Le 24 septembre de la même année, par une température vraiment estivale, cinquante-sept hommes de Montravers prirent part au pèlerinage d'hommes à Notre-Dame-de-Pitié organisé par la *Jeunesse catholique* du Poitou. C'est par train spécial que l'on fit ce voyage de Cerizay à la Chapelle-Saint-Laurent.

---

1. A l'époque de cette rétraite, on travaillait au pont de Villerit, pont qui était si désiré de ceux qui ont le besoin ou le désir d'aller de Montravers à Saint-Mesmin, ou de venir de Saint-Mesmin à Montravers. Ce travail ne fut terminé que l'année suivante.

Au mois de janvier 1908, Montravers eut l'avantage
d'avoir une mission de trois semaines, qui fut prêchée par
deux enfants du B. Grignion de Montfort : le P. Pelletier
et le P. Barreau. Cette mission réussit à la perfection,
tant au point de vue des cérémonies et des prédications
qu'au point de vue des résultats spirituels. Elle donna
occasion à l'érection d'une statue du Sacré-Cœur, qui fut
bénite et placée dans l'église le jour de la clôture des
exercices.

Trois mois plus tard, sous la conduite du P. Pelletier,
qui était revenu dans la contrée à l'occasion de la fête d'A-
doration de Combrand, les deux paroisses de Combrand et
de Montravers se rendirent en pèlerinage au tombeau du
B. P. de Montfort.

Les dimanches 7 et lundi 8 juin de la même année, les
jeunes gens de Montravers ont représenté avec un grand
succès, devant une nombreuse assistance de paroissiens
et d'étrangers, un drame bien beau, bien chrétien, mais
difficile à rendre pour des débutants dans l'art dramatique,
le Chevalier maudit. C'est la grange de la ferme du Château qui avait été pour la circonstance transformée en
salle de spectacle. Le lundi, la musique de Cerizay a joué
plusieurs beaux morceaux dans les entr'actes.

Le dimanche 16 mai 1909, à la suite d'une retraite prêchée aux filles de Montravers par le P. Pelletier, une
pieuse et très belle cérémonie en l'honneur de la B. Jeanne
d'Arc s'est accomplie à Montravers. Cette cérémonie n'a-
vait rien de théâtral, mais elle a fait grand plaisir aux
habitants de Montravers, qui en ont gardé une excel-
lente impression. C'était la première cérémonie qui avait
lieu dans le diocèse de Poitiers en l'honneur de Jeanne
d'Arc, depuis sa béatification. (Cf. *Semaine religieuse* du
diocèse de Poitiers, n° du 30 mai 1909.)

TABLE ALPHABÉTIQUE DES NOMS PROPRES

N. B. — Dans cette table figurent seulement les noms des *personnes
défuntes ayant habité Montravers ou ayant eu des relations d'une
certaine importance avec cette localité.* — Les chiffres placés à côté du
nom indiquent les pages où il est mentionné. La mention (n. 1, 2, 3)
signifie que le nom se trouve cité dans la note nº 1, 2 ou 3, placée
au bas de la page. Les chiffres doubles unis par un trait, p. e. 10-20,
avertissent le lecteur que celui qui porte le nom en question occupe
une place importante dans les pages signalées ainsi que dans les pages
intermédiaires.

ERRATA

P. 23. Ajouter un *s* au mot *société*.

P. 25. Lire s^r *S. Jean Népomucène*, au lieu de s^r *S. Jean l'Evangéliste*.

P. 25. Ajouter le nom de *Vénard* à celui de Théophane.

P. 53. Supprimer le trait d'union entre Cléophas et Engevin.

P. 62. Lire *l* au lieu de *d*, au nom d'Ant. Jadault.

P. 68. Insérer le nom de *Jeanne de Montmorency*, duchesse de Thouars, parmi les propriétaires connus des Deffends, après Jean de Bretagne et avant Antoine Ménard de Toucheprès. — Conclure formellement que les *Deffends sont passés de la famille de Penthièvre ou de celle de Laval à celle de Toucheprès, entre 1592 et 1603*.

P. 100, n. 2, vers le milieu. Supprimer les mots : *Nous sommes dans l'impossibilité de dire...* Continuer la phrase ainsi : *L'expertise des biens du Deffend, qui fut faite le 23 prairial an VIII, par Béliard, expert de la nation, et par Maindron, avait pour but d'en faciliter la vente, laquelle n'eut pas lieu cependant.* (Cf. Archives du Deffend, lettre du rec. de l'enreg. de Châtillon, 2 févr. 1834.)

P. 104, n. 1. Lire *la Pommeraye*, au lieu de *la Pommeraie*.

P. 107. Lire : *les uns* (domaines) et non pas *les unes*.

P. 128. Lire *M*^{me} au lieu de *M*^c.

P. 137. Lire *Montravers* au lieu de *Mautravers*.

P. 145. Lire *la Dorbelière* au lieu de *Dorbelière* seulement.

P. 148, n. 1. Lire *plusieurs années* et non pas *plusieurs des années*.

P. 154. Au lieu de : *Une fille d'André II T., Marie*, lire : *Une de ses petites-filles, Marie Tiraqueau...*

P. 154, n. 1. Lire le dictionnaire de Beauchet-Filleau.

P. 160. Insérer le mot *était*, entre les mots *Marie-Alexandre* et *procureur du roi*.

P. 179. Au lieu de *M. de la Pommeraye*, lire *S Martin de la Pommeraye*.

P. 180. Insérer un *l* dans le mot *Guilbault*.

P. 185. Supprimer l's du mot *Pastelières*.

P. 188. Mettre le mot *terres* devant le mot *labourables*.

P. 189, ligne 33. Effacer la virgule entre *maisons* et *borderies*.

P. 200, ligne 15. Lire *oncle*, au lieu de *cousin*.

P. 228. Lire *émigré*, au lieu d'*émigrant*.

P. 233, 2ᵈ ligne relative à M. Jottreau, lire *Mautravers* et non pas *Montravers*.

P. 258. Ajouter un *x* au nom de René *Chaillou*.

P. 264, n. 2. Au lieu de *désirable*, lire *agréable à donner*.

P. 265, ligne 21. Lire *construction* et non pas *reconstruction*.

TABLE DES GRAVURES

TABLE DES MATIÈRES

MONTRAVERS

AUTREFOIS ET AUJOURD'HUI

APERÇU TOPOGRAPHIQUE ET ARCHÉOLOGIQUE

PETITE HISTOIRE DE MONTRAVERS

DEPUIS LE XIIᵉ SIÈCLE JUSQU'A NOS JOURS

SECTION PREMIÈRE

SECTION SECONDE

www.ingramcontent.com/pod-product-compliance
Lightning Source LLC
Chambersburg PA
CBHW071538030726
47598CB00001B/157